U0580265

许渊冲　2005年于北京

刘重德　2005年于长沙

钟叔河　2021年于长沙

沈昌文　2004年于北京

朱正　2021年于长沙

何兆武　2005年于北京

封新城　2015年于广州

朱伟　2016年于兰州

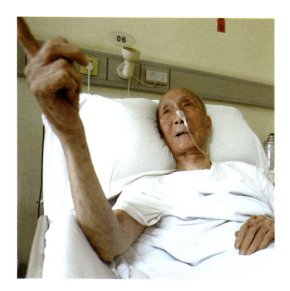

王以铸　2016年于北京

缪哲　2016年于杭州

由左至右：沈双、秦颖、沈昌文、吴彬、李静　2017年于北京

朱正（右）　2013年于长沙

《歌集》书影

《维多利亚时代四名人传》书影

《2005—2006〈随笔〉双年选》书影

《思想史上的失踪者》书影

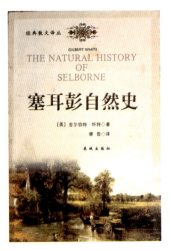

《塞耳彭自然史》书影

《汉英四书》书影

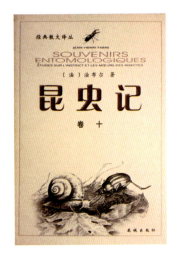

《昆虫记》书影

《大观念》书影

新史学文丛

秦 颖 著

感觉的记忆

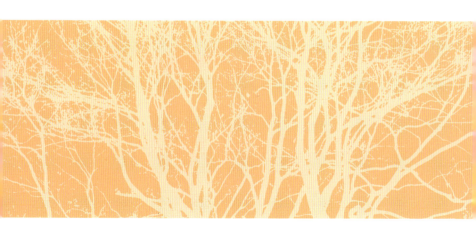

北京师范大学出版集团
BEIJING NORMAL UNIVERSITY PUBLISHING GROUP
北京师范大学出版社

序

为朋友的书作序，总是个苦差事。但也有愉快的地方。除先睹为快外，朋友书里倘述及其经历，作序者便可借其与自己生活的交叉，从遗忘中唤回过去的自己——至少片段；也可由此漫游出去，循着那些未交叉的小径，进入朋友生活中自己所未知的风景。如果友谊是人间最温暖的部分，作序所带来的对友谊的重温，便是作序者的特权，是普通读者所未有的。故命朋友作序，虽是加给朋友的苦，也是施予朋友的福。秦颖兄新结集的文字所带给我的，便是这样的愉快。

我与秦颖兄结识于九十年代初，当时还俱为"少年"。他的工作，是做出版社编辑，我则为一家电台疗字——用我后来开玩笑的话说，所谓"官资俱是校书郎"。由书里回忆湖南时代的文字可知，当时的秦颖兄方背负青天，水击三千里，我志不过斥鷃，却也颇欲腾跃而上，翱翔蓬蒿之间。记得当时胡乱自学了点英语，便欲铅刀一割，业余做一点翻译。选定的书，乃是十七世纪一部牧歌体的对话，即后来我译作《钓客清话》的《垂钓全书》(*The Compleat Angler*)。当时开放不久，百物维艰，印刷费纸工，故一书之出版，犹很郑重，与今天出版易如打印，是迥然不同的。我生也贱，无余荫可庇；生活的地方，亦非大邑通都，无缘趋承鸿儒硕学；故翻译自翻译，出版则无法子可想。记得某一日，皓明兄来，怜我"伧父空自苦"，遂提议写信给何兆武先生，祈为推毂。我读大学时，曾数随皓明兄趋何先生之门，得于末座中，接其謦欬。于是便妄怀亲近，写了信过去。不数日后，便接何先生赐书，说京里无法子想，湖南出版社有位叫秦颖的先生，方组织译作，故信已转去并祈为顾拂云云。这便就有了秦颖兄来信，唯称湖南不可居，已定计去广东"花城"了。我当初写信给何先生，本来就如老家说的闲汉扑枣，有事一竿子，无事也一竿子，落不落枣，尽管由他。于是奉秦颖兄信后，便死了心，不再想出版的事。及至再奉秦颖兄来书，云花城拟出版，已是数年后了。于是便重理译稿，通信讨论译文之处理、版式之安排，也由此开始了我与秦颖兄二十多年的交往与友谊。

秦颖兄是老式的出版人，他的职业生涯，是按书本里的编辑形象和生活中凋零未尽的"遗老编辑"塑造的。遗老编辑的特点，一是博识，二是广交，如书中记述的钟叔河、沈昌文等先生，便是其典型。秦颖兄当时还年轻，却很有些"遗老气"。记得我们第一次见面，是在我戏称的"庄上"（石家庄）。一进屋，他便径走向我的书架前，从头至尾浏览一过，约莫用了半个时辰。我对知识，本如未经调教的猎狗，东一闻，西一嗅，不专注于一味的，故书的种类很杂。秦颖兄却皆有兴趣；说到内容，也谈言微中，很见学识的广博。后来我蹑其裾尾，随之去拜访作者，每次都见他检阅主人的书架；谈话的话题，也多因检阅的所见而起。读书人之交，原是淡如水的；赖以建立并维持的，不过兴趣的共鸣，与知识的交叠而已。秦颖兄一生与不同领域的作者保持长期的交往与友谊，得力于学识的广博者，必不在小。这在本书的文字中，也有相当的体现；如其中有多篇序、跋或书评，便或论及中国经典的西译，或西方经典的中译，跨度之大，评论之得要领，莫非老派的编辑之本色。

人对知识的兴趣，原有两种，一是对知识本身，一是对知识所赖以发生的实际经验，用钱锺书的话讲，便是人有"吃蛋派"，也有"母鸡派"。我是吃蛋派，且不喜与年长者交。秦颖兄则吃蛋之余，又问及母鸡。记得九十年代后，他时常来京城，拜访不同的作者，每次乘车过我庄上的土谷祠，便唤我"阿Q同去"。我那时颇有小闲，于是便同去。同去拜见的人中，印象较深的有严秀、宗璞、牛汉、舒芜、沈昌文、杨宪益等先生。秦颖兄与他们原很熟稔，故落座后，主人便打开话匣子，谈经历、谈写作，又稍及掌故。秦颖兄耐心、好奇，偶有提问，但以默听为多。我性子卞急，不耐久坐，听不几句，便满屋子乱走。这时秦颖总是轻声说：缪哲，你也坐下来听吧。夜晚回旅舍后，秦颖兄总掏出个小本子，录下白天谈话的梗概；偶尔想不起来，便问我"可记得某某话怎么说的?"我打小懵懂，粗枝大叶，故往往十问九不知。其间唯一的贡献，是秦颖兄为主人拍照时，我受命执遮光板。他说某处"要有光"，我便摆弄板子，直弄到"他看光是好的"。他后来出版的《貌相集》中的肖像，有若干就是这样成的。2004年后，我弃了报社的职，去南京读博士，秦颖兄怜我孤寂，数来白下看我，也趁便访作者。记得有一回，我们同去拜访我的导师陈传席教授。陈老师案头狼藉，朱黄纷披，秦颖兄见状，便祈书一对子。陈老师命我凑词，我一时着急，竟忘了书者与受者的关系，遂自袒私情云：结友幸识管夷吾，刻书最爱卢抱经。陈老师看看下联说：那只有把你的名字也署上了。今天回忆此联，觉得虽是私情，但了解秦颖兄为事为人的人，看过亦必有同感吧。

　　大约十年前，秦颖兄离开编辑岗位，做了其所属机构的一名管理者。我也五马换作六羊，谋得一教书的差事。这样我们便由编辑与作者，成了纯粹的闲朋友。秦颖兄君子豹变，工作之余的新兴趣，是写作与观鸟。写作的内容，多与其编

辑经历有关，如《貌相集》和本书收入的部分文字便是。至于
观鸟，则是他未能厕足的编辑兴趣的延伸。在他的编辑生涯
中，自然志乃最集中的选题类别。其中他较为得意的，是法
布尔的《昆虫记》，与怀特的《塞耳彭自然史》。前者翻译的经
过，这书略有述及；后者则是《钓客》出版后，他强塞给我的
作业之一，理由是"《钓客》谈鱼，《塞耳彭》谈鸟，鱼鸟不分
家，你便一起译了吧"。记得当时我方开始翻译柏克的《美洲
三书》，精力有未逮，故颇欲推脱。他则劝云："柏克太闹，
怀特太静，单译一书，皆未免偏枯；转不如交叉着译，一动
一静，于吾兄的心绪为大好也。"我虽明知这所谓"鱼鸟不分
家""一动一静"云云，是骗我入彀的伎俩，但喜其说辞便给，
于是便从了。及至翻译后，始知他急智下乱编的说辞，竟是
一至理。盖柏克居庙堂之上，雄辞滔滔，被裹挟数日之后，
人便心倦神疲，转思与怀特退处江湖之远了。这册谈鱼鸟的
小书，是我翻译的书中带给我快乐最多的，也是秦颖兄编辑
的书里他最喜欢的之一。故出版之后，他四下推毂，竟至黄
梅女士欲在她所掌的社科院外文所英美室内，为我谋得一职
（我自知不配，谢绝了）。这一喜爱，或是他后来观鸟的前因
也说不定。2009 年后我移居杭州，这由《塞耳彭》所建立的鸟
缘，也依然未尽：他经常相机负背，左"长枪"，右"大炮"，
来西湖边上观鸟，与我共叙旧雨之欢。《庄子·大宗师》云：

"且汝梦为鸟而厉乎天，梦为鱼而没于渊。"年来我志意衰惰，如没渊之鱼，不能再供秦颖兄驱驰于万一，故唯期他"厉天"之余，可稍分余墨，记录观鸟的经历与心得，庶不负这因《塞耳彭》所结下的鸟缘而已。

在改做教书匠之初，我曾叹苦云：

> 我译书的当年，颇以传经自诩，深感是有益于人、有益于世的。如今做学问，不过"得一察焉以自好"而已。有点鸡毛蒜皮的心得，就孔雀照尾、沾沾自喜；了无心得，也竿子随身，逢场作戏！这又何益于人，又何益于世呢？

直到今天，我依然这么想。但遗憾的是，秦颖兄当年示我周行，领我走上翻译的路，我却驱于饥饿，未克有终。遥忆当年秦颖兄来庄里，为我规划未来，称《钓客》与《塞耳彭》，只是学徒的试手，不足多论；出师后，当弄些大的部头如《约翰逊传》《罗马帝国衰亡史》等。我当时少轻狂，闻后不觉"膝屡前"，飘飘然有"使君与操"之感。今天回首，竟都成一梦了。2015年5月，我收到读库再版的《清话》样本，不禁想起当年受秦颖兄督命，在庄上译书的情景，于是便活剥白乐天，戏作了一打油诗。今抄录于下，以志我与秦颖兄二十余年的友谊：

一篇钓客有风情，廿卷虫鸟近正声。

苦遭张丐偷格律，又教巫贼伏高明。

已分歌残归少作，可堪人老泣飘蓬。

何日还乡逢旧雨，青钉共见一豆红。

缪　哲

2018 年 1 月 25 日

目录

欲望的记忆

——读《感觉的自然史》

　　我的美食启蒙，来自陆文夫的同名小说改编的电影《美食家》，那是二十世纪八十年代初了。在经历了一个物质极度匮乏的童年少年时代之后，这电影在我眼前打开的是一个奇异的世界：一大早摸黑起来为的只是一碗头汤面，冒着风险干的竟是邀一帮食友聚宴的勾当，白色的食盐竟然是一切美味之源。今天，这都不是问题了。问题是如何追逐美食，享用佳肴，及时行乐。这个时代的人颇有些犬儒心态，往往把口腹之欲作为最最堂皇、值得夸耀的欲望加以强化、追逐、谈论。这也难怪，民间早就有了谚语：人生一世，吃喝二字。吃喝变成生存的目的、生存的哲学了。奈何？之所以有这么一番回忆和感叹，是因为最近编辑的一本书，《感觉的自然史》(戴安娜·艾克曼著，花城出版社"三尺书架"之一种)，它从历史文化的角度谈论人的五种感官，读来颇开眼界，且意趣盎然，特别是味觉一章，勾起了我的许多记忆和联想。

书中说，"食物"一词所指的东西，并不像岩石、雨水这些词一样那么简单。"食物对大多数生命来说，是快乐的源泉。那是一种复合的满足感，既是生理的，同时也是心理的，其中很大一部分还与童年的记忆相关联。"读到这，我有被击中的感觉。这话直接与我的经历体验联系起来了。那是几年前，去深圳玩，一个朋友在自家开的湘菜馆——"伊辅园"招待我们。这馆子颇有些古意，墙上挂有赵朴初老的翰墨："伊辅园释名。"据说伊辅公丁善庆，餐馆老板的祖上，岳麓书院第十二代山长，为解决进京赶考的学子的吃饭问题，发明了方便面。"伊面"一词由此而来。这天的饭桌上那满满一桌子菜里，让我酣畅淋漓、大快朵颐的竟是一钵不起眼的香干煲。至今我还记得当时的情景。那一钵热气腾腾的香干子端上桌后，一方面是习惯，一方面是其色香的诱惑，我先舀了满满一勺，然后将那一整勺切成拇指大小的香干丁连同荤素辛辣五颜六色的配料囫囵送入口中。

接下来，用舌头感觉其质地，尝试其辛辣，用鼻子嗅吸其芳香，用舌头将之翻转腾挪，然后慢慢咀嚼，同时咀嚼的声响在耳际回旋。且慢，这是套用了《感觉的自然史》一书中的描述，作者说"细细地品味"的物理、生理、心理的过程该是如此。大概是吧，但我的品味方式没有这么雅致，通常是狼吞虎咽，似乎只有这样，才能品美食之味，享美食之乐。这大概是那个匮乏年代留下的后遗症吧。回头来看这一勺香干，其味道纯正，质感圆润爽滑，咸辣够劲，混合味丰富。突然我想起了小时候吃的香干的味道，想起了小时候的吃食。

我的童年和少年基本上以"文化大革命"十年为中心。在那样的年代，生活物资奇缺，许多的生活必需品，像肉、米、油、棉布等，都得凭票供应，父母微薄的收入除了一家四口的生活，还要赡养老人，因此每周的打牙祭只有星期天，买两毛钱瘦肉，或蒸或炒或开汤，美味得让肚子觉得里面的油水似乎更加不足了。平常吃什么呢？长沙这地方，或者说我家里，腌菜、泡菜、干菜、豆制品是例牌。可想而知，饥饿感是我们惯常的感觉，平常为了解馋，不免会顺手牵羊，将人家晾在屋外绳子上的干菜、晒在簸箕凉席或地上的红薯片抓一把，塞进裤口袋当零食。豆制品常见的有这么几种：豆腐脑、豆腐、香干子、兰花干子、油豆腐等。这些东西价廉易得，营养也不错。在我看来，香干子最特别，一个多公分厚，四四方方如小孩的巴掌大小，褐色的表皮雪白的里肉，厚实润泽，而有一股子酱香和豆香。它是做菜的好原料，可配各种荤素菜料爆炒或闷煮。对小孩子来说，还可当点心"生"吃（其实是熟的）。除了配料的变化，不同的刀工——切片切丝切丁——也会带来不同的味道。这是遗忘了多年的童年味觉记忆和饮食之乐。离乡多年，几乎见不到小时候吃过的那种香干了。南粤也有香干，但制法不同，压得扁扁的，成了干瘪的薄片。如此制法，失去了一种滋润，少了一分厚实，入口后缺了圆润爽滑，也少了点酱香豆香。伊辅园的这钵香干煲让我第一次意识到食物不仅引人思乡，还撩人怀旧。这大概就是书中所说的，食物会引爆记忆深处的童年味觉了。当我兴奋地这么告诉大家时，心里竟当作是自己独一无二的个人感受跟大家分享了，大有野人献曝之嫌，表达得却是那么的率真恳切。

味道的记忆是那么的牢固顽强不讲道理，其实，里面包含的何止味道本身呢？那已不仅仅只是欲望的记忆了，套用一个时髦的词，是"人文"的记忆。但是，味道的记忆又的的确确是一种生命的记忆。漂泊在外的游子，垂老之年思念家乡亲人，常思"叶落归根"。这么说，崇高而深情，只是有些形而上，细想下来，似乎还不够说服力。倒是作家阿城的一个说法，似更近实情。阿城说，所谓"叶落归根"，其实是人老了，胃实在忍受不了异国他乡的饮食，非得回来过把瘾再死。这形而下的解释真真让我们感受到了生命的顽强与脆弱，生活的奇妙与无奈。我听到过两个故事，虽然主人公并没有漂洋过海，但并不妨碍拿来作为这话的旁证。

一次在西安，饭桌上听陈忠实先生说起，路遥先生弥留之际，提出想吃小时候妈妈做给他吃过的钱钱饭。但周围的人不知道那是什么东西，更不知道怎么做，于是四下里打听。好不容易问到了，原来那是用小米和黄豆煮成的稀饭。之所以叫钱钱饭，是煮在饭里的黄豆不是颗粒，而是敲成圆扁扁的形状，像铜钱一样。但黄豆一敲就碎，如何敲成一个圆饼饼，还真不容易。他们听说延安某地，仍沿用古法做这种饭，乃专门开车去找，一来一回之间，路遥先生等不及，先去了。这成为路遥先生生前的一大遗憾。另一个故事是北京一个朋友的亲身经历。他生长在晋东南山区，出来读书然后留在北京工作，改不了饮食习惯，一直是自己做手擀面。长期的磨炼，不仅揉得一手好面（这是擀出来的面条好不好吃的关键），而且还能调出各种味道的臊子。如此地道的手擀面北京城里是找不到的，这成了他招待朋友的保留节目。一次，有一位山西籍的老干部癌症晚期，所剩时间不多，想吃小时候吃过的那种手擀面。儿女们到处打听，端过几盆所谓的手擀面回去，都不是那味，听说我这位朋友有一手，也是抱着试试的心理，请他做了一大锅。这回才让老爷子大快朵颐，心满意足了。

可见味道这玩意儿是有顽强而准确的记忆的。如此说来，味觉的本源是不是就是一种欲望的记忆呢?! 这种记忆不是先天生成的，而是后天（童年少年）养成的，因此它便常常与我们的生长环境、生活状态、地域特点、人事亲情联系在了一起。

书中还说，"味觉始终是一种亲密的感官"，"味道始终是一个考验或测试。有胃口的人，通常是那些以强烈的个人方式赞美生活的人，他们发现生活中既有奇妙壮丽，也有平淡乏味"。如此看来，欲望必得通过胃口来释放了。

刊《书城》2007 年 4 月号

风格的魅力

——读兰姆《伊利亚随笔》新译本

高健译的《伊利亚随笔》是个重译本（花城出版社 1999 年 3 月版），所选篇目与 10 多年前三联书店出的那个本子完全一样，这种选法本身至少有这么一种含意：不满意从前的译本，跟旧译本叫劲，要超越它。

高健先生是英语翻译界首屈一指的大家，有人称他为"阵地翻译家"，所译作品不算多，却多是精品。他在翻译界以强调风格的可译性，追求传达出原作的风格而独具特色。并不以翻译理论研究著称的高健先生，有自己一套完整的翻译观：他认为好的翻译具备了写作在一般情况下可能有的各种优点和长处，但不具备写作的那种多方面的自由；翻译是语言的转化，其特点是保留内容，放弃（语言的）形式；在转化过程中，要遵守信、达、雅的标准；这三者之间的互相谦让与互相照顾是做好翻译的关键；翻译应直译与意译结合，以直译为主，两者时时处处不停地交错互换使用；认识悟性是提高翻译质量，做好翻译的重要因素；应充分重视翻译语言的丰富、雅洁、厚重、自然、轻快等品质，扩大语言的吸收来源（如早期白话、隔代语言、不同时代的文言、方言土语等），从而提高翻译语言的文化历史厚度；风格的有效传达是好的翻译的充分必要条件；要有使自己的译文同样成为 classic 的气派与胆量。据他自己称，二十世纪八十年代以来，一批名著的重译，新译者往往从风格的角度提出问题，这一现象不可避免地引起了他对风格在翻译中的作用、地位与重要性等诸多问题的思考，关于这些思考，他有一系列的论文，如《翻译中的风格问题》《浅谈散文风格的可译性》《语言个性与翻译》等。而手头这本《伊利亚随笔》是他理论的大规模实践。

在英国十八、十九世纪同时期的作家中，兰姆是文士味特别重的一个，他与那些只是以文学为手段，但主要目的却在于阐发思想宣扬主义的作者们有所不同。对兰姆来说，文学的表达方式往往比被它表达的内容更为重要；文字之美几乎就是一切；风格文体上的重要性经常压倒一切。可以说兰姆首先是一位风格家。读兰姆的散文，我们会发现他的写作手法多样，句式参差变化，用词好用僻字，种种这些构成了兰姆的风格。针对兰姆文章的风格，高健在《伊利亚随笔》的翻译中，没有按一般作家的流丽通畅来处理，而是把兰姆当成"这一个"，用字偏古雅一些，用文言的成分稍高，句法、用词尽量保持原有的风味。一句话，翻译上注重个人风格的表现。请看一段译文：

Right opposite the stately stream, which washes the garden-foot with her yet scarcely trade-polluted waters, and seems but just weaned from her Twickenham Naiade! A man would give something to have been born in such places.

水流静静绕行于庭园脚下，因未受市廛玷污，故而清澈可爱，一尘不染，似乎刚从特威肯汉仙源淌出来未久！而一个人有幸而生到此地，亦可谓是前世修得。（《记内殿律师》）

这段译文究竟是直译还是意译？不论如何，却曲尽原文之妙。英文表达方式被完满地转化为中文表达方式。"前世修得"可称神来之笔。而译文的典雅和古朴的风格，对兰姆行文语气和情感的把握，都恰到好处。

兰姆的幽默在《席前风雅饭前经》中表现得特别的丰盛，篇名的翻译就传达了这一信息，从下面这段译文，我们可感受兰姆的幽默，谈话体行文中露出的古拙。不会有人怀疑这就是兰姆。

而整个这工夫（两位教士推让主持诵经的工夫——笔者注），那早已饥不可耐的上帝，一时弄不清他的香火保不保险，只得张大鼻孔，反复翱翔于这两名祭司之间（大有脚踩两条板凳的危险），乃至最后发现一切无望，只得放弃这顿晚餐，空腹悻悻离去。

特别喜欢玩弄文字游戏是兰姆幽默的表现之一，这在他早年就已成为癖好，大有耽之不倦的意味。如何译出这种游戏味，高健在翻译中也做了努力。《梦中的孩子》中有一段拿dancer与cancer来开玩笑。以前一个译本将这一段译作："在全郡里，数她跳舞跳得最好：可是，一种叫作癌症的残酷疾病袭来，使她痛苦得弯下了腰；可是它并不能把她那愉快的心情也压下去，不能使她屈服，她在精神上仍然屹然挺立，因为她是一个善良而虔诚的人。"意思虽不错，却看不出任何文字游戏的痕迹。我们再来看看高健的译文：

> （她）一直是整个郡里最会跳舞的人，可后来大祸来临，舞女（dancer）碰上了癌魔（cancer），才使她受尽痛苦，跳不成了；但是疾病并没有使她颓唐下来，使她一蹶不振，她依旧心气健旺，精神不垮，这主要是因为她太虔敬善良了。

哪一个像兰姆？兰姆的好作文字游戏，兰姆文章中时时流露出的一种善良，兰姆不愠不火的文情，都从后者体现了出来。

沃·佩特写有一篇《查尔斯·兰姆》的评论。他说兰姆"随时准备以无所顾忌的质朴态度说出自己要说的话，然而，又不断地用他好像是从遥远世界带来的奇特笔调使得我们震惊。兰姆的使命首先就在于要特别指出美文的种种精妙之处，它那多层次的表现方式，它那敏锐的辨察力，它对于字眼儿、词汇的纤毫分明的感觉……"高健的译文，多少表现出了这些，特别是对于字眼、词汇纤毫分明的感觉。

How would the dark line steal imperceptibly on watched by the eye of childhood，eager to detect its movement，never catched，nice as an evanescent cloud，or the first arrests of sleep!

而我又如何凭着那童稚的目光，眼睁睁地盯住着黄昏的暗影是怎样（尽管完全看不出来）悄悄地一步步向前推移，一心只想察出其踪迹，却又永远捕捉不住，那飘忽如浮云，迷惘如惊梦一般的流光暗渡!（《记内殿律师》）

Those slender ties，that prove slight as gossamer in the rending atmosphere of a metropolis，bind taster，as we found it，in hearty，homely，loving Hertfordshire.

这点纤细的纽带，尽管在大城市中的那种互不闻问的空气之中微弱得像游丝似的扯不起来，但在这个火热、质朴和可爱的赫福郡里，我们发现，却把人们绾得紧紧。（《麦庄访旧》）

为了尽量展现兰姆的美文，再现兰姆的风格，高健注意到翻译时得紧跟原文句法。如《麦庄访旧》一文最后一句的翻译，从译文就可感觉那句式是典型的英国式的表达法，这种在句式句法上亦步亦趋的做法，较好地保持了原文的风格。

而布里吉特也就不用再记得我，不用再记得我在孱弱的童年时是怎样处处都离不开她——正如在后来懵懂的成年时也还事事多赖她的操心——正如在久久以前，在郝福郡的麦克利安的美丽的草地上漫步的时候。

兰姆的写作总是自自然然，想到即说，有话再补，甚至可说得零零碎碎，断断续续，中间解释插话既多，转折离题也常常不少，破折号、括号的使用更是大量的，不完整句也不少出现，但其文并不因此给人支离破碎、东拉西扯的感觉，其中有内在的张力，其变化各有其道理，各自为着同一主题在起作用。而高先生的译文亦能再现这种风格。请看《古瓷》中的一段：

我喜欢看到我的那些老友——按在这里距离并不曾使他们变小——飘逸于半空之中(至少对我们的视觉来说是如此)而同时却又仿佛是脚踏实地——因为我们对此必须善为解释，才说得通为什么那里凭空出现一抹深蓝；我们体会，那位周到的画师为了在这里不留漏洞，故让那片颜色飞升在他们的脚下。

《伊利亚随笔》的新译本在对文字的理解上，对原作风格的表现上，特别是对兰姆文章中情感、幽默、机智、谐趣等的表达上，都大大超越了从前的译本。有心的读者不妨找来两个译本，对照英文原本比读一下。

在文学名著重译、滥译泛滥，抄袭、剪贴、改头换面的名著充斥坊间的今天，高健先生的重译为我们树立了一个榜样。名著应该提倡重译，这是我们今天多少有点忌讳的一个话题。放眼世界，名著也是在不断地重译。重译的必要性可以《荷马史诗》的翻译为证。《荷马史诗》的英译本无数，而且代有新译出现。英国大诗人蒲伯有一个顶呱呱的译本，然而评论界仍认为蒲伯的译文虽有原作的瑰奇绚烂，却没有原作的遒劲质朴，其译文失之于柔弱。高健先生的这个《伊利亚随笔》的译本与旧译本相比是一个超越，但并不排斥以后可能会有更好的译本。比如说，我们的幽默有时比较浅薄、虚假，玩笑太凶、太俗、太过，缺乏成熟、轻松、淡雅的幽默。高健先生果真百分之百地理解了兰姆的幽默，再现了兰姆的幽默吗？何况幽默也不止一种，而各人的感受也不同，感觉不一样。值得欣慰的是高健先生所理解所"转化"的兰姆有了明晰的风格和个性，让我们多少可以体会兰姆风格的魅力了。

刊《中华读书报》2001 年 8 月 22 日

《鲁迅集》编辑手记

为纪念鲁迅先生诞辰 120 周年，三年前我们就开始筹划鲁迅文集的出版。约请选编校注者时，重点放在那些对鲁迅有较深研究，治学严谨，长于考据的中青年学者上。很快我们敲定，请鲁迅博物馆《鲁迅研究月刊》的编辑周楠本副研究员负责。

编注体例经与周先生反复讨论研究后才定下来，这便是后来经过简化放在书前的《出版说明》。文集分两卷：小说散文卷和杂文卷。在选目上，集子对鲁迅小说创作的重要性作了强调。目前鲁迅作品选最具代表性的当属人民文学出版社的四卷本《鲁迅选集》。四卷本篇幅已不算小，但小说散文创作收得很不够，只占四卷的一卷，许多重要作品都没容纳进去。鲁迅的创作，尤其是小说本来就不多，而这些作品篇篇都是经典之作，三十余篇中四卷本就删掉了十篇之多，在鲁迅的全部著述中，虽然杂文数量很大，但小说和散文的比重并不小于杂文，事实上他在文学史上的地位是因为他的小说而树立起来的。《鲁迅集》(花城出版社 2001 年版)在选目上充分考虑了小说散文的分量，编排上力求与杂文取得平衡，集中收入了鲁迅的全部小说和绝大部分散文；同时并没有减少杂文的分量，杂文卷编入了作者各个时期所作的具有代表意义的文字（早期文言论文除外），大体上按作者自编文集的顺次编排。注释分两部分，题注和正文注。正如鲁迅自己所说，他的文章须是上了些年纪的人才能看得懂。对今天的一般读者，作品中陌生的事物会比当时更多，隔膜也更大些。注释的重要性不言自明。题注提供作者撰述时的有关情况及材料；正文注主要针对可能造成阅读障碍的词句，以简洁为原则。注释要做得成功并非易事。坊间所见的鲁迅集子，白文本居多，少数有注的，水平也参差不齐，且多系人民文学出版社《鲁迅全集》本的转述，随文敷衍的例子也有出现。要做到善于选择广大读者的难点，正确地解决而且深入浅出，绝不是轻而易举的事情。《鲁迅集》注释部分最后效果如何，是不是能达到预定的目的，当时我心中并无把握。因此，书稿完成后，我在进行编辑处理时，仔细对照了几种版本的鲁迅文集，遇有疑问时，便向周先生请教，结果发现，该书原定的简洁原则，并没有导致它成为一个简陋的读本，它充分考虑到了一般读者，尤其是青年读者的需要，对可能造成费解的地方、陌生的词句，不论是古典还是俗语方言，都进行了适当的注解；更可贵的是，该书在注释和点校上对人民文学出版社 16 卷本《鲁迅全集》以及其他一些注本中的漏注、误注和错植作了订正。

　　什么该注，什么不该注，哪些词句可能造成阅读障碍，哪些地方需要说明以帮助阅读理解，编注者颇费了一番心思。下面且举一些实例并作简单的说明：

1. "邹七嫂便将那蓝裙去染了皂……"（《阿Q正传》）"染了皂"大概猜想总是去染或洗去了，但究竟染洗成什么样，一般读者恐怕也是含含糊糊不甚了了。但这个词在目前所有的鲁迅著作里都没有解释。《鲁迅集》注："皂，黑色。染了皂，即染黑。"读者看了对原文就非常清楚了，"皂"并非肥皂的意思。

2. "他们便将伊当作满政府，在头上很给了不少棍子和栗凿。"（《阿Q正传》）"栗凿"北方人可能不知为何物。《鲁迅集》注："南方方言，用拳头凸出的中指或食指的骨关节敲人头部，叫敲栗凿。"言简意赅，别本无此注。

3. "蕊珠仙子也不很赞成女学，以为淆乱两仪，非天曹所喜。"（《高老夫子》）"两仪"，《鲁迅全集》作了解释，但"天曹"却无注。实际上"两仪"倒是比较好懂，词书中也查得到，而"天曹"却不易懂，《辞海》里也没收此词。"天曹"，语见《南齐书·高逸传》："今道家称长生不死，名补天曹。""天曹"即道家所谓的天上神宫。如果知道了这个词的意思，也就更明白高老夫子一流不过是满脑杂草的道教信徒。他们知道一点经史上的词语，却往往与迷信传说混淆。《鲁迅集》注："天曹　道家称天上神宫为天曹。"简明扼要。

4. "益堂将纸煤子插在纸煤子管子里"（《弟兄》），这是抽水袋烟具，纸煤子是吸水烟时燃烟丝的细长纸卷。此物现在住在大都市的青年恐怕难得见到，解释一下并不多余，但我所见的鲁迅著作都没有注释。

5. "呜乎呜乎,我不愿意,我不如彷徨于无地。""我将向黑暗里彷徨于无地。"(《野草·影的告别》)《野草》是鲁迅作品中难读的部分,对于文中的词句,尤其典故,应尽量注释,为读者理解作品提供一些帮助。"无地彷徨"可以说是常读鲁迅作品的人比较熟悉的语汇了,但是对于"无地"的理解也不是很容易的,何况一般读者。人民文学出版社 16 卷本《鲁迅全集》的注释算是比较详尽的了,但是恰巧这个词却无注,《鲁迅集》指明了它的出处:"语出《楚辞·远游》:'下峥嵘而无地兮,上寥廓而无天。视倏忽而无见兮,听惝恍而无闻。'"大意是:下临茫茫深远的大地啊,上至广阔浩渺的太空,匆匆瞬间什么都看不见,就像没有地,没有天一样,万籁无声什么也听不见。这里注出这一典故,将鲁迅当时的苦闷彷徨的心情与二千多年前的诗人的忧郁彷徨的心境对照,给读者提供了一个参考。

6. "于是便'万姓胪欢'了……"(《灯下漫笔》)《鲁迅集》注为:"胪,传言,陈述,抒发。天下百姓都表示喜悦。"《鲁迅全集》未注。

7. "常有兵燹,常有水旱,可有谁听到大叫唤么?打的打,革的革,可有处士来横议么?"(《灯下漫笔》)"处士来横议",语出《孟子·滕文公下》:"圣王不作,诸侯放恣,处士横议,杨朱、墨翟之言盈天下。"又,《汉书·异姓诸侯王表第一》:"秦既称帝,患周之败,以为起于处士横议,诸侯力争,四夷交侵,以弱见夺。"《鲁迅集》简注道:"处士来横议 在野之士纵谈国事。"《鲁迅全集》不注。

8. "别的不必说，就在这不到两整年中，大则四省，小则九岛，都已变了旗色了，不久还有八岛。"（《新秋杂识》）这里"四省"大家都知道是指"九一八"事变后相继沦陷的东三省以及当时华北的热河省。那么"九岛"是指哪九岛呢？大概当时一些鲁迅著作的注家未查到，所以索性"四省""九岛"都不去理，照例这样的地方《鲁迅全集》都要加以注解的。"九岛"变了旗色是指 1933 年 4 月中旬，法国军舰侵占中国南海南沙群岛中的南威岛、太平岛等九个小岛屿，随后法国政府即宣布九岛为法国领土。这一举动遭到日本的反对，因为日本已视南洋为自己的势力范围。

从上面这些例子可以看出，所注内容并非可有可无，也不是避重就轻，随便抓来就注，而是实实在在抓住了一般读者阅读中的一些难点，为阅读欣赏排除了障碍，使作品易于被理解阅读的同时，也使鲁迅与当代读者更加亲近了。

注释还对以往各注本，特别是《鲁迅全集》注释中的误注作了订正。下面也举几个例子并加以说明。

1.《阿Q正传》注"若敖之鬼馁而"云："语出《左传》宣公四年：楚国令尹子良（若敖氏）的儿子越椒……"（见《鲁迅全集》卷一）这个注有三个错误或含糊不清的地方：第一，当时楚国令尹非子良而是其兄子文，子良为司马，从未做过令尹。第二，司马子良的儿子鬭椒，字子越，一般称子越椒，而《全集》注者误以为"子越椒"的意思是儿子越椒，所以称他为越椒。第三，从注文的表述看，令尹子文说要杀掉子越椒这一番话时似乎是在鲁宣公四年,其实宣公四年已经是若敖氏被楚王消灭的一年,此时子越椒已执政为令尹,果然应验了其伯父早年的预言,而其伯父子文也早已埋于地下做古人了。

2. 鲁迅在《〈呐喊〉自序》中说:"我要到 N 进 K 学堂去了。"人民文学出版社 16 卷本《鲁迅全集》对这句话的注释是:"……K 学堂指江南水师学堂。"这是一个明显的错误。"K 学堂"应该是指江南陆师学堂附设的矿务铁路学堂,一般简称为"矿路学堂"或"矿务学堂","K"是它的英文或威妥玛拼音的第一个字母,与南京代称 N 对应,而水师学堂的第一个字母不是 K。诚然鲁迅到南京首先考入的是江南水师学堂,但《自序》中却是为了省略直接讲述他到南京就读矿路学堂的。鲁迅在水师学堂待的时间很短,仅仅半年,并没学到什么东西,初级班的全部课程就"只有一本'泼赖妈'(按:指英语初级课本,primer 的音译)和四本《左传》"(见《朝花夕拾·琐记》)。鲁迅先生后来对这所海军学校的评语是"乌烟瘴气"。所幸的是这时候南京的另一所武备学堂,江南陆师学堂里面又增设了一所矿务铁路学堂,这是一所工科文学堂,鲁迅立即改弦易辙,弃武从文,于是又考进了这所学校。正是进入矿路学堂后青年鲁迅眼界大开,所以他在《自序》中才有这样的话:"在这学堂里,我才知道世上还有所谓格致,算学,地理,历史,绘图和体操。生理学并不教,但我们却看到些木版的《全体新论》和《化学卫生论》之类了。"尤其是后面提到的《全体新论》和《化学卫生论》这类影响鲁迅改变志向,放弃已经学有所成的地质开矿专业的医学方面的书籍,这绝非是他在水师学堂时期的读物，而只能是他在 K 学堂即矿路学堂学习的知识内容。《鲁迅集》注云："到 N 进 K 学堂　即到南京（N）进矿路学堂（K）。作者于 1898 年 5 月考入南京江南水师学堂，10 月又考入江南陆师学堂新附设的矿务铁路学堂（1899 年春正式开学）。1902 年初毕业，被清政府派往日本留学。"短短几十个字，把鲁迅的这一长段经历交代得一清二楚。

3.《〈呐喊〉自序》："终于到 N 去进了 K 学堂了，在这学堂里，我才知道世上还有所谓格致，算学，地理，历史，绘图和体操。""格致"一词，《鲁迅全集》注为："……清末曾用'格致'统称物理、化学等学科。"这个解释不准确。近代以来，随科学的变化，"格致"的内容也在变化。清末，格致学包括了天文、地理、数学、物理、化学以及生物学等几乎全部自然科学的基础教育课，领域十分宽广，科目划分粗泛，归属很不明确。随近代科技不断输入和发展，到鲁迅读书的时代，格致学实际上已经无法囊括自然科学的各个分支了。"格致"已经专指物理学。我们再看《鲁迅集》这一条的注释："格致　《礼记·大学》：'致知在格物，物格而后知至'，意思是穷究事物原理后才获得知识。近代称自然科学学科为格致学，但鲁迅青年时代求学时格致课专指物理学。"

4."就是袁世凯想做皇帝的那一年，蔡松坡先生溜出北京，到云南去起义。"（《灯下漫笔》）这段话《鲁迅全集》注为："袁世凯……并不以此为满足，更于一九一六年一月恢复君主专制政体，自称皇帝。蔡锷等在云南起义反对帝制，得到各省响应，袁世凯被迫于一九一六年三月二十二日取消帝制，六月六日死于北京。"这一段表述有两个问题，第一是宣布称帝的时间不是 1916 年 1 月，而是 1915 年 12 月 12 日，并决定 1916 年元旦举行登基大典及开始改换年号为"洪宪年"。第二个问题是蔡锷也不是 1916 年 1 月袁登基后才到云南起义，而是早在 1915 年 11 月便已潜离北京，12 月 25 日在袁宣布称帝后即通电云南独立起兵讨袁的，《鲁迅集》的注释就要准确清楚得多了。

5. 鲁迅在《中山先生逝世后一周年》这篇纪念文章中两次引用了孙中山的遗言。第一次是这么说的："……直到临终之际，他说道：'革命尚未成功，同志仍须努力！'"文章结尾又写道："中山先生逝世已经一年了，'革命尚未成功'，仅在这样的环境中作一个纪念。"对这一句遗言，《鲁迅全集》的注者采取了避实就虚的办法，即对鲁迅文中前面所引孙中山这幅完整对联不予加注，却对结尾时那前半句加注道："'革命尚未成功'见孙中山《遗嘱》。"作注的原则应是在一篇文章中对首次出现所要注释的词句进行注释，或是在特殊的地方加注。为什么《全集》对此作如此处理呢？一查出处才发现，原来在孙中山遗嘱即《国事遗嘱》中并无"革命尚未成功，同志仍须努力"这句话。这个遗嘱中是这样写的："现在革命尚未成功，凡我同志，务须依照余所著《建国方略》、《建国大纲》、《三民主义》及《第一次全国代表大会宣言》，继续努力，以求贯彻。"（《孙中山全集》卷十一）如果不考虑鲁迅所引全文，单独的注这半句，这样说明也未尝不可，但显然鲁迅后面所引遗言仍是根据前面所引的全句而来的，甚至可以说孙中山《国事遗嘱》中这句话也是由这副对联而引申并将之具体化了的。大概由于"革命尚未成功，同志仍须努力"这话并不出自《国事遗嘱》，所以对于这句话《鲁迅全集》注释者只好避开了。

1925年3月孙中山在北京逝世，他的行馆灵堂内遗像两旁，非常注目地悬挂着"革命尚未成功，同志仍须努力"这副对联。这无疑是孙中山先生留给他的同志们的遗训。鲁迅当时在北京，当然也知道孙中山留下的名言，所以文章中就这么写了。后来的注家也据此以为此语出自《国事遗嘱》。其实这句话孙中山还很健康的时候就说过，请看《鲁迅集》注："1923年11月孙中山为国民党改组在《国民党周刊》第一期上题词：'革命尚未成功，同志仍须努力。'后来这句名言成为孙中山的遗训。"这句话现收《孙中山集外集》，题《为〈国民党周刊〉出版题词》。

6.《孔乙己》中，孔乙己考店中小伙计说："回字有四种写法，你知道么？"这其实不过是孔乙己显示自己有学问，并非说明回字就是四样写法。16卷本《鲁迅全集》注："回字通常只有三种写法：回、囘、囬。第四种写作囬（见《康熙字典·备考》），极少见。"这是注家上了孔乙己的当，依据孔乙己的思路去查找，得出了这四种，其实汉字回字的写法有许多，即有许多异体字，如：囘、囬、廻、廽、逥。所谓囬极少见，也不确切，《藏经》回字即作囬。

除订正前各本误注外，本书校勘上的工作也不容小视。编注者据鲁迅自编文集的旧版单行本和1938年版《鲁迅全集》，对人民文学出版社1981年版16卷本作了若干校勘工作。兹举几例：

1. 人民文学出版社 1981 年版《鲁迅全集·呐喊·社戏》："最惹眼的是屹立在庄外临河的空地上的一座戏台，模胡在远外的月夜中，和空间几乎分不出界限，……"其中"模胡在远外的月夜中"，旧版单行本及 1938 年版《全集》均作"模胡在远处的月夜中"，《鲁迅集》据以校订。

2.《且介亭杂文二集·从帮忙到扯淡》："后者却不过叫他献诗作赋，'俳优蓄之'，只在弄臣之列。"其中"弄臣之列"，初版及《鲁迅全集》均误排为"弄臣之例"，《鲁迅集》据孙用先生编《〈鲁迅全集〉校读记》订正。

3.《两封通信》这篇佚文原发表于 1933 年 6 月上海《论语》半月刊第 19 期，后人所编《集外集拾遗补编》改题为《通信（复魏猛克）》，魏猛克致鲁迅信则作为"备考"编在"回信"之后。这篇文字编入 16 卷本《鲁迅全集》时，被割裂开来，将鲁迅的信作为正文编入，将魏猛克的信作为备考，附于正文之后，篇名也改为《通信（复魏猛克）》。《鲁迅集》第一次将这篇文章恢复了原貌，即将魏的"来信"置于前，作者的"回信"放在后面，两封通信合起来构成一篇完整的文章，题目也恢复为发表时的原题《两封通信》。请注意这不是恢复一种编排，而是恢复作者的原文。

这个本子有哪些不足，我可能是只缘身在此山中，不一定看得清楚。但编辑过程中还是觉得留下了一些小小的遗憾。第一，"大家小集"的体例，每位作家选集在 60 万字左右，最多不超过 80 万字。因篇幅所限，没有收鲁迅的诗词、文学书简。作为国学大师的鲁迅先生，他这方面的文字收得也不够。如果这本子有机会修订重版，可考虑适当扩大篇幅，收入这些内容。第二，注释的原则是简注，这当然是必要的，但有些注释如灵活掌握，适当详细一些，会不会好一些呢？如前引的例子"天曹""处士来横议"的注释，若指明语出何处，注释会丰满许多。当然，繁简尺度的把握很微妙，弄不好就会变得烦琐多余。编辑上也有些不足。最后看付样时，发现一个一直忽略的问题：鲁迅著作中常有西文书籍名出现，这些地方都加了书名号，但按照外文的习惯书名一般是用斜体或者加引号，那么鲁迅著作大量的西文书名加了中文书名号，这是鲁迅先生当时加的还是后人加的呢？我跟周先生取得联系，他说鲁迅的手稿及旧版书都是竖排繁体，西文书名加了引号，改横排以后《鲁迅全集》以及其他一些鲁迅作品都改用书名号了。显然这既不符合外语的规范也不符合作者的原著，但这个时候要改已经来不及，只能留待以后修订了。

尽管这个插图本留有若干不足而使人感到一些遗憾，但毕竟我们已为读者，为纪念鲁迅先生诞辰 120 周年，为新世纪的开端献上了这份礼物。

刊《鲁迅研究月刊》2001 年第 2 期

斯特拉奇和他的《维多利亚时代四名人传》

《维多利亚时代四名人传》给我留下印象是因为听到西哲罗素的一桩逸事。此公"二战"时，因反战而锒铛入狱，狱中读书解闷。一日，他的囚室传来阵阵大笑，狱卒颇感纳闷，前去查看，发现他正捧读斯特拉奇的《四名人传》。法国著名传记作家莫洛亚评价斯氏时，说他是个英雄破坏者，一个打倒偶像的人，他总是用轻描淡写的冷讽吹散伟人头上的光轮，同时却使读者好像跟他们握手言欢了。此评价跟罗素读书时的反应异曲同工。

斯氏是传记史上一个划时代的人物。他是二十世纪上半叶"新传记"的代表人物。所谓"新传记"，是不同于从约翰生和鲍斯威尔开始，到锡德尼·李以来的旧传记。"新传记"的特点是：对人物的心理世界日益增长的兴趣，传记家除描述经验的事实之外，还注意到心理的事实，即人物的个性和行为动机。"新传记"的作者还有意识地增加传记的趣味性，力图把传记写得生动活泼，并显示出自己的风格。斯氏出生于伦敦，父亲和祖父都是驻扎在印度的英国军队的将军，没读过中学，剑桥大学三一学院出身，同学好友中不少是文化学术界名人，如经济学家凯恩斯和小说家福斯特、伍尔夫等。1918 年他出版了第一部传记，即这部《四名人传》，一鸣惊人。在前言里，他劈头便说，"维多利亚时代的历史根本写不了，因为我们对它知道得太多。治史首要一条是不能面面俱到，也就是说要写得简单明了，取舍有度"，"聪明人会采用比较巧妙的策略。他会从意想不到的地方切入主题……他会在至今还没有人发现的偏僻隐秘之处突然投去一道强光……他又会像泛舟于无涯的学海，所到之处随便沉下一只小桶，从极深的海底吊上来一些独具特色的东西……满怀好奇地仔细研究"。这是他传记观的宣言。他写此书的目的，是冷静、公正地将维多利亚时代的某些景象展现到当代人眼前。

此书写维多利亚时代的四个著名人物。第一位是曼宁，此公被认为是十九世纪英国宗教和社会改革的功臣，甚至被比作圣徒，但在斯氏笔下，却是个宗教投机家。第二个人物是现代护理学的创始人南丁格尔，从她开始，护士被称为"白衣天使"。斯氏不否认南丁格尔的贡献，却又认为她身上有更多有趣的东西，她的坚定是一种可笑的固执，她助人，却是个冷酷无情的人，她履行责任是出于一种顽强的意志而不是对人类的热情。第三位人物是学者兼教育家阿诺德博士。此公对英国公学教育做出过重大贡献。但斯氏认为他是个糊涂虫，总是摆出一副深刻的思想家的样子，原则至上，实际上这些东西毫无意义，含糊不清，什么原则也没有。第四位是戈登。此人是著名的殖民主义者和冒险家，皇家工程师协会官员，第二次鸦片战争中随英军攻入北京，后被英政府派往中东，当过苏丹总督，喀土穆被攻破后，头被叛军砍下挂在城墙上。在斯氏看来，戈登性格复杂、怪僻，他一方面具有无穷的精力，有一种英雄和酒徒的热情，对部下有神奇的感召力；同时又头脑简单、无知，在愚蠢的宗教狂热的支配下，献身于执拗的幻想。

这四个人物都是十九世纪英国人引以为荣的，斯氏满足了读者的好奇心，但他又让人看到其复杂的内心世界。梁遇春在谈到此书时，认为斯氏写次要人物比主要人物还写得好。比如老泪纵横、一腔热血写自辩辞的纽曼；狡计百出，跟曼宁联盟的塔尔博特；被南丁格尔逼得左右为难的老实大臣赫伯特；顽梗固执，终于置戈登将军于死地的格莱斯顿，都是不朽的小品。

四个如此重要的人物，在如此薄的一本小书里栩栩如生地再现，这又要说到斯氏的传记观：1. 他认为简洁是写传记人的第一责任。无知是历史家的第一必要条件，因为它使事实变得简单明了，这是连最高的艺术都做不到的。日常琐事竟成了这位"新传记"派开山老祖的法宝。2. 写作者必须坚持自己精神上的自由，他的义务不是恭维，而是把所认为事实的真相暴露出来。他反对摆历史家的架子，谈到一个人，总是牵连到时代精神、前因后果，以及并世贤豪，在厚大的部头里只有传主的影子，成为一部无聊的时代史。斯氏的简洁并非偷懒，事先他要收集能得到的一切文献，然后选出重要的、可反映性格的材料，从一个客观的立场分析淘选这些材料，获得有关人物栩栩如生的明晰概念，以此为标准，到材料里找出最能照亮这个概念的轶事言论，用讥讽的笔调演绎出一本薄薄的小书。于是，"我们读来只觉得巧妙有趣的故事像雨点滴到荷池上那么自然地纷至沓来，同时也正跟莲叶上的小水珠滚成一粒大圆珠一样，这些零碎的话儿一刹那里变成个灵活生姿的画像了，简直是天衣无缝，浑然一体"（梁遇春语）。

斯氏最成熟的传记作品是《维多利亚女王传》，在这本书里，他不再一味地冷嘲热讽，写作态度更严肃，也更深刻。《伊丽莎白与埃塞克斯》是斯氏最后一部重要传记，这部情史，因材料有限，露出了臆造的马脚来。《维多利亚女王传》1949年前就有卞之琳的译本，二十世纪八十年代，三联出了《伊丽莎白与埃塞克斯》。花城推出《维多利亚时代四名人传》，将这位"新传记"开山老祖的处女传介绍过来。至此，斯氏的三部传世传记都有了可信的译本。

刊《中国图书评论》2003 年第 12 期

史学大家的自然小品

——读米什莱《话说飞鸟》

　　这是一本不起眼的薄薄的小书，如果不是那精致、活泼、传神的素描插图，我可能会错过这本书，错过这些美文，错过认识一个历史学家的自然情怀，错过那飞鸟的世界，错过一个认识自然、尊重生命的机会。

　　现代社会快节奏的生活，现代文明整齐划一的时尚，现代科学带来的便利和灾难，使现代人处在一种沉醉其中不能自拔的疲惫状态，什么能使我们重振精神呢？米什莱告诉我们——大自然。

　　米什莱是十九世纪法国的一位大历史学家。史学家的地位和声望，将他写下的许多自然美文，如《昆虫》《大海》，还有这本《话说飞鸟》湮没了。他被称为"法国第一位伟大的人民史学家"。出身于巴黎一个有文化教养的小资产阶级家庭的米什莱，父亲是一个受过拿破仑迫害的小本经营的出版商。他在自叙中曾说道："我身居陋巷，当时我的心情，犹如犹太奴工在埃及建造金字塔时那种渴望解放的心情，犹如中世纪农奴在封建领主的城堡下耕田犁地时那种渴望解放的心情。"这种早年的境遇，一直影响着他的生活道路、政治态度和史学观点。1821年他从查理曼学院毕业，任教圣巴贝学院，此后终身从事历史教学和著述。他的成名作《近代史纲要》1827年出版。同年译著的维科的《新科学》出版，维科的著作赖以在欧洲广为传布，他因此被法国最高学府巴黎高等师范学院聘为教授，之后在巴黎大学和法兰西学院兼课，并担任法国国家图书馆历史学部主任。1833年至1867年陆续问世的17卷巨著《法国通史》，是他生平最重要的著作。他力图把中世纪法国社会全貌"完全逼真地再现出来"，力图再现当时人们的生活实况和精神面貌，说出千百万普通农民的痛苦和希望，为读者提供一册法国历史的生动画卷。《法国大革命史》是米什莱又一传世作品。他称写此书的目的，就是要使当年那些为革命抛头颅洒热血的志士仁人在他的笔下"得到第二次生命"。这部充满情感的生动有力的著作在欧洲广为传诵，各国几乎都有译本。米什莱生活于法国阶级斗争极为激烈的时代，他是用历史来为政治服务。他的《论耶稣会士》《论僧侣》《人民》三本书是他民主政治信仰的表白和向封建制度斗争的檄文。拿破仑三世政变后，米什莱拒绝对新政府宣誓效忠，1851年被免除一切职务，于是退隐南特农村，数年后回巴黎，1873年去世。

《话说飞鸟》是作者退隐南特乡间后，家庭"夜晚温柔谈话的产物"。作者称之为"大自然的丰收"。作为一个历史学家，竟然研究起自然来，作者对自己和读者，都少不得要有一番交代。于是这本书的长序《我是如何研究起自然的》就来回答这一问题。

从大的背景看，退隐南特不仅是米什莱的仕途不济，也是他政治理想的破灭，心情是相当沉重的。闲聊、读闲书和观察自然成为他排遣心中郁闷的一种方式。他说："我们时代经历了风风雨雨，我们生活的知识界四分五裂，还没有什么来替代……如果不是向大自然，那又该向谁寻求休息，重振精神呢？""我们要寻求一种补药，以便总往前进，寻求一滴永不干涸的泉水、一股新的力量和翅膀！"自然和人类历史便是他寻求到的补药。"我写九三年，……走在荆棘中。""我在历史中讲述祖国的伟大公民，同世界这些公民是近亲。""晚上则听听博物学家或旅行家温和的叙述。""思想从国家过渡到大自然，这真是又惬意又美妙。"通过阅读观察自然，他"第一次感到，人一旦没有了周围庞大的动物界，生活就变得严峻了，因为大量无害动物的活动、声音和嬉戏，就好比大自然的笑容"。从大自然到国家、历史，从历史、国家到大自然，米什莱的思想发生了一种奇妙的化学反应，在他看来，"整个自然史是政治的一个分支。各种生物凭着卑微的权利，都要前来叩门，请求被接纳到民主的怀抱中。……这就是我的洗心革面，这种迟来的'新生命'，逐渐引我走向自然科学"。

在鸟的世界里，人成了暴君，成了欺压民众的封建贵族。"生活在高处，对人最温和、最友善的飞禽类，如今也正是人最残忍追捕的对象。"他要站出来保护飞鸟，他保护的方法就是"揭示鸟儿就像揭示灵魂一样，指出一只鸟儿也是一个人"。

他反复声称，在书中尽量做到以鸟论鸟，避免类比人。因为"人！我们在别处遇见的机会已经够多了……我们需要一个避开人世的借口"。"鸟儿，独一无二的鸟儿，就是这本书的全部。"从这些话语中，不难看到这位大历史学家的一种情绪，一种心态，他在大自然中逃避，排遣心中的郁闷，同时将自己的政治、社会、历史思想延伸到了自然界。然而，他始终摆脱不了人，他的作品始终让人感觉到鸟世界的拟人化。这大概正是这本自然读物感人的地方。当作者说"死亡又严酷又残忍，在生命正旺时突然降临，但不过是一时的变故，生命还照样延续"时，难道那只是写鸟的命运，那不正是人类的命运，那不正是历史观的一种写照?！

有人将米什莱这一系列的散文称为知识散文，我则以为称"自然随笔"或"自然小品文"也许更妥当一些。米什莱不是严格意义上的博物学家，他的鸟类知识的获取途径主要不是"田野考察"，而是来自鸟类学家的著作，如科斯奈勒的《鸟世界》《法兰西的鸟类》、威尔逊的《美洲的鸟类学》等。他是以一个学者、散文家、大自然的迷恋者的身份写这部飞鸟著作的。因此他的文章对飞鸟世界的描述称不上细腻、精确，对于想知道飞鸟生活的具体细节的人，想像从法布尔那里知道昆虫的习性一样，读他的文字会有些失望，或会有隔靴搔痒的感觉。他的文章显露的是才气、聪颖、睿智的文采。

我们来看看他对鸟世界的描写：

鱼儿的世界是寂静的世界……昆虫的世界是黑夜的世界……鸟儿的世界是阳光的世界，是歌的世界。它们全都依赖阳光而生存，它们吸收阳光，或从中汲取灵感。

力量就是快乐。最快乐的动物是鸟儿，因为鸟儿感到行动中游刃有余，由天的气息托举浮载着畅游，就像做梦似的，毫不费力地飞升。

我们再来看一段他对军舰鸟的描写：

它们健壮的时候，是不大落地的，过着浮云的生活，舒展着大翅膀，不断地从一个世界飘到另一个世界，等待时机，无情的目光穿透无际的天空、无涯的大海。

鸟类的第一号是不停落者。航行者的第一号是不抵达者。大地、大海几乎同样是禁区。那是永世的流放者。

我们什么也不要羡慕。这个世界，任何自下而上都不是真正自由的，任何区域都不够广阔，任何飞行都不够高远，任何翅膀也不够搏击。最强大的翅膀便是一种奴役。还需要心灵所期待、要求和盼望的翅膀：翅膀啊超然于生命！翅膀啊越过了死亡！

米什莱的文字的感人还在于他的思想，一种对生命的关爱，对自然生灵的温情，对人与自然关系的富于哲理的洞见。他告诉我们："人只有认真致力于大地所期待人的事情，才会

真正成其为人：（与）动物和解并和睦共处。"这就是今天我们
声嘶力竭地叫唤"人类只有一个地球"的共识。人早就认识到
这一点了，却做不到。他深信人类只有尊重生命，尊重这个
地球上所有生物的生命，才能得到大自然的回报。人要从大
自然索取的话，"就必须懂得自然界的秩序……它周围、它上
面的生命，是它的敌人，而往往也是它的客人……""人没有
鸟无法生存，惟独鸟使人免遭昆虫和爬行动物的侵害；但是，
鸟没有人却能生存"。

　　这本薄薄的小书在这个信息时代的千禧年带给我们的远
不止是一扎消闲的美文。赛斯的祭司对希腊人希罗多德讲了
一句意味深长的话："你们永远是孩子。"米什莱说："是孩子，
看待生活就很片面。是成人，就能感到生活的和谐统一。"如
果我们今天的科学和文明中，谁也没有尊重生命的温情，那
我们永远都是孩子，孩子轻视和打坏东西，他们的乐趣就是
破坏，这个地球的明天是什么？希望每一个"孩子"都来读一
读这本小书。

刊《中国经济时报》1999 年 12 月 17 日

思想的人

——《思想者文库》观感

社会的开放程度，宽容与否，文化人的生存状态等，这些都对一个时期的思想状态和文章盛衰起着决定性的作用。记得密尔曾说过："在精神奴役的一般气氛中，曾经有过而且也会再有伟大的个人思想家。可是在那种气氛之中，从来没有而且永远也不会有一种智力活跃的人民。"在策划编辑这套"思想家文库"时，我总会想起上面这段话。这套书的作者称不上"伟大的个人思想家"，甚至也称不上思想家，正如"编者的话"中指明的："这部丛书回避了'思想家'这个提法。"这些作者并没有像"思想史上的那些思想家一样，都有一个自成体系的原创性的思想"，但他们"都在不断地思考历史与现实，传统与未来，中国与世界，社会与文化等等这些题目"。因此这批作者只是无数智力活跃的人民的代表，他们反映的是在一个政治环境稳定宽松、经济稳步发展的形势下，思想文化界表现出的鲜活气象，也反映了读书界的一个相对集中的兴奋中心：思想类读物行时。

舒芜是这部丛书所收作者中最抢眼的人物。因他在胡风事件中的一番表现，身上印上了抹不去的污点。但做人与作文不能等量齐观。放眼世界，培根、歌德、海德格尔等不为文坛学界所弃，那么在谈到舒芜的作品时，也不该引入道德的标尺。舒芜以思想者的身份拿出的《论主观》等几篇最初的作品，在二十世纪四十年代广义的启蒙运动中影响深广。勤奋用功的舒芜在学术上新作不断，特别在胡风事件之后，精神的创痛、生活的磨难、内心的悔恨，使得他笔下流出的文字更多了一份深沉和思考。《我思，谁在？》收入了他早年的三篇名文《论主观》《论中庸》《更向前》，这也是这三篇文章1949年以后第一次编入集子。他研究鲁迅、周作人的代表作品基本上收全了。还有一点，舒芜是周作人之后对妇女的命运、妇女的苦难、妇女的地位、妇女的权利思考得最多，也写得最多的作者，他的这些浸透了思考、激愤、批判性的文字中有许多值得重视的意见。

《思想史上的失踪者》的作者朱学勤是一个十分活跃的思考者。作为一个自由思想者，他的作品不仅深刻犀利，文采斐然，而且还时时让人感觉到自由思想者的妥协精神。他在书的序言中称，这个集子要追踪这么一个问题："自由主义学理经过五十年沉默为什么会在这一代人中重新开始？思想史的这一环节如何在自我淘洗中缓慢沉淀？"似乎还不仅仅止于此，这本集子实际上还暗藏着另一目的，作者力图梳理自己的思想脉络，关于卢梭的两篇文章、英美欧陆思潮与中国等文章作为第一部分入选的主要根源，还有可能缘于研究卢梭和近代思想史是作者思想发展的重要环节。他把自己当作那一代人中的一个代表，这本书是通过个体（我）和群体的双向研究回顾思考，回答他自己提出的问题。

文库中其他的几种，《非神化》收入了杂文家邵燕祥20年来致力于打破一切"神化"的代表作，犀利深刻的文字，切中时弊，议论风生之中，时见思想的闪光。《另一种启蒙》收入许纪霖10多年来知识分子研究等方面的文字。蓝英年的《被现实撞碎的生命之舟》能满足中国人的俄罗斯情结，书中所收文字都是关于苏俄知识分子的命运，文笔流畅轻松。以研究鲁迅知名的朱正去年抛出一本《1957年的夏季：从百家争鸣到两家争鸣》，颇受读书界好评，被称为"班马一流大手笔""董狐之笔""思想家与学者的统一"。集子中收录了作者近年在历史文化等诸多方面思考的文字，在无一字无来历的考据风格中注入了深刻的反思，使人感受到一种冲决的力量。

孟德斯鸠读了蒙田的《随笔集》后说："在大多数作品中，我看到了写书的人；在本书中，我看到了思想的人。"在编辑了这套文库之后，我也想说，我看到了思想的人。

刊《武汉晨报》1999 年 11 月 10 日
香港《大公报》1999 年 10 月 24 日

受命之书　传世之作

——读里尔克及其《艺术家画像》

　　里尔克并没有写过一本名为《艺术家画像》的书。以这个书名出版的这部书，实际上包括了里尔克的两本书《沃尔普斯维德画派》和《奥居斯特·罗丹》。我最先起意将此书收入"经典散文译丛"时选中了前一种，后因字数不足，而将已出过一个译本的《罗丹》补入。等到书稿编辑完成，回头再看书名时，"沃尔普斯维德画派"这名既长，且拗口，还陌生。责编来跟我商量取什么名好。为通俗起见，我拟了个"艺术家画像"，只不过是对两本书内容的概括。当初，里尔克应出版社之邀撰写艺术家评传时，"一半是乐趣，一半是苦役"。因为当时诗人衣食无着，为挣碗饭吃不得不作。而今天我们起这么个书名，也是为挣得好一点儿的发行效果，不得不拟个新名。想必九泉之下的诗人当能谅解吧！

　　最初接触到里尔克的作品是因为罗丹。那是十多年前，我在学校读书时，买过一本《罗丹论》，梁宗岱先生译。《译者题记》这么介绍了作者："里尔克是奥地利一位杰出诗人，对欧洲诗坛影响相当大。由于他本人受法国象征主义的影响颇深，他的思想本质是唯心主义的……"现在看来，对诗人的介绍似乎有些简单了。近年来，里尔克的诗歌又进入了我国读书界的视野，引起人们的关注，对里尔克的研究介绍也深入了许多。里尔克生活创作于1875—1926年，这段时间里，欧洲的文学领域产生了两股影响最大的潮流，一是源于法国的自然主义，一是源于德国的表现主义，这两股文学潮流之间，则出现了一股所谓"倾听内心"的文学潮流。这股潮流最初在各国有着不同的称呼，如"唯美主义""为艺术而艺术""新浪漫主义""纯内向性抒情诗"等，现在通称"象征主义"。里尔克就是这些诗人中的一个。他既不像自然主义者们那样一味地关心和描写穷人的苦难，亦未像表现主义诗人那样大喊大叫地要求摧毁现实世界，做个资产阶级的叛逆诗人，而是选择了一条向内心走去的道路。里尔克对于人世间各种苦难怀有极大的同情，但他的自我中心主义，使得他对社会生活十分冷漠。里尔克的少年时代长时间地生活在忧心忡忡之中，从来不知道什么叫天真与快乐。童年体弱多病，缺乏母爱；少年军校生活受尽精神和肉体的折磨，生活孤独寂寞；成年之后他发觉自己的生活依然离不开慷慨无私、温存体贴的女人。少年里尔克开始他的诗歌创作时，设法用诗的形式理解这种孤独的深层意义，并赋予自己的诗歌一种神秘的语言和常人难以理解的色彩。其早期诗歌表现了一种对象征手法的偏爱。这种艺术特点，使他的诗歌具有一种朦胧的弦外之音，后来这也成为他诗歌的一大特点。许多评论家称他为荷尔德林之后最伟大的德语诗人，而他特殊的气质和多重的性格使得我们不易对他作出笼统勾画。

　　在艺术创作中，里尔克有一个重要的思想：不相信灵感，只相信劳动，相信通过艺术实践可以改变自己的命运。遗憾的是，里尔克在自己不长的一生中所从事的艺术劳动，既不足以养家，亦不足以糊口。1900年8月，他在游历俄罗斯之后，来到了沃尔普斯维德，在这里爱上了女雕塑家克拉拉·威斯特霍夫，并于次年成家。浪漫的艺术气氛并未改善清贫的生活。贫穷像幽灵般出现在面前，使他心里失掉了目标和光明。此时，正组织出版的"艺术家评传"中，有一卷要介绍早已引起艺术界注目的沃尔普斯维德画派。几经周折，这个差事落到了里尔克手里。正陷于衣食无着的里尔克接受这个任务时，想必心情是复杂的。一方面这可以解决他生活上的燃眉之急，另一方面对于"为艺术而艺术"的里尔克来说，却又不无勉强之意。里尔克原拟写六位画家，因其中一位拒绝而只写了一篇长长的导言和五位画家的评传，即马肯森、莫德尔松、欧沃贝克、恩戴、费格勒。里尔克在书中用散文的笔法以沃尔普斯维德为背景，描述了五位艺术家，着重表现各位艺术家的特点。此书对当时人们认识沃尔普斯维德画派的艺术特点和意义起了重要作用。今天它仍是人们了解此画派不可多得的作品，它与这个画派一同走进了德国艺术史，其导言也成了德语国家散文的精品。《罗丹论》这本书亦得益于他与克拉拉·威斯特霍夫的婚姻。克拉拉曾师从罗丹并成为他的艺术崇拜者，里尔克早就接触过罗丹，婚后对罗丹产生了更浓厚的兴趣，曾起意与克拉拉合写一篇关于罗丹的文章。1902年春，德国艺术史家穆特尔致函里尔克，邀他写一本关于罗丹的评传，作为他主编的"插图本艺术家评传丛书"的第十本。里尔克接受了，与罗丹取得联系，并去巴黎与罗丹朝夕相处，了解日常生活中的罗丹，研究罗丹的成长过程和作品，研究对罗丹有过影响的一切，如研究曾影响过罗丹精神生活的诗人：但丁、波德莱尔、雨果、巴尔扎克等。1902年年底书成，1907年出第三版时，里尔克又加进了他1905年作的关于罗丹的一篇报告。里尔克关于罗丹的这两篇散文，也像罗丹的艺术一样，成了艺术史和文学史上的瑰宝。前面提到的梁先生的题记中这么写道："专注的读者将在这里找到源源不竭的精神上的启迪和灵感。"对此我深有同感，同时我还觉得此书比较完满地展示了里尔克作为散文作家的风采。

这两本书是里尔克著作中最通俗的作品，与《杜伊诺哀歌》《致俄耳甫斯十四行》这样的诗作不同，也与《布里格记事》这样略加掩饰的自传体小说有异，当然更没有《祈祷书》那种充满浓厚神秘的宗教色彩。这是两本他不能完全按照自己的艺术理想去写作（因为应命而作）而又将其散文艺术发挥到极致的传世之作。

刊《中国图书评论》2000年第5期

"言必称希腊"

——孙道天先生《古希腊历史遗产》出版感言

　　了解西方从了解希腊开始。这话并不是近年才有人说，可并没有获得普遍的理解。罗念生先生去世时，有纪念文章重提此见，读书界颇有共鸣，可能做到的有多少呢？现在关于古希腊系统全面的史书可以说奇缺，中华人民共和国成立之初曾有一本《古代希腊史》（塞尔格耶夫著），可算是一种，似乎再看不到第二本。虽然通俗读物不缺，世界史古代史中也有专门的章节，其内容简略狭窄是显而易见的。当然这在普及古希腊知识上功不可没，却也反映出学界的研究缺乏，这种先天不足导致的后果是现在的这种状况，浅尝辄止，难窥堂奥。孙道天先生的《古希腊历史遗产》一书的出版可以说弥补了这个不足。

　　在谈到我国目前的希腊罗马史水平时，孙先生说："并不是言必称希腊，而是对希腊知之尚少。"然而，我和我的同学是经历过一段"言必称希腊"的时候的。二十余年前，我考入华东师大历史系，世界古代史是入学第一年必读的课程，我们遇上了孙道天先生，同学们被他娓娓道来、旁征博引的讲课迷住了，四处寻找孙先生谈到的一些书来看。有一位学长朱旭初，为满足我们的好奇和渴望，还为我们开希腊建筑艺术讲座，他用大量的幻灯片将希腊艺术的件件杰作印在了我们的脑中。大学毕业后，我又继续读硕士，跟郭圣铭先生读西方史学史。郭、孙两位先生私谊很好，又住在同一个邨子，这也使我跟孙先生又近了一层，可真正跟孙先生"亲密无间"，却是在毕业工作之后。记得毕业后我回上海，初次拜访孙先生，师母留我吃饭，孙先生拿出酒来，我不能喝酒，婉言推谢，孙先生不干了，说："酒是好东西啊，怎么能不喝呢？能让生命出彩的东西并不很多，酒就是一样，要喝的，一定要喝的。"重提此事，是想说孙先生除了教我知识，还教我品味生活，热爱生活。我想，孙先生的热爱生活也是源自希腊吧！黑格尔在谈到古希腊历史文化的时候，曾说："凡一切使生活满足，使生活高尚，使生活优美的——我们皆直接间接得自希腊。"打那之后，我感到一向威严有个性的孙先生原来是那么和蔼可亲，于是每次回沪，总是尽可能抽时间拜访孙先生，就是想在茶酒之余，听孙先生天南地北地聊天。这个时候希腊（罗马）是永远离不开的话题，毫不相关的话题也总是能回到希腊（罗马）。孙先生是"言必称希腊"的。

孙先生几十年从事古代史研究教学，可惜墨如金，在我们学生看来，似乎是"述而不作"。大家总在翘首等待他将满肚子的希腊罗马化成一部可以捧在手上读的大书。2002年我回上海，听孙先生说正在写《古希腊历史遗产》，平均每天500字，准备一年半写完，很有些惊喜。我当即想跟先生约定，书稿出来后给我们（花城出版社）出版。孙先生说完成了再说。对孙先生来说，出不出版无所谓，能不能写好，让自己满意那才重要。在我们做学生的看来，不是问题的著作质量，在孙先生那里却成了问题，一个近乎哈姆雷特的 to be or not to be 的生存追问。

书虽是一年半写成，却有几十年的积累，用孙先生自己的话说："书现在的规模不大，要多写十万字很简单，材料都在肚子里了，倒出来就是。但不想堆砌材料，只要能说明问题就行。"这本书，经几十年肚中的蒸馏，脑里的窖藏，已化为陈年老酿了，如此，才能成不隔的合乎中国读者胃口的文字。

如果要管窥全豹，那么我来说说注释。注释通常是注明资料来源，说明解释人、事、物等。《遗产》一书的注远远超出了这个范围，有许多新东西。很多时候，它成了正文的延伸和补充，文意的进一步阐发或细节的丰富。如第 260 页注①，亚历山大打败了大流士后，在其营地缴获大量的宫廷用品并俘获一批女眷贵妇，表明其打仗时还不忘穷奢极欲。注中补充道："柏拉图在《法律篇》中谈到，自从大流士一世以来，波斯王子年轻时就由嫔妃宦官陪伴成长，满足他们的一切欲求，这把他们给毁掉了。大流士三世便是波斯宫廷中养起来的'窝囊废'。"这一补充，不仅丰富了正文内容，而且是有趣的细节。关于细节，现代管理学喊得很凶的一句话"细节决定成败"，强调了它的重要性。在文学领域，对近年文学创作的批评，说得最多的一句是，当代作品缺乏细节描写。其实，学问也有同样的问题，"多快好省"成了许多研究者们的驱策指南，学术功利主义使得学问同样深入不了细节，把握不住细节。因此，细节的恰当把握，是不是可以说从一个侧面反映了这本书的价值呢！注释有时候是抒发感慨和研史心得。如第 93 页注①："'征服自然'之说并不可取，因为这种提法不符合事物的本性，自然不是予取予求、任人宰割的东西。……见到有些书本大言'征服'，这很不智……"在闲聊中，孙先生说："这是所有口号中最坏的口号之一。"又如第 173 页注②，在谈到修昔底德是抱着"悲天悯人"之心来写他的这部战史的之后，他感叹道："战争，难道它竟是'人性'的一部分吗？"这难道不会让人对现代战争产生出许多联想吗？注释有时候是怀人怀事，纪念一段交谊。在介绍苏格拉底"反诘法"时，孙先生认为"对话所得出的结论，往往也就是苏格拉底的思想"。此处有一注称二十世纪八十年代，"罗念生先生曾给笔者一函，提出苏格拉底是不是有意'装傻'，这很有意思。我未作复。我思忖着，这可能正是苏氏的'大智若愚'吧。简记几语聊表对已故的罗先生的纪念。"读此类注释，几乎成了我不寻常的阅读体验。

孙先生关于古罗马还有一个未了的愿望，不过他正担任《辞海》世界史分科主编工作，不知他的时间和精力是否允许。我们期待着他腾出手来继续写罗马。

刊香港《大公报》2004 年 9 月 9 日

从《汉英四书》开始

——"汉英对照中国古典名著丛书"忆谈之一

一

1992年，当我试探着以一册《汉英四书》在汉英对照中国古典名著读物这一块天地做一点事时，并没有想到它以后会成功地发展成一套丛书，更没有想到后来又被部分纳入新闻出版总署重点工程"大中华文库"。2001年，湖南人民出版社将库存"汉英对照中国古典名著丛书"（20种）作价处理，表明这套书完成了它的历史任务，成功地融入了"大中华文库"计划。该文库第一辑于2000年10月在人民大会堂举行首发式，并获得第五届国家图书奖荣誉奖，第三届全国古籍整理优秀图书一等奖。这之后又有几家出版社加盟，阵容庞大，蔚为大观。

因工作调动，1995年我离开湖南，没能参加"大中华文库"第一、第二辑的盛举，近十年后，随着此番事业的不断发展壮大，李林兄，"大中华文库"协调委员会成员，知道我以往在这方面做过的一些工作，便不断鼓动推荐，2005年，我代表花城出版社进入编辑委员会，并申报了《紫钗记》《天工开物》等4种，获得批准，加入丛书第三辑的翻译出版，实现了"回归"。

二

1995年的阳春三月，张光华副局长带领湖南省新闻出版局调研组二十余人奔赴北京那一幕我还记忆犹新。我事先从沈昌文先生处得知出版署正在酝酿"大中华文库"的计划，在总署座谈时，便向杨牧之先生请教。听到此问，杨先生有些吃惊，一方面当然是我们怎么会知道这个计划，另一方面可能也是没想到，地方出版社也有这方面的打算与努力。在听取了我关于"汉英对照中国古典名著丛书"出版的情况汇报后，杨先生表现出了浓厚的兴趣，约我们（张光华副局长，尹飞舟副社长和我）第二天就此专题作一次深谈。

"大中华文库"想法的提出大概在1994年，由于该计划的双语要求，中央各直属出版社除外文出版社外，没有过这方面的经验，也没有相应的编辑力量，迟迟没有启动。湖南出版社这套书的市场试水和初步成功，一方面证明了宣传推广中国文化的必要性、市场的可行性，同时也为非中央直属出版社从事此项工作的可行性提供了例证。大概是基于这两点吧，杨牧之先生正式邀湖南出版社参加，为避免重复浪费，希望原丛书停止出版(当时已出 6 种,平均印数 2 万多册,另组稿 10 余种)。回去之后,湖南省新闻出版局就此作了一个中长期计划,基本停止继续组稿,将我已编辑组稿的近 10 部书稿陆续推出,补充了少量品种,之后逐渐淡出,全力投入"大中华文库"计划。

三

回忆往事,颇多感慨,忽然有一种冲动,想写一写当年的那些事,回顾一下这套书的由来、编辑组稿的花絮。

还在读中学的时候,我就听父亲说起过家里有一本《华英对照四书》,还知道它的几次流失又找回的故事:被人借走后,久久没有归还,最后都是专程上门接回来的。此书是父亲在宁乡沩滨中学教书时,从姜国芬先生处得到的。后来父亲考入湖南师大中文系,毕业后留校任教,专攻现代汉语修辞。但这部书一直伴身,视为珍藏。1987 年,我读完了研究生,经林增平先生推荐,来到湖南人民出版社历史读物编辑室工作。1990—1991 年,湖南人民出版社停业等待处理时,我被借调到出版局图书处,参加湖南省新闻出版局"九五规划"的制定工作,半年后,回到新组建的湖南出版社,转到译文室工作。参与"九五规划"的制定,至今我还保存着当年的一些会议纪要,如两次"湖南省地方出版资源专题座谈会纪要",它曾间接推动了不少重量级图书的出版。这个经历,成为我编辑出版事业的高级培训班。

从历史读物转来编社科译文图书（原湖南人民出版社负责文学图书的译文一室转到了湖南文艺出版社），是一片新天地，对我也是很大的挑战，为了找到突破口，只能大胆假设，小心求证。这时我想起了前面提到的家里的那本藏书。我想能不能旧书新做，将《华英对照四书》重版，于是报了个选题。选题会上，该书的命运并不顺利，社里参加选题讨论的多数人对它的读者对象提出疑问，市场自然也有了问题。大家认为这种对照读物不适合英语学习，因为学生不会读，而国人读的书不必英文，外国人只读英文，况且因条件所限我们无法走向海外。这种意见很有代表性，即使是书出版后，这种意见也仍然存在。选题最后之所以通过，有赖于当时译文室的主任杨实先生和社领导班子成员熊治祁先生在选题会上的力争（一般编辑无资格参加社一级的选题论证会）。

这本《华英对照四书》系英国汉学家理雅各（James Legge，1815—1897）的旧译，1936 年由上海国际图书公司出版。选题确定后，接下来就是确定版本。理氏的译本质量如何？是否有更好的译本？这是个问题，这方面的资料我从未接触过，而现有的版本没有一个字的前言后记。《简明不列颠百科全书》中没有理雅各的词条。这时原译文一室的退休老编辑唐荫荪先生听到我的这个想法和困难，主动找我，将他手上的一册《近代来华外国人名辞典》借我参考。从这上面，我知道了理雅各是十九世纪英国著名的汉学家，25 岁开始服务于英华书院，29 岁迁居香港，在港居住达 30 年，历 40 余年译成《中国经典》五大卷。其成就之浩大至今无人可比。介绍虽较粗泛，但此人译本之价值大致可以确认。这套书初创之时，我以一己之力，惟有勇气和闯劲可恃，全凭初生牛犊的一股猛劲，做将起来。当时也没有多想，既然此译本大致不错，就做吧，干了再说。静下来读此书，发现排印有不少手民之误，而理氏的译本出来较早，现在来看，亦有必要请人审校一下。我拟了一个校订原则：1. 将原译中用威妥玛式拼写的，除某些约定俗成的译名如 Confucuis，Mencuis 外，一律改用汉语拼音方案拼写；2. 将原译的错误进行修正，并适当加注；3. 篇章用阿拉伯数字表示，以句点隔开分别代表篇章的两个数字，如《论语·里仁篇第四》的第 25 章标为 4.25。书后附总译名对照表。

四

从历史转而搞译文，各种资源、知识、经验都有限，按说会瞎抓一气，边干边学是肯定的，但也不是完全没基础。英语界有一位学贯中西的老先生刘重德教授跟我父亲打邻居，过从甚密。我利用这近水楼台，找到了刘先生校订《大学》《中庸》《论语》，又经过他介绍，找到了江西大学的罗志野教授校订《孟子》。

找罗教授的一个小插曲，颇能说明当时的那种状态。跟罗教授联系上以后，我专程去了一趟南昌。大概是 1991 年的秋天，回来的火车上，天比较凉，外面下着雨，夜车人很少，我在一张三人长椅上睡着了，受凉感冒了，咳嗽不止，仗着年轻，没把它当回事，后来竟发展为支气管炎。因为无知无畏，落下了本来可以很快治好的毛病；因为无知无畏，凭勇气和闯劲打下了一片天地。

这个过程中，如同打草鞋，一些想法做法都是慢慢地发展完善。比如说，虽然这本书推出后，能否成功尚无把握，但我已想到若有可能，通过这本书投石问路，发展成一套书（我后来总结为"投石问路，滚动开发"的策划原则）。于是在此书出版时，挂上了丛书名"汉英对照中国古典学术名著"。《汉英四书》1992年4月推出，首印8000册，出版半年后，市场反映良好，读者来信踊跃，读者对象异常广泛，既有中国古典文学的研究者、科学工作者、外事工作者，还有外贸工作者、海外华人，这些对象不少是我们始料不及的。因为第一种推出冠有丛书名，不少读者来询问丛书还有哪一些品种出版，哪里有购。这些反馈信息使我们认识到这套丛书的读者群，认识到其价值，于是决定连续开发，推出新品。读者也提出了比较具体的意见，如是否可增加白话文。第一次印刷的8000册半年多时间售罄，重印时我们没有简单地处理，而是增加了白话译文，采用的是杨伯峻先生的本子。为使丛书涵盖面更广，我们将"古典学术名著"改成"经典名著"，去掉书名中的"汉英"两字。《四书》重版时，我们请湖南出版界的著名出版家钟叔河先生写序，我写了一个重版后记。

在后记里，我开门见山："《汉英四书》的重版，说明它得到了'上帝'的垂青，赢得了读众的喜爱和支持。这也是'汉英对照中国古典名著丛书'的成功，我们感到十分欣慰。"得意之情溢于言表。1993 年上半年，我开始拟定丛书第一辑书目并组织翻译校订。经反复斟酌，第一辑十种定为《周易》《尚书》《诗经》《四书》《老子》《孙子兵法》《庄子》《坛经》《史记》《楚辞》。

刊《南方都市报》2017 年 7 月 3 日

访学问计

——"汉英对照中国古典名著丛书"忆谈之二

五

想想当时的情景，真为自己的"懵天踜地"捏把汗。对翻译界和古典文学界都"涉世"未深，要组织这么一个庞大的丛书谈何容易。我只记得当时处在一种神经质般的工作状态中，对任何的线索，只要有蛛丝马迹便穷追不舍。

首先要做的工作是了解中国经典西传的历史，以及各种古典作品英译的历史，从而知道我的坐标方位。我读大学时上过一门选修课——传教士与近代中国，授课老师顾长声先生，这份讲义后来正式出版了。今天，在此书后环衬上，可看到我记录的七八个与经典西传相关的书名："《外国研究中国》(中国社科院情报所编)、《明清间耶稣会士译著提要》(中华书局1949，上海书店《民国丛书》第一编11)、《世界各国汉学研究论文集》(1967台版)、《十八世纪中国与欧洲文化的接触》(商务 1962)、《欧美人研究中国学概要》(《大学》月刊 1943 第二卷第 10 期)、《汉学发达史》(文化出版社 1949)、《孙子思想在国外的传播与影响》(教育科学出版社 1987)、《中国哲学对于欧洲的影响》(朱谦之著,福建人民出版社 1983)。"后面的出版者或出处只是一个提示,不规范。这些书和文章我找到了 5 种,至于如何得到的书目,已记不清,只记得从何兆武先生送我的李约瑟《中国科学技术史·第二卷·科学思想史》的附录获益不少。我现在的藏书中还有方豪的《中西交通史》、谢和耐的《中国和基督教》、朱谦之的《中国哲学对于欧洲的影响》等。通过这些书,我对近代中国经典的西传,对我们这套书如何吸取利用现有成果组织新译,有了一个大致了解和规划。这些研究,之后还有一个副产品——经典"西行记",包括《〈诗经〉的几个英译本》《〈周易〉西行记》《〈楚辞〉英译小史》《利玛窦、理雅各和"四书"的西译》等。

六

跟作者联系组稿,从来都是对一个编辑的考验。我曾写道:"入行当编辑后,有好多年,每天去上班都兴致冲冲,对新的一天充满了期待,像等待情书一样,期待收到作者的回信。开始组织'汉英对照中国古典名著丛书'后,这种期待目标更明确,心情更迫切。"

1994 年上半年,我通过辜正坤先生的介绍,去拜访了李赋宁先生。李先生被尊为西方语言文学大师,中国外语界的一代名师。他对中国经典的汉译工作非常支持，对于翻译人才，也充满了信心。他的这句话我印象很深："中国这么大，藏龙卧虎，应该找得到合适的翻译者。"他还为自己因年龄大了，无法参加表示抱歉，并主动给我们推荐了两位译者。当时的笔记一时找不到，印象中一位在澳大利亚，一位在美国。我手上还存有他给我的两封回信。其中一封是 1994 年年底，主体内容是推荐译者："我有一位美籍华人的朋友名叫孙述宇，现任台湾台南成功大学外文系教授，教英语。他毕业于香港新亚书院，受业于钱穆先生，国学底子很结实。后去美国，获耶鲁大学英国语言文学博士学位(1964)。曾任教于美国 Iowa 大学、香港中文大学，并曾任该大学翻译系主任。你们可与他通信联系，就说是我介绍你们和他联系。"

杨宪益先生是著名的翻译家，他和夫人戴乃迭英译的《红楼梦》蜚声海外。我当然想跟他请教、组稿，可多次写信的尝试均告失败，是萧乾先生最终将这根线牵上了。当时我们正在酝酿《史记》的翻译，我跟萧乾先生写信请教。我说，当年叶公超谈及要将《史记》译成英文，必须用十八世纪英国著名史学家吉本的文笔，才能不失《史记》的风格和韵味。我问道：如何做比较好；目前国内哪些人可担此任务；能否请他主持，组一个班子来完成这项工作。萧乾先生回信说，自己"对《史记》没有研究，年纪又大了(85 岁)，还在译《尤利西斯》，难以参加这一巨大的工程"，让我去找杨宪益先生，并告诉了杨先生的地址和电话。这封信有几重意义：其一，当时大多数的约稿、求教信都是泥牛入海，如今收到了回信，说明萧乾先生看重我这封信中涉及的问题；其二，之前，我往外文局给杨宪益先生写过好几封信，都没消息，而现在得到了杨先生的准确地址和电话；其三，对丛书的具体建议："我有两点[意见]请考虑：1. 有些古籍外文出版社早已有了英译，你们可曾参考？……2. 从销路（尤其国外）看，宜多译些近代作品，如《三言二拍》。能有些插图更好。"萧乾先生虽没参加丛书的工作，却主动为之摇旗呐喊，写了《三种愿望同时满足——介绍〈汉英对照中国古典名著丛书〉》在《中华读书报》上发表。

我在回忆杨宪益先生的文字中记录了第一次登门拜访："从萧乾先生那得到了准确地址和电话后，1994年9月6日我走进了友谊宾馆的外籍专家公寓（《漏船载酒忆当年》的后记里，杨老写了那一年6月，搬到这里的原因是为了戴乃迭看病方便，又近女儿。从雷音所著之《杨宪益传》看，这次搬家还有些别的不愉快。有诗为证：'辞去肮脏百万庄，暂居宾馆觅清凉。''无端野鸟入金笼，终日栖栖斗室中。'由此我也大致知道了之前我的多封信没得回音的原因了）。进门就是客厅，正对门是厅的一扇侧窗，左手靠墙处摆了一玻璃柜书，窗与书柜之间是进其他房间的门。我进了客厅，在一张单人沙发上落座。杨先生和戴乃迭女士坐在对面的长沙发上。杨老听我谈了我们在做的汉英对照丛书，觉得当然很好，但译者是个难点。他回忆二十世纪四十年代，好像有过一个计划，要做一点古典的英译。他觉得那个时候还有可能，还有像叶公超、孙大雨、罗念生等一批人在，古文根底不错，英文又好。

现在，要么走了，要么译不动了。作为国立编译馆最后一位馆长，他的话不是随意说的。不过，对我们先从过往的译本中择善本推出却是很赞同，并表示他的译本尽可拿来用，如需授权只需写一个东西给他签字就行。"为此我跟杨先生有多次的通信，最初是关于重新出版《红楼梦》《儒林外史》中英文版事，还有关于鲁迅文集，"我很愿意有人译全，我搞过全本《野草》《朝花夕拾》《呐喊》《彷徨》《故事新编》《中国小说史略》及一些杂文，都由外文出版局出版，此外外文局还出版过一本《鲁迅诗集》（英国汉学家詹纳尔译），还有一本《两地书》（英国 Bonnie Macdargel 译）尚未出版。这些不知外文局能否同意给你们。关于《史记》我也译过本纪、世家、列传几十篇，再译下去精力恐怕不行了，最好有人合译。希望你们的事业顺利。"

跟李学勤先生请教《史记》今译和英译的事，也颇值得一提。1994 年 12 月李先生给我的回信说："'汉英对照中国古典名著丛书'是很重要的工作，我对你们的努力深表敬意，《史记》的英文全译，自然是件大事，过去有过小部分的试作，目前美国威斯康辛大学有 William Nienhauser 教授在作，但以一人之力，想完成是太难了。我们如能集团进行，当有希望。""吉本的文章，我们是达不到的，我们做，我看应该强调信达，而基础在于准确的白话译文，后者也不是易事。"我回信道："手书敬悉。非常高兴您愿意主持《史记》的今译、英译工作……此项工程的设想，已有一段时间。具体着手调查了解工作还刚刚开始……您信中提及美国的 William Nienhauser 教授正在进行此项工作，很愿意了解具体情况。是否有可能请他主持英译工作，最后由您审校，这样可使此项艰巨的工程顺利完成?"李先生的信中还提到了拟将此项目列入清华大学国际汉学研究所的项目，我在回信中表露了巨大的惊喜。

像何兆武、王宗炎、刘士聪、许渊冲、汪榕培、裘克安、辜正坤等先生，我都一一访到，有的加入了翻译队伍，有的提出了批评建议，或为我们介绍译者。

在那个年代，做这样的事情，有点知其不可而为之的意思。当时，还有几家出过类似的书，但或是一两本，或四五种后就难以为继，市场之外，还有一个出版大小环境的问题。湖南出版界素称"能吃辣椒会出书"，在对待这套书的态度上，杨实、熊治祁、唐荫荪、钟叔河、尹飞舟、张光华等出版人和领导表现出的眼光、气度和勇气，可以看出湖南出版界的环境和氛围，这里不仅有一批懂出版规律，有出版自信，更重要的是，还有文化自信的出版人。

刊《南方都市报》2017 年 7 月 10 日

《周易》西行散记

　　一部《周易》，在东方与西方，皇帝、文人和传教士，西方科学与东方智慧之间建立起了联系，这本是《周易》西行中的趣闻轶事，却给中国这部深邃而奇特的哲学著作平增了奇趣。在"一带一路"的历史性的战略构想宏图面前，谈谈这些掌故，或可为读者打开一些历史视野。

一、康熙大帝指导白晋研《易》

　　白晋（Joachim Bouvet，1656—1730）是法国传教士，1685年奉法王派遣动身来华，1687年抵宁波，次年奉诏进京，与张诚（法国耶稣会士）同为康熙侍讲，每日进宫讲授天算两次，上午、晚上各两小时。白晋通晓汉、满文字，是康熙朝传教士中唯一被康熙视为"稍知中国书义"的西洋人。他来华初期即开始学《易》，并在康熙帝的直接指导和敦促下进行。康熙曾问："白晋所释《易经》如何了？钦此！"王道化回奏："今现在解《算法统宗》之攒九图、聚六图等因具奏。"上谕："朕这几月不曾讲《易经》，无有闲着……白晋释《易经》，必将诸书俱看，方可以考验；若以为不同道，则不看，自出己意敷衍，恐正书不能完，即如邵康节乃深明《易》理者，其所言占验，乃门人所记，非康节本旨；若不即其数之精微以考查，则无所倚，何以为凭据？尔可对白晋说：'必将古书细心较阅，不可因其不同道则不看。所释之书，何时能完，必当完了才是。钦此！'"可见康熙指导之细微，以防止只取所需的实用主义偏向。"有旨问臣白晋：'你的《易经》如何？'臣叩首谨奏：'臣先所备稿，粗疏浅陋，冒渎皇上御览，蒙圣心弘仁宽容，臣感激无极。臣固日久专于《易经》之数，管见若得其头绪，尽列之于数图，若止臣一人，愚见如此，未敢轻信。傅圣泽虽与臣所见概同，然非我皇上天纵聪明，惟一实握大《易》正学之权，亲加考证，臣所得《易》数之头绪，不散当以为是。皇上若不弃鄙陋，教训引导，宽假日期，则臣等二人，同专心预备，敬呈御览。'"康熙指导研《易》长达五六年，白晋等在研《易》上，也是克尽心力，且诚惶诚恐。（以上引文见方豪《中西交通史》下册，1054—1055 页，长沙，岳麓书社，1987）这种严谨的治学态度的教导和督促，对白晋向西方传播《周易》产生了一定的影响，使传入西方的《易经》更能准确地反映和代表当时中国正统的儒家思想，减少传教士的个人观点掺杂其中。在康熙的一再关心督促下，白晋等终于撰成《易学总旨》"进呈御览"，并将其研究心得奏陈。心得有二：一、对《易》正学之权，亲加考证，得《易》数之头绪；二、《易经》之内意与天教大有相同。

康熙亲自给白晋讲《易》，今天已成为中西文化交流史上脍炙人口的佳话。

二、二进制、《周易》、莱布尼茨

1693 年，白晋曾奉康熙之命回国。1697 年他在巴黎作了一次演讲，把《易经》视为与柏拉图、亚里士多德一样合理、完美的哲学。在巴黎期间，他会见了莱布尼茨，并阅读了莱氏 1697 年出版的《中国近事》，对其序文极表敬慕。同年 10 月 18 日，他和莱氏第一次通信，并将所撰之《康熙评论》赠送给他。莱氏回信表示希望就有关中国方面的情况多多通信，他想研究中国的文字、文学、数学等，并设想用数或代数去证明抽象的必然真理，还称这对讲解基督教教理，会有不可思议的作用。

莱氏想在中国文字里寻求哲学符号，给白晋留下了深刻的印象，启发他往《易经》象数方面做研究。以后他们有许多通信论《易》。最重要的一封信是 1701 年 11 月 4 日写的。该信使莱布尼茨发现了《易经》的二进制原理。信的重要内容之一是：白晋认为，《易》卦的配列与莱氏送给他的六十四约为三十二的数表是相符的，提出把《易》的原理应用到数或代数的证明中去，并送给莱氏《易》六十四卦圆图。

他们的不同在于，白晋仅把图中阴阳两爻以及由阴阳叠成六爻而成的六十四卦表示为宇宙万有的现象。而莱氏却对其中卦的数学配列序加以仔细研究，发现与他在 1679 年发明的二进制算术吻合无间。

莱氏凭借其天才的灵光闪现，用 0 和 1 单纯两个数来表示一切数，而《易》以阴阳两符表示天地万物，则是伟大的创设。东西两大智慧的结晶，借着数学的直觉而相互接触、认识、理解，以至于互相携手，从而拉近了东西两大文明之间的距离。莱布尼茨的二元算术和《易经》的交接契合，在某种意义上说，象征了东西方文明在接触、认知的基础上，相互紧握的两只手掌。

三、王韬佐译《周易》

清末改良政治家王韬，是中国最早提倡学习西方，变法图强的先进分子之一。秀才出身的王韬，曾在上海英国教会办的墨海书馆工作，主要是将传教士们所译之书中"拘文牵义""拮曲鄙俚"的文句加以"疏通"、润色和编辑，同时还参与翻译撰著了一系列介绍西方科学技术的书籍，其中著名的被编为《弢园西学辑存六种》。他曾上书献策进攻太平军，后又化名"黄畹"上书太平军，被清政府通缉，逃往香港，乍到他乡陌土，举目无亲，经老友引见英华书院院长理雅各。

当时，理氏已经完成他计划中译"四书五经"中的"四书"，并于 1861 年在香港出版。王韬与理氏早在上海时已经通过麦都思介绍认识。王对理氏之学问文章和孜孜于翻译中国名著的精神颇钦敬，理氏对王韬在沪佐助麦都思汉译《圣经·新约全书》十分赞赏，故热情邀请王韬与之合作。理氏安置王韬入住书院，视为国士名流，优礼有加。王韬对于译书工作，已有多年经验，他的中文译文文采华美，词意通达，古文、散文、四六骈体文皆"运合于胸、熟达于笔"。他对"六经"有深入研究，常为理氏解释经意，对比中西文化的异同。佐译《周易》前，王韬又专门对《易经》做了深入研究，广辑博集，收历代各家之说，融合自己的研究心得，写成《周易注释》。1873年理氏返英，此时《周易》尚未译成。不久理氏邀王韬"往游泰西，佐辑群书"。

对王韬的佐译之功，理氏颇多感慨。他说："抑译者亦不能不感激而承认苏州学者王韬之贡献。余所遇之中国学者，殆以彼为最博通中国典籍矣。彼于1862年岁暮抵港，于吾精心所集巨量藏书，特加赞赏，不时利用，并以满怀热忱，进行工作，随处为余解释或论辩，彼不特助余工作，且于工作辛苦之际，并为余带来乐趣也。"

谋求中国学者的合作，共建东西文化的交流业绩，是十九世纪国外中国学的特色。要熟知中国文化，需要亲炙亲脍的体验，而要做到对中国文化的真知，光亲身体验似仍不够，非要有在中国文化的浸染中长成的中国学者的配合，理雅各与王韬的合作具有典型性。

四、《周易》西行中的重要译本

《周易》最初传入西方，是作为附录附于《西文四书直解》一书之后的六十四卦及其卦意。此书系比利时耶稣会士柏应理等四人奉路易十四敕令编成，《西文四书直解》出版后对西方影响深广，西方开始注意中国，热心研究中国。

第一部完整的《周易》译本，由法国传教士雷孝思用拉丁文译成，书名为《中国最古的书》。法国著名中国学家雷慕沙评论说："雷孝思神甫利用冯秉正神甫之译文并用满文译本对照，参以汤尚贤神甫之解释，由是其义较明。"1713年白晋寄回德国的《易经》拉丁文译稿，当系此份译本的副本。此书直到译者去世后100年才于1834—1839年在德国斯图加特和蒂宾根两地出版。该书为西方全面认识和研究《周易》提供了原始资料，并为以后其他欧洲语种的《周易》翻译提供了参考和借鉴。

《周易》的第一个英译本由英圣公会传教士麦格基译出，1876年在伦敦出版。该译文随意性较大。首部权威的译本是理雅各翻译的，1882年在牛津出版。理雅各系英国伦敦会传教士，1840年抵马六甲，任当地英华书院院长。1843年该学院迁香港，理氏在港居住达30年。将十三经中的九经译成英文，这是至今为止英语国家任何人以个人之力完成的译著所无法比拟的。《易经》是理氏回国后译成。其译文主要依据宋代理学家的易注，并将经传分立，强调这是正确理解《周易》的前提。其译文特点是冗长、呆板、如实。此译本是西方理想的译本之一，至今仍是西方学者研究《周易》的必读书。

二十世纪，西方研究《周易》的权威首推卫礼贤、卫德明父子。卫理贤在青岛传教20余年，1922年调任德国使馆顾问，并被聘为北京大学教授。《周易》的翻译在劳乃宣帮助下费时 10 年始成，是他移译的中国经典中最得意的作品。其德文译文简洁流畅，且较真实可靠。该译本在二十世纪四十年代由贝恩斯转译成英文，此译本在西方流传甚广，通称卫/贝译本。

这之后，《周易》新译本不断出现，而能超过理雅各、卫礼贤的几无。特别是二十世纪六十年代至今，由于西方《易》学主要是将《周易》视为东方神秘主义的象征，翻译介绍之目的主要是用于占卜，因此在译介方面难有超越前人的好作品。《易》学研究相对处于停滞状态。

《周易》奇特、深邃、丰富，西方学者对它的研究是仁者见仁，智者见智。他们从各自的利益、学识、兴趣出发，觅取自己所需的东西。宗教家看到的是完整的宗教体系，迷信家看到的是占筮吉凶的奇书，哲学家看到的是丰富完美的哲理，科学家看到了数学、天文、物理学等自然科学原理。《周易》西行，制造了不尽的故事，它激起的智慧火花带来的创新和发现，使东西方文明的交流呈现出丰富的色彩。

刊《书与人》1994 年第 4 期　署名山青

《南方日报》2015 年 4 月 17 日

利玛窦、理雅各及"四书"的西译

近代以来，随着西学东渐，东学也逐渐流入西方。最初这种传播途径主要是借助东来的传教士，其中著名的有利玛窦、马礼逊、卫方济、理雅各。但西方传教士来到中国，与早年的佛教和伊斯兰教的传入时代大不相同，目的也大不一样。除前期利玛窦等尚有较多的宗教气质外，从鸦片战争起涌入中国的传教士，已无"高僧"的形象，即使他们中有人自称中国为其"第二故乡"或"半个中国人"，也大都是从事侵略活动的伪善者，其宗教也就成为殖民主义的警探和麻药。这些姑且不论。而作为文化思想传输途径的传教士，如何从单一的传教或为殖民侵略服务，变为东学，特别是儒学西渐的桥梁，的确是件让人深思的事。

身着儒服，深通儒理的利玛窦

一般来说，我们把西译的中国典籍的源头定为利玛窦对中国文化历史的介绍和"四书"的初译。虽然，这之前，利氏的朋友罗明坚曾经将《大学》翻译成了拉丁文，在罗马发表，但其影响有限。

记得二十世纪八十年代在沪读书时，听过一门选修课"传教士与近代中国"。其中印象最深的是这么一段故事，早期西方传教士来华传教，遇到了十分强大的抵抗，所以利玛窦来时，手法已是十分的巧妙。利氏初到广东，下船时的装扮是袒露肩膀，剃个光头，广东人以为是西来的僧徒，将他带到佛教寺庙，进得庙来，他只是摇头，不肯下拜，他说我是儒生呀，于是被领到学馆，拜师读儒家经典，不到一两年，通四书五经，于是入朝京师。后来我才知道，这是张尔岐《蒿庵闲话》上的记载。这个变形的史实，很能反映前期传教士东来之艰辛和煞费苦心。

利玛窦创建了耶稣会的中国传教区并为之确定了方向，即不仅身着儒服，而且在儒家理论与布教不相矛盾时采用儒学观点，他说："中国人中的其它任何教理都不如他的儒教更接近基督真宗。"法国学者安田朴认为利玛窦"很懂得把孔圣人的思想用于我们的观点……同样，他接受着先以一名'西儒'的面目出现，并阐明了欧洲文化的全部世俗内容"。利氏研究者保罗·鲁尔认为，利玛窦与儒教的结合并非始终只是一种策略，到后来"逐渐变成了一种真挚的文化联系"。为帮助本国政府了解中国，他把考察中国社会，特别是研究儒家经典的情况介绍给本国和欧洲其他国家。为了方便来华传教士阅读"四书"，利氏于 1594 年（万历二十二年）将之译为拉丁文，这是儒家经典最早译成西文的本子之一。

二十世纪前各国传教士和汉学家的译介努力

这之后，随着传教的继续和欧洲对中国的关注，儒家经典的西译越来越多。1626年，法国传教士金尼阁将"五经"译成拉丁文。1662年，殷铎泽和郭纳爵将所译《大学》拉丁文本在江西刊印，书名为《中国的智慧》，附序言和《孔子传》。随后，殷铎泽又将《中庸》译成拉丁文，1667年、1669年分别刻于广州及印度果阿，并于1672年出版了巴黎本。1687年柏应理等四名传教士奉路易十四敕令合编的《中国之哲人孔子》的拉丁文本在巴黎出版，中文标题为《西文四书直解》。此书系为辩护"礼仪问题"而作，对中国多有美化，对欧洲影响颇大，掀起了一股"中国热"。

"四书"的翻译还可以列出不少，如：比利时传教士卫方济将《大学》《中庸》《论语》《孟子》及《孝经》《三字经》译为拉丁文，书名为《中国六大经典》，1711年在区拉加大学图书馆印行。这一时期，还有其他一些人翻译"四书"：蒋友仁译《孟子》（未成）；《北京耶稣会士中国纪要》第一卷无名氏所译《大学》《中庸》等；白乃心所著之意大利文《中国杂记》书末附《中庸》译文及《孔子传》等。

值得一提的是，十八世纪三十年代，法国出版了一本《中华帝国全志》，编者是杜赫德，巴黎耶稣会士，他虽然从来没有到过中国，但他采用从中国寄来的各式各样的报道。该书分述中国的历史、地理、政教、风俗，还收录了"五经""四书"、戏曲、小说的节译本。此书在欧洲传播极广，1736年英国就出版了布鲁克斯的节译本，通称瓦茨本并成为畅销书。1736年8月凯夫在《君子杂志》上刊登推介文章，并分期刊发总称为"中国故事"的译文，据说文坛领袖约翰生曾参与其中，审校译稿，甚至是直接参与了翻译。凯夫后来出版了一个全译本。杜赫德的《中华帝国全志》在欧洲的传播产生了轰动效应，衍生了很多的故事，如伏尔泰的《中国孤儿》。

第一个《四书》英译本由大卫·科利完成，1828年在马六甲出版。但此本流传不广。首部权威的《四书》英译本，1861年由英国伦敦会传教士理雅各完成。德国直到1798年才开始翻译《论语》。民国初年，卫礼贤将《论语》《孟子》《大学》《中庸》译为德文。俄国直到十九世纪末二十世纪初才陆续出现《论语》《孟子》等儒家典籍的俄文译本。有俄国汉学鼻祖之称的传教士比丘林曾翻译《四书》，并称《四书》"包括着关于道德和治国的最纯正的概念"。曾任沙俄驻北京总领事的著名汉学家波波夫于1904年将《孟子》译成俄文，附注释和介绍。十九世纪末二十世纪初，还有不少"四书"译本出现，如法国神甫顾赛芬译有《四书》，意大利罗光主教译有《论语》《大学》《中庸》，吴宗文译有《孟子》，等等。

种豆得瓜的理雅各

1839年英国伦敦会派理雅各前往马六甲，任英华书院院长，1843年随书院迁至香港。到香港之后，理雅各开始酝酿翻译"四书五经"。据其传记作者称，中国的经历，使他感到他自己正置身于一个广大的帝国，一个具有3000多年历史的伟大的古老文明国家。他曾努力掌握了这种奇怪的语言，进而他看到了他们拥有的宝贵文献，并且认识到这是一个博识好学的民族。他看到这个民族的行为和习俗被古代经书规范到了一个闻所未闻的程度，如果想了解中华民族，就必须理解其古典文献。于是，他开始了毕生的研究事业。

1858年，理雅各计划将中国儒家传统经典"四书五经"译成英文，并拟各附原文、注释及长篇绪论。"四书"的翻译，同时邀了一些传教士和华人助译。如湛约瀚、麦高温、史超活、合信、谢扶利等，华人有黄胜。1861年，"四书"依次在香港出版，称《中国经典》。"五经"的翻译，是在华人王韬的帮助下完成的。理雅各给妻子的家信，反映了译事的艰难。"我刚译完《诗经》中的一首长诗。每当我想到完成手头的这项工作所需付出的艰巨劳动时，我的心绪常一落千丈。书页一面面翻过，译事一步步进展，犹如攀登一座山峰……只要生命和健康允许，我一定要译完《诗经》，攀上顶峰。"

理雅各的成就，在当时就赢得一片喝彩之声。英国的一篇评论称："在浩如烟海的中国文献中，'四书五经'这九种著作占据了最高的地位……其中的某些有价值的部分的译文虽时有出现，但迄今尚无完整的译文面世。而这一套完整的中国经典巨卷必将由理雅各博士完成。"剑桥大学汉文教授贾尔斯说："理雅各的译作是对汉学研究空前伟大的贡献。"艾德金斯认为《中国经典》出版"标志着汉学史上的一个新纪元"。理雅各的译本，因其全面，注释详备，研究深厚，连目空一切的辜鸿铭也不得不承认，他是"对中国经书具有甚为渊博而死板知识的学究"。正因为他不尚文采，刻意准确，后出的各种译文并不能完全取代他的译本。1979年台湾"中华文化复兴委员会"出版的《四书》英译本，《大学》和《孟子》即以理氏译文为基础。

翻译中国经典，诚如理雅各所说，是"出于同中国的政治、宗教和商务的关系"，是适应中国本土文化的努力之举，目的在政治、商务和文化的征服。这项工作过程本身，却又富含了历史和文化意义，这里面交织着世界性的现代工业文明和区域性的传统古典文明的矛盾，西方基督教文化传统与东方儒家传统的冲突与融合。费正清教授把近代东西方的交流分为两个对立面：一边是不惜使用武力的世界范围扩张主义，一边是不顾时势的世界范围的自我中心论。这两种文化观都失败了，但却促成了东西方文化的再度撞击、交汇和互相研究。在中国，表现为"西学东渐"，在西方，促成了作为一门学科的中国学的诞生。这里又出现了历史上常见的种豆得瓜现象。理雅各致力于传教，但却给自己造成了第二种身份——中国文化的传播者和研究者。

二十世纪的各种译本及中国学者的贡献

二十世纪，"四书"译本越来越多，据不完全统计，光是英文译本就有近十种之多。包括莱尔的《论语》、A. 韦利的

《论语》、刘殿爵的《论语》《孟子》、韦尔的《论语》《孟子》、多布森的《孟子》、贾尔斯的《孟子》、苏慧廉的《论语》等译本。

我国学者在经典西传中，也作出了巨大的贡献。如颇为古怪的辜鸿铭译《论语》《中庸》，译文也别出心裁，"只要可能，一概不用中国人名、地名"，甚至将某些概念生搬硬套西方的概念，如译"天命"为"上帝的律令"，译"圣人"为"献身宗教之人"等。为了使思想和内容易于被西方人理解和认识，他还广征博引西方的名句、典故参证注释，以"勾起读者原来熟悉的思路"。辜氏的译文颇对西方人的口味，广为流传。《清史稿》载辜"译四子……西人见之始叹中国学理之精，争起传译"。林语堂亦醉心于向西方介绍中国文化，编有《中国的智慧》《印度和中国的智慧》《老子的智慧》等，收录了中国哲学、文学和宗教等方面代表作品的英译文，还全译了《中庸》，及《论语》《孟子》的部分章节。

近代以来，中西文化交流流出的是古代文化，流入的是西方近代文化。在早期，这"流出"的工作主要是由西方传教士完成的，二十世纪以后，这一工作主要又是由国外汉学家完成的。长期以来，国际文化市场上流行的研究中国文化的出版物，几乎都是西方人写的，中国文化的研究在一定程度上被西方人导向，喧宾夺主。中国文化走向世界，是我们面临的重大任务。

刊《书屋》1996 年第 4 期　署名山青

《诗经》西行记

　　《诗经》不仅是中国文学灿烂的源头，而且传播东瀛，流布西洋，成为人类艺术长河中一颗璀璨的明珠。

　　第一个把《诗经》译成西方语言的，据史料记载是法国耶稣会士金尼阁，他的译诗之后还附有简注，但此书未见流传。西方公认的，同时也是现存最早的西译《诗经》，是法国传教士孙璋的拉丁文译本。他翻译《诗经》始于1733年，但直到1830年才出版，书名为《孔夫子的诗经》。大概与孙璋同时的法国传教士赫苍璧，亦曾翻译，书名为《诗经选编译本》。以翻译《赵氏孤儿》名扬欧洲的马若瑟也曾选译过《诗经》的一部分。1735年，杜赫德编辑出版《中华帝国全志》时，从马若瑟的译诗中选录了十余首，编入该书第三卷；英、德、俄三国分别于1741年、1749年和1774年将《中华帝国全志》翻译出版。德国诗坛巨擘歌德正是从此书中获得了对《诗经》的初步印象。因此，孙璋的《诗经》全译本虽然完成较早，但首先流行西方的则是马若瑟的选译本。

　　《诗经》的传播，最初的译者主要是法国传教士，但到了十九世纪以后，几乎欧洲的主要语言都有了《诗经》的翻译本，甚至一种语言有几种译本。继孙璋的拉丁语译本出版之后，首先出现了两种德文的《诗经》译本。律刻特第一个把《诗经》译成德语，书名为《诗经：出自孔夫子的中国诗集》，此本是据孙璋的拉丁文译本转译而成。其译文以优美、漂亮的诗句著称。第二个德译本由维克多·斯特劳斯完成，书名作《诗经：中国经典式的诗集》。斯特劳斯不仅力求译文的精确，还努力使诗句符合德国诗的韵味，因而被称为"最富欧洲韵律的翻译"。此书于1844年出版后，广为流传，直到1969年仍有再版。

十九世纪中叶，俄国也先后出现了两部《诗经》译稿，但均未刊行。法国虽是西方汉学研究的中坚，但《诗经》的法文全译本直到十九世纪七十年代才出现。1872年波特叶出版了第一部法文全译本，书名作《诗经：作为正统经典的中国古代诗集》。在华耶稣会士顾赛芬翻译出版了《诗经》，此书于1896年出版以来，至今仍流传于法语世界。

第一个英译选本十八世纪由威廉·琼斯爵士（Sir W. Jones）完成。琼斯是梵文学家、诗人和近代比较语文学的鼻祖。他先是将《诗经》译成拉丁文，分两种文体：散文本和韵文本。后来，他又根据拉丁文本译出英译本，仍然是散文本和韵文本。据说，他之所以每次都作两种译本，是因为他认为只有这样才对得起亚洲人的诗作。实际上，琼斯的韵文译本是十八世纪的英国作家在中国古诗的影响下为当时的英国读者所写的诗，严格讲来，不是翻译。到十九世纪六十年代，英国伦敦会传教士理雅各才将整部《诗经》译成散体英文，到1871年，他又在伦敦出版了《诗经》305篇的韵体译本，这一译本于1967年在纽约重印。他的译本注释丰富，是学者的译文，对后世影响颇大。林语堂以为，就其译文的"句法，韵律和总的效果看，常常缺乏真正的诗味，但其译文准确无误……其中不乏成功之作"。这个评价是中肯的。1891年伦敦又出版了阿连璧（C. F. Allen）和詹宁斯（William Jennings）的英译本。阿连璧曾任英国驻镇江、福州等地领事，所译《诗经》主要参考孙璋、理雅各及两种德译本。其译本着眼于英国人的鉴赏、押韵，但随意改动原文，近似改写。后者成书前，曾刊登在香港的《中国译论》上。他在序言中批评了儒家将一些爱情诗的解释与政治事件联系在一起。他认为理雅各有时避开了一些疑难诗句的注释，对其诗韵的处理也颇有微词。

到二十世纪，西方对《诗经》的汉学研究立场发生了变化，对《诗经》的认识也由"经典"变为"诗集"，译者以汉学家和作家为主。1913年华德尔在波士顿出版了一个韵体译本。林语堂评价道："我以为海伦·华德尔（Helen Waddell）所译的中国诗歌，是所有译本中最出色的。""读者每每为其译诗中所表现的转瞬即逝的思想，三千年前农妇瞬间的伤心哀痛留下深深的印象。"（《中国和印度的智慧》）但译文删节太多，而且重新组织。该译本多次重印，比较畅销。华德尔并不通汉语，她翻译《诗经》是根据理雅各的译诗和注释完成的。

无独有偶，与华德尔差不多同时，美国诗坛领袖埃兹拉·庞德（Ezra Pound）在其诗歌创作陷入困顿和徘徊时，在刚去世的好友芬诺洛萨的遗物中发现了一批用英语详细注释的中国文学资料，其中有许多是《诗经》。他虽不懂汉语，但透过费氏的英语注释，看到了《诗经》中高超的技巧和醇美的意境，为之惊喜万状。于是庞德根据这些资料翻译，晚华德尔的《中国诗选》两年，即 1915 年，出版了《汉诗译卷》。庞德的译诗，影响很大。他是理雅各之后第一个把《诗经》译成自由体的人。《汉诗译卷》1915 年剑桥初版，1954 年哈佛重印。庞德认为译诗是个创造性的工作，他的译文经常被当成创作选入近代英美诗选，但译文错误很多，不能算是佳译。这两节不大为人注意的掌故，表明了《诗经》的艺术手法和魅力对西方产生了极大的影响，甚至成了一些外国诗人灵感的源泉。

与此相反，路易丝·哈蒙德（Louis S. Hammond）走了另一极端，她试图把一个中文字译成一个英文音节，不增不减，而且保持原诗韵律，其中不少很成功，如《邶风·式微》。

韦利继庞德之后，将《诗经》译成自由诗，1937 年在伦敦出版，此译本代表了西方二十世纪以来对《诗经》的认识与研究的发展。他第一次打破了《诗经》风、雅、颂的次序，以诗歌内容编排，分为婚姻、战争、农作等 17 类。其翻译完全越出了儒家传统的樊篱，成为纯粹的研究，其译文也颇有特色，他在序中说：中国的旧诗句都有一定的字数，必须用韵，很像英国的传统诗，而不像欧美今天的自由诗。但他译诗却不用韵，因为他认为用韵不可能不因声损义；他用一个重读音节来代表一个汉字，并将这种格律比之为英诗的无韵体。

在《诗经》西译中，主角一直是西方人，他们的翻译大多带有明确的目的和主观的色彩，甚至成为创作的素材和灵感的源泉。二十世纪以来，我国翻译家亦为此作了巨大的努力。著名翻译家杨宪益夫妇曾译有《诗经选》，在国外产生了很大的影响。第一个全译本不久前由许渊冲先生完成（湖南出版社1993 年 12 月）。许先生的译文颇有特色，用他自己的话来说，就是"别人重意似，译的是词；我重意美，译的是意，这是从内容上看。从形式上看，别人多不押韵，各行长短不一，我却全都押韵，每行甚至和原文字数相等（一汉字译一英文音节，如《采薇》）。总之我重意美，音美，形美（三美），目的是使读者知之，好之，乐之（三之）"。

翻译不是一种简单的语言转换，它还是一种文化的互译。《诗经》的西传和英译，已不再是简单的译事，而成了中西文化交流、融汇、影响的过程，译作已不再是两千多年前《诗经》作者的原意，而是另一种文化背景下的人们，另一个时代的翻译家们对《诗经》鉴赏的成果。从人类文化的时空观点来看，这些《诗经》译注实际上是两千多年前的东方文化与两千多年后的西方文化相互交融的产物。《诗经》的英译也因此被赋予了深刻的文化寓意和价值。

刊香港《大公报》1995 年 1 月 3 日

《书城》1995 年第 2 期

《赵氏孤儿》西行漫记

中国文化的西传，有一部大书功不可没，即 1735 年在巴黎出版的《中华帝国全志》，编辑者是巴黎耶稣会士杜赫德（Jean-Baptiste du Halde）。他从 1711 年起一直负责编印国外传教的耶稣会士通讯《有益而有趣的书信》，直到 1743 年。其工作的性质使他广泛接触到国外传递回来的消息和材料。《中华帝国全志》对开四册，分述中国的历史、地理、政教、风俗，又节译了五经、四书、诏令、奏章、戏曲、小说以及医卜星相之书。

传教士作为中国文化西行的使者，其目的、作用和意义有过很多的讨论，此不赘述。从传播学上来说，翻译送回欧洲和翻译出版用于东来教士了解中国本土文化的学习用书，都不具备广泛传播的意义。比如，法国耶稣会士金尼阁第一个把《诗经》译成西方语言，但此书未见流传。西方公认的，同时也是现存最早的法国传教士孙璋翻译的拉丁文译本《诗经》，成于 1733 年，但直到一百年后的 1830 年才出版。以翻译《赵氏孤儿》名扬欧洲的马若瑟（Joseph Maria de Premare），其译本出来后，也只是在小范围里流转，扬名则是借助杜赫德。对此，安田朴在《中国文化西传欧洲史》中有一段简短的描述："《赵氏孤儿》于1731年由马若瑟神父翻译，他将此书从中国寄给了长者傅尔蒙。但此文却落入了杜赫德神父之手，杜赫德于1735年非常高兴地将此文刊布于其《中华帝国全志》第3卷中，叫作《中国悲剧〈赵氏孤儿〉》。"

《赵氏孤儿》是纪君祥根据《史记·赵世家》创作的有历史依据的杂剧。剧情大致如下：晋灵公时，文臣赵盾与武将屠岸贾不睦，屠用计加诬告，杀赵氏全家三百余口，唯有赵夫人，灵公的女儿留了下来，产遗腹子，取名"赵氏孤儿"。屠围困晋宫，搜寻孤儿，赵氏门客程婴混入宫，带走小孩。屠下令杀尽晋国境内半岁以下，一个月之上所有婴儿。程与另一门客太平庄的公孙忤臼合谋，并用自己的儿子顶替孤儿。程领屠往太平庄，杀假孤儿，公孙撞阶基而死。赵氏孤儿长到十八岁，大家当他作程婴子，名程勃；又因他过继给了屠岸贾，又名屠成。屠虽老了，但野心不死，图谋杀晋公，让屠成即位。程婴抓住时机，把身世告诉孤儿。孤儿出马，擒拿屠，大仇得报。

马若瑟的翻译并不完整。元曲本以歌唱为主，而马氏的法文译本则以宾白为主，其中所有的唱段，都被删掉，因此译本只是大体保留了原作品的轮廓。有研究者认为，马若瑟神父"根本不懂中国戏剧最重要的部分就是其唱段"，他不明白中国戏剧里的"乐曲可以从耳传到心和从心传到魂"。这也是为什么中国北方的人不会说去"看戏"，而是说去"听戏"。

十九世纪出现过译文质量好得多的法译本，然而马若瑟的译本最为大家关注，因为它传播最广，并引起了伏尔泰的注意。有研究者认为，《赵氏孤儿》的故事中，很难找得出一点吸引伏尔泰的因素，而伏尔泰的迷恋主要还是出于当时的中国热风潮，他被中国热之激情和狂热崇拜支配了。在此影响下，他选择了一种与译本迥然不同的剧情为主题，写作了他的《中国孤儿——五幕孔子的伦理》，他希望法国人能从新剧本中，领会中国人的道德生活远胜于耶稣会士的著作。该剧本 1755 年 8 月 20 日在巴黎上演，后来又在宫中演出，大家欢呼第一出完全是中国内容的法国戏。伏尔泰的写作的目的是传播他的一个基本思想：孔夫子的无比卓越和中国人的道德。

杜赫德神父的《中华帝国全志》出版当年，英国伦敦的《君子杂志》9 月号上就有介绍，伦敦还出现了抢译现象，先后出现了两个英译本。一个是 1736 年由理查·布鲁克（Richard Brookes）翻译，约翰·瓦特的书局出版；一个是 1741 年由爱德华·卡夫斯（Edward Caves）翻译，载《绅士杂志》，1741 年出版。而马若瑟译本的纪君祥杂剧，则分别以英文、德文、荷兰文译本出版，50 年间在欧洲，法文、英文和意大利文的拟作和改作不断。《中国孤儿》有三个英文编译本于十八世纪中叶前后出版，最好的是喜剧演员莫菲（Murphy）的一种，他还编写了自己的《中国孤儿》剧本，该剧本从伏尔泰那借鉴了不少内容，同时把孤儿改了名，他的主题不是伏尔泰的感人化的和道德崇高的内容，而是对复仇内容的赞扬，贴近了原剧作者纪君祥。此本虽然没有伏尔泰的著名，但同样也是一个重大事件。他们促成了中国内容、儒家伦理在欧洲的传播。

据称歌德 1781 年读过马若瑟翻译的《中国孤儿》，对之产生了兴趣，这对他未完成的一部作品《厄尔佩洛耳》的写作产生了影响，他把厄尔佩洛耳王子变成了一位要求其母亲安提俄普告诉他一切有关其身世的孤儿。

正如历史上的丝绸之路，是境外对中国的丝绸的需求，才形成了丝绸之路。同理，十八世纪中国思想对欧洲的影响，也是有一种需求。中国思想文化流入西方的背后，一方面是传教士意在说明他们发现了一个很容易接受"福音"的国土，以鼓励教士来中国，鼓励教徒为中国教会多捐款；另一方面是启蒙时期的欧洲在面对自己的问题时，为了寻求解决的方案，而把眼光和热情投向了东方，投向了中国。欧洲哲学家在传教士介绍的中国思想文化里，在儒家经典中找到了反对教会的武器。而教士们介绍康熙年间的安定局面，相形于欧洲同时期的动荡政局，使欧洲人以为中国是一个有纯粹德性的民族，中国成为他们心目中的理想国家，孔子成为欧洲思想之偶像。他们最关注的问题，似乎参照中国就可以解决。

如此想来，《赵氏孤儿》的西行传奇也就不奇了。

刊《南方日报》2015 年 3 月 27 日

钟叔河先生

一

我的办公室始终摆放着一本书，《走向世界——近代知识分子考察西方的历史》，说始终，似乎也不尽然，其实这本书在家和办公室之间来来回回过无数次，最后定居在了办公室，成为我编辑工作的压舱物。我喜欢钟叔河先生的文字，大概是从这本书起。此书1986年暑假购于长沙，起因跟陈旭麓先生有些关系。记得一次我去拜访陈先生，他刚刚从湖南参加完一个近代史的研讨会回来，知道我是湖南人，便说这次去长沙，见到钟叔河先生，读了他写郭嵩焘的文章，非常佩服。他说曾指导自己的研究生写过郭嵩焘，但"姜还是老的辣"。此话给我留下了极深的印象。

"走向世界丛书"是当代出版史，乃至改革开放史上的标志性事件。该丛书新世纪重版时，我得到过钟先生馈赠的精装全套，颇感珍贵。他说："我编'走向世界丛书'，是有这么一点理念的。""中国的问题，不是哪一个人受屈不受屈，受的待遇公正不公正的问题，归根结蒂是一个要不要走向世界、能不能走向世界的问题。"钟先生是从牢房出来，通过"走向世界"走向了中国读者。钱锺书先生就是读了他编的这套书，想跟他晤面，并进而建议将所写序文结集单行，表示愿意为之作序。多年后，杨绛先生在给钟先生的信中说："他（钱锺书）生平主动愿为作序者，唯先生一人耳。"

跟钟先生的缘分始自 1987 年。那年我硕士研究生临近毕业时，冒冒失失地给钟先生写过一封信，希望到他主政的岳麓书社去工作。可这时，他正闹着要调离湖南去四川。他回信说，不想在湖南搞下去了，"刘正同志和孙南生同志在谈话中表示不能放我走，至少是在目前，但我却没有同意。你是否可以先暂时在长沙找一个接收单位（非教育系统的），等到下半年或明年再看情况呢？"这原因我后来看先生的文字知道大概，出版曾国藩、周作人，很多人反对，告状说他偏爱汉奸，不出革命回忆录，这种背景下，社里举行了民主选举，一人一票选总编辑，他落选了。

到湖南人民出版社工作后，我去岳麓书社拜访。临走时，钟先生送了一本他编的《知堂序跋》。记得他将书递到我手上时说，周作人的文章值得读读。我想，他是希望我这个出版新人好好读读周作人吧，如果想把文章做通的话。他有一篇文章回忆儿时阅读对他的影响："后来觉得，还是周作人的文章经得看，每次都有新的感觉。他的文章看起来是平淡的，却有着更深的意思；去解读这个更深的意思，就给了我的好奇心广阔的空间。我后来有一点写作能力，就是从看这些文章得来的。"对我来说，送这本集子还传递了一些信息，他当时的工作重点：实施刊印保存周作人文字的努力。前一年，钟先生刚刚选编出版了1949年以后第一本署名"周作人著"的公开出版发行的新书《知堂书话》，短短的序言集中说明了为什么要出版它：是上乘的书评书话。他同时又辩称，自己对其人其学问文章知道得太少，没资格评价，只是知道："第一，周作人'已死'；第二，'他读的书多'。"他在着手编订重印《周作人自编文集》。钟先生很多地方都谈过他编周作人的事，在《我编周作人的文章》一篇中，对编订周作人的来龙去脉作了详细的交代。文中引鲁迅、巴金、胡适左中右三个代表人物的评价来佐证其文章之好，说明自己为什么"倾倒于周作人的文章之美"和深刻的文化批判，也间接地表达了对那些"以人取文"的"反文化"的态度的批评。他反复强调编辑出版的"目的是存文，至于因文而论人，或不论文而论人，则超过了我的能力，也不是我的本心。所以我自己不写周作人，也不参加关于周作人的讨论，一心一意就编书"。埋头做，不争论，可看作钟先生的出版策略，显示了他的智慧。

多年后，我南下花城出版社不久，先生在一封回信中又说到周作人："《随笔》近年倾向似颇'左'，比如骂周作人，我看就没什么意思，一则他'已死'，二则比他还该骂的人事还多，三则即使确有该骂的理由，其文章也还是可以欣赏的，比如说培根，马基雅维里……中国人吃不宽容的苦已经够多了，何其自己也不能学得宽容一点乎。"这是私房话，这里引来，无非想为先生偏爱周作人提供一个鲜活的例子。

有个故事很能说明钟先生的急智和性格特点，说明曾国藩、周作人在他手上出版并非偶然：一次逛旧书店，发现一个人正从架上抽出一本民国二十五年出版的《查泰莱夫人的情人》，这是他早就知道而一直不得一见的奇书，可人家先拿到，怎么办？他急中生智，转身直奔柜台，拍桌子道：你们真的不像话，我仔伢子趁我不在家，把我的书拿出来卖，你们也不问青红皂白就收下了。你们看啰，那本《查泰莱》就是其中一本，我要赎回来。否则……这事他在《买旧书》一文中有详述。

二

1990 年，湖南人民出版社停业整顿期间，我被借调到湖南新闻出版局图书处。当时处里的一项主要工作是制定八五规划，钟先生经常受邀参加专题研讨会，于是我跟先生的联系多了起来。会场上，他手里总是握支笔，捏着个小本子，不时会在上面写些什么，但显然又不像在做笔记。一次，我正好坐他边上，大概他看出了我的好奇，告诉我：开会很浪费时间，所以会上常常会开开小差，思考一些问题。他有个习惯，随时将忽然冒出来的零散的想法记下来，上厕所也不例外，为以后写文章准备一些材料。对他来说，珍惜时间，抓紧读书思考，是悠悠万事唯此为大的。记得一次在他家，聊到家务事，他说，时间花在家务上可惜，所以在家里极困难，月收入只有二三十元的时候，也拿出近一半的钱请了一位阿姨在家帮佣。这才有了李普夫妇到访，自己竟然不会开伙，只好请他们自己动手的一幕。

他的家就在出版局隔壁的家属楼，大概在这个时候，我"登堂入室"了。印象深的首先就是书架上陈列的木工刨，似乎跟出版家、学者的书房形成高反差，同时也觉亲切，小时候父亲为我考虑的出路之一是学门手艺——做木匠。《我家的摆设》中，他主要谈的就是这细木工刨。钟先生对自己一生的概括，以这篇文章最后一小段最言简意赅，又意味深长：

> 我从小喜欢制作，如果允许我自由择业，也许会当一名细木工，当可胜任愉快，不至于像学写文章这样吃力。但身不由己，先是被父母拘管在桌前读《四书》、《毛诗》，一九四九年误考新闻干部训练班，又未蒙训练即奉命到报社报到，想进北大学历史考古亦不可能。一九五七年后，作为为党国服务的知识分子，是被投闲置散了，但为了谋生又不得不忙于做工，身体和精神上反而觉得充实了不少，尤其在能够在屋里放一条砍凳的时候。一九七九年平反改正归队了，坐办公桌又忙了起来，业余时间也无复操刀使锯的自由。如今已经离休，照理说应该有时间做自己爱做的事了，可是八楼上连钉一口钉子都怕妨碍邻居，只好仍旧以编编写写打发时光，真真苦矣。

苦中有乐才是这句话的全解，否则，先生的文字生涯不会这么出彩，我也不会有被先生领入书房，从架上取下图书，兴致勃勃地翻给我看他在书上做的眉批的那一幕。不记得那是哪一年，大概是请先生为《汉英四书》写序吧，他取出的书大概跟王韬参译理雅各《中国经典》翻译工程有关。眉批多是几个字的内容提要，或疑问或指误。这在先生是读书的小习惯，对我来说却是受益终生的读书技巧，从小听父亲反复说的"不动笔墨不看书"，这时有了更深一层的理解。动笔墨，对帮助记忆，理解原文，方便以后查检都有莫大的好处。最近我去拜访先生，想请他翻出他读过的书来看看，寻找当年那深刻印象的实物证据，可是，行色匆匆，没能如愿。先生编过一册薄薄的《曾国藩教子书》，每篇前用几个字概括题旨，大概就是这一习惯在编辑工作中的应用。钟先生说，他喜欢给编的书做提要，最少一个字，最多八个字。这种提要、边注和夹注（最早见初版的"走向世界丛书"单行本）可以提高读者的阅读兴趣。这种方式，以后有不少人学样，似乎得其形居多，原因当然是学养学识和文字功夫的差异了。

接触多了，对"走向世界丛书"辉煌背后的故事也了解得更多了。虽然当年李一氓先生就高度评价说，这是他"近年来所见到的最富有思想性、科学性和创造性的一套丛书"。但正如很多图书一样，编辑出版过程都会一波三折，对编辑是一个考验。按当时出版社的惯例，每个编辑一年只有 4 个选题。而钟先生认为，丛书若是"一本本出冒得用，必须集中出。最好是一年把 100 多种出完。我一个人的能力最多出 10 多种，但实际上又是做不到，那时候要分选题"。为了解决这个问题，钟先生曾提出自己 3 年的书号集中起来，一次出 12 本。后来因为岳麓书社拆分出去，反倒使一个月出一本的想法得到实施。一关过了，又有难题。出版社的老传统是从来不允许编辑搭车发表自己的东西的。先生给每本书写的前言按此不允许刊登。可这些旧籍新刊，若无合适的前言说明引导，对广大读者而言，不易进入，阅读效果会大打折扣。钟先生在权威刊物《历史研究》上发表研究郭嵩焘长达 4 万余字的文章，意在证明他的研究能力和水平，并不是随意在自编图书上夹带私货。于是老传统有所突破，前言用假名刊出。等到丛书形成了气候，有很好的反应后，这才用上了本名。

二十世纪八十年代初，在出版界焕发新生，地方出版社走向全国的改革大势下，钟先生以他对出版的理解，在技术规程和出版理念上大胆寻求突破，机智灵活地应对，这尝试和突破正是八十年代湖南出版改革的重要细节，也是引领出版风向的重要因素。这种突破使怀揣理想主义的一代中老年新编辑能逐步实现或部分实现自己的梦想。

钟先生多次谈及，他最想出版的三套书是"走向世界丛书""现代中国人看世界""外国人眼中的中国"。这是他的出版理想。他说："我只编辑出版自己喜欢的图书。"又以个人的喜好，力推周作人、曾国藩的文集。三套丛书，他只完成了半套，即"走向世界丛书"前 36 种；"现代中国人看世界"交给别人出过几种，与他的初衷颇有距离；而"外国人眼中的中国"虽反复推荐，最终都没有落地。谈及此，钟先生颇有些伤感。

三

作为一个出版家，钟先生对图书的装帧制作形式也是颇为讲究的。这一点从《小西门集》的出版流转几个省市可见一斑。此集在先生心目中的地位很高，他说自己的书，最看重三种：《走向世界——近代知识分子考察西方的历史》《学其短》《小西门集》。该书先由山东画报社接受出版，南京的书籍装帧艺术家朱瀛椿仰慕先生，主动请缨设计，因设计制作拟用的材料特别，朱先生提出在南京印刷，以便监制，画报社难以办到，于是由朱先生出面联系，转到南京的出版社，此地的两家出版社在书稿编审过程中，都提出要删节部分内容，钟先生不答应，书稿辗转到了上海、广州……最后还是在岳麓书社出版。在这一过程中，我们不难发现，对装帧制作的讲究，对设计理念的认可，一度让先生妥协再妥协，但这种妥协的前提是不损害内容，否则宁弃形式而保存内容的完整性。

有感于此，我曾专门请教先生，请他谈谈书籍的制作和装帧。他说："书的功能是给人阅读，不是摆看的，收藏上架也只是手段，目的是让更多的人读。所以我出版书，最起码的要求是一定要摊得开，便于开卷展读或把读。现在很多书，一定要两只手才能翻看，还要用劲压住，手一松就自动合上。而两只手拿握读书，持续时间不可能超过20分钟。那这种书还有什么意义呢？现代生活节奏快，读者静下来在书桌前读书的可能性很小，多在床上、马桶上、车船地铁飞机上，书便于方便轻松地拿握显得尤其重要。当然典藏图书要讲究装帧质量，但那始终是第二位的，第一位还是方便地读，轻松地读，带来读书的愉悦，而不是带来苦恼，觉得费劲。否则就和书的本质相矛盾了。其次是装帧。书有适合的装帧，和内容相适合调和的形式，有美感很重要。装帧艺术很重要，但它始终是一种实用的美术，首先要满足实用，它必须与其设计对象的功能相符。德国是个出版大国，出版的图书有各种开本，但都是整张纸裁印。出版社是以大宗产品作为工作研究的对象。异形开本脱离了书的本意，是邪门歪道。太个性的趣味产品当然也可以尝试，偶尔为之，但那是特例或私人定制之类。"他以为，过分追求形式，忘却了书基本的功能，是现在装帧设计的一个不健康的倾向。如精装的书做成毛边本，完全不懂毛边本的功能意义。对国内胶订的广泛应用和技术上的粗糙他也颇有微词。

对装帧、制作品质的要求反映了钟先生作为一个出版家的专业精神和审美情趣。先生送我的书中，我特别喜欢他自制封面更换的《偶然集》，"偶然"手稿的底纹上印上行书"偶然集"三个字，特种纸淡淡的灰蓝色与蓝字浑然一体，书卷味极浓。这本1980—1999年20年间文章的选抄，本来是列入"文艺湘军百家文库"，先生以"怯于从军""怕跟不上队"为由头，将手中的百十本书重做，并在后勒口印出勘误表。给我的信中，先生说得直白："我不喜欢湖南文艺出的那一套什么'文艺湘军百家文库'，已将我的一本在我自己心目中'撤销'了。"

这些在在表现出了先生的孤傲、趣味，乃至洁癖。

四

湖南人民出版社撤销，建湖南出版社后，我从出版局图书处回到了单位，开始做《汉英四书》，没想到第一版 8000 册很快销售完，接到了不少读者的反馈意见，准备修订重版。修订重版前，我以为在一定程度上，这套书跟钟先生的"走向世界"的主旨有关联，理雅各的翻译，是中国经典走向世界过程的重要一环，于是请钟先生写序。面对一个沉浸于初步成功的喜悦和兴奋之中的编辑新人的请求，钟先生一口答应了下来。同时，钟先生也对我提出了要求，他说我应该好好研究一下"四书"的西传经过及对西方的影响，这一要求使我在编辑工作中找到了一个切入点，接下来的几年里，写了一系列的经典西行的文字。

可钟先生的文章迟迟没有动笔。也许他不认为由他写序是个好提议。终于，钟先生将文章给我了，文题是空着的，我想这是先生的善意和厚道，给我这初生牛犊留了余地。该文在《文汇读书周报》上发表时，用的题目为《理雅各译〈四书〉》。他写的是书话。他在这篇文章中说："秦颖准备出版《汉英对照中国古典名著》。老实说，最初我有过一点担心。因为我不太明白它的读者究竟该主要是中国人还是外国人。而且既是古典名著，也恐难找到合适的译者，如果要新译的话。"显然他对这样的出版思路，是有些想法的，文中委婉地表明了自己的看法的同时，又非常明确给予了肯定。

先生对我的每一个努力和成果都很关注。"大家小集"出版后，我寄去几种给先生，待我去拜访时，他说，丛书名很好，但本子过大，已经不是小集，而整体编选水平也参差不齐。他又说："选集最容易做，做好却不容易。选的标准是其一，好的导言是其二。选本必有自己的观点和看法，'我'喜欢的文章就是最靠得住的标准。按'我'的口味选，总有同口味的人会喜欢，也只有如此，才能做点有个性的事。"他收到我和邹岖华编辑出版的《昆虫记》全译本后，来信说："《昆虫记》十册收到，此乃吾兄一大功德，但集体翻译不知译笔总体水平如何……但无论如何《昆虫记》在咱们这个东方大国总算有了全译本，虽可悲，亦可喜也……《塞耳彭自然史》记得给我寄一册，读后如译文差强人意，当为写一小文。《昆虫记》则篇幅太大，一下子难得读完。"两年后，我寄去《昆虫记》的修订本，先生来信道："《昆虫记》能够这样出，虽然前后两种还来不及比较对照，就凭这一点，也就不让汪原放在'亚东'印了程甲本又印程乙本的壮举了。"钟先生的夸赞颇有艺术，一般来讲，大的方面，只要有新意、特点，总是会加以肯定，而具体的东西却从来不会马虎，连版式也不会放过。"你出版的，书装帧都好，版式却稍嫌拥挤。"

先生也不时会给我一些出版指点，如多次提及"走向世界丛书"余下的几十种仍可出版，却碍于工程太大，而钟先生又不能参与具体的编校、撰写前言后记，以一家文艺出版社来承担近代典籍的重任，挑战和风险均非一般。又如"外国人眼中的中国"，是先生出版的心愿之一，希望我能做出来。可工程也是不小，搭班子，找翻译等都非短期可成，而初到一地，自主权不大，加上急于出活的心态下，畏难退缩了。大概在2000年黄永玉先生到湖南开画展登门看他之后不久，我去拜访。先生对我在广州的工作很关心，聊天中说，最近黄永玉来访，谈到北欧一位画家古尔德森的《童年与故乡》马上要出版了，于是建议他作一本画传，文、画、诗结合，让我不妨主动联系，争取争取，并将黄先生的电话、通州万荷堂的地址抄给我。可这事我缺少知其不可而为的冲劲，终于没有行动。

　　我常常会跟先生讨教。记得到广州不久，我曾起意组织一套教子书系列，想请钟先生出马，重点当然是他的《曾国藩教子书》。他回信道："出教子书系列是个好想法，我这里左宗棠的有十三四万字也可以成一本。当然也不能都是儒家正统观念的，也有的以道家或禅理教儿孙乐天知命。顺其自然的也可选一二种。"但花城当时的付酬标准长期没有变化，有些偏低。我知道，书愈小，编选愈难。而当时版税还是个新事物，虽然责任共担，彼此放心，但多年按字数付酬的惯性还很强，何况是编选的读物。此事没成功。前面说到的《小西门集》是先生很看重的一本集子，当该集子在南京、上海走了一圈，总是阴差阳错，出现意外时，先生想到了我。我欣然领命，因当时我不在出版一线，虽是极力推动，但遇人事变动，时间上没能抓紧。这时岳麓书社上门索稿，先生实在是碍于情面，加上这书变故太多，将《小西门集》给了对方。待到这边落定，那边已经出版了。

始终没能为先生出版或是请先生主编策划过书，成了我的一大遗憾。近年，去看先生，多次提到这一遗憾，先生能理解，但我却不能原谅自己。希望将来，会有机会吧，我想！

刊《南方周末》2015 年 2 月 26 日

入选《2016 中国年度随笔》，漓江出版社 2017 年出版

何兆武先生

2014年元月，借出差北京，我到清华园看望何兆武先生。谈话间，何先生说：93岁了，已经不写东西，只看看闲书。接着他兴致勃勃地聊起了最近读的《聂元梓回忆录》，随后提出了他觉得没想明白的问题："'文革'中，聂元梓贴出了第一张马克思主义大字报，深得毛泽东称赞，为什么后来还是被斗得要死？"这一疑问让我想起了他多年前的一句话："或许应该说，读书并不使人明理，而是启人深思。"（《滚泥巴、书生、大红门》）对"文化大革命"的反思是他日常思考的一个方面。有意无意中的一个话题，都可能引向这里。

记得近十年前的一次拜访，聊天中谈到五七干校的生活。他说，那并不像杨绛的《干校六记》所写，没有那么好。从另一个方面来看，能经历"文化大革命"，他又感到很幸运。他说："文化大革命"中，几千年的中国历史形成的卑劣的人性，在极短的时间里集中上演，对人文学者来说，是千载难逢的经历。历史学家不应该辜负这份遗产。

每次去跟先生聊天，话题除了我的工作之外，都会涉及时下的学术文化、新闻事件等。比如说，一度受到热捧的西方传教士的作用，他认为评价过高。耶稣会士所宗奉的是中世纪传统的思想体系，与近代人文主义和启蒙精神针锋相对，这批最早的中西文化交流的媒介者，本身就是反近代化的先锋队。这批圣教士对于中国所需要的近代化，并没有做出任何实质性的贡献。聊天中，他的眼神或聚或散地看着你或什么地方，脑子里似乎有两条线在并行，一条跟着你的讲述在走，另一条可能是你的讲述引出的思考。他不时地点头，微笑着附和着"对……对……对……"，眼镜脚挂在嘴角若有所思。"对"完之后，或是一段沉默，或是一句跟刚才的主题完全不着边际的其他事情，也可能会这么接续："不过，我觉得……"他的不同意见往往以这种委婉的方式开始，先生不会争辩，但一定会表达自己的观点。

一次我准备告辞时，先生拿出一本他翻译的康德《历史理性批判文集》重印本送我："这辈子被驱策译了不少书，但凭自己的喜好选择翻译的只有三种（康德的这一本和卢梭的《社会契约论》，帕斯卡尔的《思想录》）。"这本书其实我 20 多年前就得到过。何先生送过我不少书，最难忘的是 1991 年收到豪华的精装本《中国科学技术史·第二卷·科学思想史》，那惊讶和激动，至今还记忆犹新。这本《历史理性批判文集》虽然我有了，却也没有推却，因为我知道，这是何先生表达心意的一种方式。

这么多年，跟何先生有过不少通信。2013 年年中，我将先生给我的信整理出来，约 40 余通。第一封是 1987 年，那年我研究生毕业。第一封信的内容，是对我想出版他主持承担的一个国家课题"现代西方史学理论"的回复。因为种种原因，没能成功。但宽厚、恳切的何先生却是认定了我这湖南小老乡，让我觉得很亲切。大约 1989 年元月，先生出差路过长沙，住在湖南师大招待所，我和邹靖华去看望。第二天他一定要回访，于是由他的同学余培忠先生引路，到了我父母家。先生给我的最初印象就是这样——谦和通达。之后，我只要有什么事，就会写信讨教。先生从来都是将他的想法、建议在信中细细道来。先生也会不时寄赠刚刚出版或发表的著作和文章；从国外回来，也会送些有特殊意义的小纪念品：如一片德国慕尼黑希特勒发动政变的那家啤酒馆的杯垫，一张在泰晤士河边以英国议会大厦为背景的照片。

1990 年，湖南人民出版社撤销，改为湖南出版社，我由历史读物室到了社科译文室。翻检这一段时间里先生的来信，有不少谈到了社科译文的翻译出版。先生说："我希望理论和史实、古典和现代统筹兼顾而不偏废。好的历史理论著作和好的历史著作，无论古典或现代都译一些。另外，我想有关历史的好的文学作品或哲学作品，也收入一些。这可以有助于我们开阔眼界。"针对当时翻译学术著作中的问题，他说："要保证翻译质量，首先要求译者有较好的专业知识，不可一味迷信学外文的人。学外文的人，专业知识往往不过关，就弄出很多常识性的笑话。如 Maine 的《古代法》一书，是一部古典的学术名著了，翻译质量也不错，但译者大概是法律专业的，在历史上就弄出了笑话，把 royal 与 imperial 混为一谈。其实 royal 是指法国革命前旧制度的王政，imperial 是指大革命后拿破仑称帝或法典。这两个字……被译者混为一谈，全书理论就都绞了线。犹如千载之下，有人把'中华民国'和'中华人民共和国'混为一谈……""我不是认为中外文的基础不重要，但我要强调专业知识的重要。这一点是许多出版社所不重视的，所以就一味迷信'外语学院'。"这是他从阅读经验、翻译实践以及对出版社现状的考察中的心得。在我进入这一领域之初，先生娓娓道出，使我对社科译文该如何展开，有了基本的认识和方向。

何先生给我翻译出版提建议，还推荐过好多的书目，其中不少就是他一生中最愉快的两阶段时间里读过的、喜欢的书。如还在 1990 年，他就曾建议，西方有几个传记作家的作品很值得介绍，如德国的路德维希、法国的莫罗亚、英国的斯特拉奇。后来，我策划出版的"名人名传文库"中，收录了路氏的《拿破仑传》和斯氏的《维多利亚时代四名人传》，而莫罗亚的作品因版权问题没能如愿。我组织"经典散文译丛"时，何先生建议可翻译罗素的著作，还让他的学生整理过一份罗素著作的目录给我。这让我想起了沈昌文先生教我的"向后看"的出版思路。沈先生谈到他主持三联时，选题策划只有两个人，他要求一个负责往前看，一个负责往后看。所谓向后看，就是译尚未过时的外国老书。同样，在何先生看来，好的书是不会过时的。我编"大家小集"时，他建议，蒋百里的东西很有意思，现在难得见到，可以纳入。当我为了完成考核利润头疼时，他说小时候特别喜欢湖南同乡平江不肖生的

《江湖奇侠传》，应该会有读者……

拜访何先生，我通常都是从清华西南门走入。感觉中，无论外部世界如何发展变化，那片区域的红砖房宁静如旧；那套小三房里的书房兼卧室，雅净如前；何先生的阅读和思考始终未变。二十世纪九十年代，我去看望何先生时，常留下吃饭，印象中，好像都是吃的水饺。何先生下厨（何师母身体不好），烧开水，从冰箱拿出速冻水饺，熟练轻快地下到锅里，有时嘴里会哼着古典音乐的旋律。上桌时，先生还会配上一两个简单的凉菜。记得他对吃有过一番解说：做饭太浪费时间，其实吃什么都一样，楼下的食堂，就有速冻水饺。至今我仍记得他边说这话边下水饺的情景。直到今天，清华食堂的菜肉水饺仍是先生的最爱。但"吃什么都一样"这话对刚刚过上家庭生活、对吃还有不少的好奇和期待的我，不怎么能体会其含义和分量。后来，待我有条件下馆子了，在清华园请过先生，这种场合，他仍然不关注桌上的菜肴烹调，注意力全在聊天、探讨问题。也许这可以印证先生喜欢帕斯卡尔《思想录》的原因："人只不过是一根苇草，是自然界最脆弱的东西；但他是一根能思想的苇草，纵使宇宙毁灭了他，人却依然要比致他于死命的东西更高贵得多。"

我拜识何先生之初，还是一名史学史的学生，而他是史学理论研究的大家。接触多了，我才知道，中华人民共和国成立后，何先生虽然是治思想史，最初的兴趣却在翻译。"因为，刚解放，不敢随便搞研究、写文章，翻译相对安全；而翻译文科的东西怕掌握不了，不符合时代的需要，所以选择自然科学。当然太深的也翻译不了，就翻点通俗读物。后来，发现经典的著作还是要保留的，特别是马克思之前的古典作品，十八世纪的，像康德的，卢梭的，这些都是历史性的著作，后来就译了一些。"他与商务印书馆的渊源在中华人民共和国成立初期，一开始翻译过不少苏联的东西，因为当时把苏联奉为圣经，翻译出版苏联的书政治上非常保险。后来他才翻译一些其他国家的，如恩利克·费米夫人的回忆录。

何先生谈到，曾经接过一个任务，翻译一位英国旅行家的中亚游记。这题材对他来说完全陌生，翻出来干吗，也不明就里，后来才知道，当时涉及到中苏边界的划界问题，要收集旅行家的资料。罗素的《西方哲学史》在二十世纪八十年代初曾热过一段，何先生是第一译者。他说，翻译这本书是上面派的任务，在"文化大革命"中还给他带来了一场无妄之灾，被打成现行反革命分子，罪名是为复辟资本主义招魂。"我翻译的是古希腊哲学，那时资本主义还没出现呢，怎么就给资本主义招魂了呢！当然没理由可讲。招魂就招魂呗，我也没有争辩。被关进了牛棚，好在牛棚里的'反革命分子'很多，一点都不寂寞。呵呵！"很久之后，商务印书馆的一位领导，也是他的同学告诉他，这书是毛泽东交代翻译的。为什么呢？因为二十世纪五十年代初，罗素和爱因斯坦发起了一个世界和平运动，运动的主题是反美帝国主义霸权。毛泽东很欣赏，便和周恩来联名发了一份电报，邀请罗素访问中国。罗素欣然同意，但临上飞机前还是取消了。因为罗素当时已经97岁，不可能完成访问的任务。他送给毛泽东一套《西方哲学史》。至于为什么只译了第一卷，何先生说，太费劲了，第二卷、第三卷就推掉了。

对何先生所说的"喜欢的三本书"，我总想弄清楚为什么，曾打电话追问原因，先生听了后呵呵直笑："说不出原因，就是喜欢。"何先生的译作很多，他的偏爱，我以为可能跟时代有关，他指的是八十年代之前他翻译的书中，这三本是他的选择和最爱。先生从小喜欢读书。《上学记》中说："对我来说，平生读书最美好的岁月只有两度，一次是从初二到高一这三年，另一次就是西南联大的七年。"其实这一辈子，先生没有离开过书，但不被驱策、自由自在地读书，则只有这两段。书中《无故乱翻书》一节讲了他读书的第一段："上了初中二年级以后，渐渐脱离幼年时候的爱好，似乎有点开窍了……逐渐开始接触近代，看些杂志、报纸和新出版的东西……""林琴南介绍了很多西方的文学作品……商务印书馆出版，每本都不太大，一天就能看一本。"《五柳读书记》一节谈了后一段："卢梭的《社会契约论》那是张奚若先生指定的必读书……开篇的第一句话：'人是生而自由的。'……人类总有一些价值是永恒的、普世的，不能以强调自己的特色来抹杀普遍的价值。"从中大致可以寻找到他喜欢《社会契约论》的原因。当然，安全、符合要保留的标准也是重要原因。

我想先生并不是说那三本之外，他对自己其他的译作就不喜欢。他说，"若真是不喜欢，就不会译了"。商务"汉译世界学术名著丛书"中，收有他八九种译著。我曾想寻找他翻译这些书的缘由，是否也像董鼎山译《第三帝国兴亡史》等一样带有问题意识，选择译书的标准是针对中国的需要和问题。当我带着这一想法请教的时候，先生的回答完全在我的意料之外，却又是情理之中。他说："我想，要是搞思想史的话，应该是各个方面的思想都要了解一点。你不能专门只宣扬一家，其余各家你都放过去，那是不行的。"先生是从自己治思想史的角度，来看这个问题，来选择或参与译事的。在柏克的《法国革命论》的译序中，何先生说：卢梭的天赋人权这个法国大革命的先驱理论在二十世纪初期，"曾在我国得到大力的宣扬。相形之下，对于法国大革命持反对态度的保守派理论（例如柏克和他的《法国革命论》）却不大为人所重视，很少有人介绍和研究。这可以说明思想文化的移植也是有选择性的……但是作为学术研究来说，不认真考虑正反两方面的意见，而只偏听一面之词，终究未免是一种欠缺、一种损失，有失客观的科学性。"虽然无数的读者经由阅读何先生的译作接受了启蒙，一篇文章还将之上升到了一个高度，称先生为"盗火者"，但何先生却从没想过这样来拔高自己翻译的意义。他只是从兼收并蓄，相互激荡，开阔思路这么一个思想史研究的常识来看这个问题。这是不是从一个角度说明了何先生的纯粹呢：做学问的纯粹，为人的纯粹！

2004年年底，我主持《随笔》后，跟先生索起稿来。虽然跟先生交往多年，其实我对先生的随笔了解不多。哪知先生投来的第一篇《纪念清华国学研究院80周年感言》（2005年第4期）一经刊出，就获得好评。记得那期出来不久，我去看王元化先生，他首先就提到这篇文章。该文语言平实，谈的问题也不艰深，虽为小小感言却是直指时弊：他认为继承过去与创新未来是一个延续不断的整体工程，直指 1949 年以后学术的断裂；面对"名器泛滥"的社会风气，强调追求真理的精神与名利的诱惑两者格格不入。他希望学者移风易俗，改变追逐名利之风。在《关于诺贝尔奖情结》一文中，先生再次展开了这一话题："问题并不在于某个学校出了几个诺贝尔（或其他什么奖）的得主，而在于它是否能培养出一批人才，能否开创并领导一个国家、一个时代的学风。"先生是这样讲的，也是这样做的。彭刚兄说的一则故事流传颇广：清华思想文化研究所要为先生的 80 寿辰举办一个庆祝活动。何先生反复推辞。于是所里拟将聚会以"史学理论前沿研讨会"的名义举行。可那天早晨去接先生时，却是房门紧锁，扑了个空。彭刚兄说："他逃自己的祝寿会，在别人可能是名士风度，在他却是真切地认定不配做。更重要的是，我深知何先生根本无法适应以自己为主角的盛大场合。"面对这一事件的提问，先生也有正面的回应："现在帽子乱加，我觉得不太好。比如说'国学大师'，这个是国学大师，那个也是国学大师，大师满天跑。也可以庆祝生日，那是这个人要有特殊贡献的，我又没有贡献，干吗庆祝这个呢？那是贬值，货币贬值，大师也贬值了。"而我却更愿意把这看作先生不追逐名利、"移风易俗"的身体力行。《必然与偶然——回忆钱宝琮先生的一次谈话》（2006 年第 3 期）是写钱先生对他的影响，强化了他的两点想法。一是作为知识而言的"学"（或人们惯用的真理）没有所谓中西之分，百年来中西学之争，只不过是具体历史条件下的产物。关于某一事物的"学",或者说"真理"只有一个,并无中西之分,尽管它的出现而为人所认识要受到具体历史条件的制约;二是历史学的问题无法得出确凿的结论,因为宇宙中存在着某种根本的永恒的偶然性的存在。先生的随笔常常就是以这种四两拨千斤的方式,谈论一些重要的常识问题。长久的思考研究一旦碰到合适的话题,便自然地触发、生发。从先生的文集或论著《历史理性批判散论》《历史理性的重建》《当代西方史学理论》《苇草集》可看到一些消息。

对世俗的批判,处世的豁达还可以在先生对待不法出版商的态度上看出来。先生这辈子最着迷的一项工作是翻译。作品除前面谈到的外,还有柏克的《法国革命论》、孔多塞的《人类精神进步史表纲要》、布莱德雷的《批判历史学的前提假设》、柯林武德的《历史的观念》、梅尼克的《德国的浩劫》、卡尔·贝克尔的《18 世纪哲学家的天城》、罗素的《哲学问题》《论历史》、李约瑟的《中国科学技术史·第二卷·科学思想史》等。我们要感谢何先生为我们留下如此丰富的、信达的文化遗产的翻译。只要能惠及读者,或启蒙科普,或传播知识,他都是高兴的。帕斯卡尔的《思想录》,前些年被多家出版社出了节本,用的都是先生的译本,既没获得他的授权,也没给稿酬。若有人问及此,先生总会说:"随它去了,犯不着跟它们计较,呵呵!"

这些年,何先生给我印象最深,也是他重复得最多的一句话是:"这一辈子都在打杂,没有完整的时间做自己的事。"他还多次说,要做好任何一件事,兴趣和专注最重要。他搞翻译是兴趣，所以有所成就。做研究需要长久的专注，却是完全不可能。何先生说："那个年代，这运动那运动，今天反苏大游行，明天拔什么苗，后天是什么下乡，经常一下乡就有人嘱咐，不许想城里那些事情……怎么可能真正深入到一个什么领域，集中精力搞研究呢?"有一次去看望王元化先生，我提到何先生的打杂说，他马上接话道："这不是哪一个人的问题，这是时代的问题。我们这一代人始终被各种运动、任务、工作驱遣，不能尽心做学问。"这是他们这一代人的大悲哀。尽管如此，何先生总是笑呵呵地谈论这些问题。何先生的"主业"是中国思想史，主要成绩，除了参加了侯外庐先生主编的《中国思想通史》《中国近代哲学史》《中国思想史纲》《宋明理学史》等巨著的编写外，大概就是《中国思想发展史》了。那是四个人的合著，由何先生改编并翻译成英文，1991年由外文出版社出版。先生是觉得，若能有专注的条件和环境，他一定会做出更大的成绩吧，我想!

刊《书城》2014 年 12 月号

朱正先生

一

　　2008 年秋日，我借回长沙看望父母的机会，拜访了钟叔河先生。我随身带上了部分《随笔》作者的影册，聊天中拿了出来。他一路翻下去，默不作声。当看到朱正先生这一张时停了下来，说："我不懂摄影，这里的大部分人我都不熟，无法评价，但我觉得朱正这一张拍得好，把他拍活了。他经历的磨难常人难以想象，这张照片表现出了他为什么能走过来的性格特点。"钟先生与朱正先生从中华人民共和国成立初期起就是同事、朋友，几十年的难友、诤友。他的肯定，让我很是满足。大概钟先生觉得意思还没表达完，又谈起了他对照片的看法。他说，有两张照片特别难忘。"一张是爱因斯坦，那是在六十年代我进班房之前买的一本《狭义相对论》上看到的，留下很深的印象；另一张是罗曼·罗兰，当时并不知道这个人，大概是傅雷写的文章中有一幅罗曼·罗兰双手托腮凝视前方的照片，我是因为看到这张照片，才去找他的书看。"最后，他引用某位名人的话结束了关于人物摄影的话题："人像是摄影里最动人心弦的分支。"

钟先生给予如此高的评价，让我很兴奋，马上掏出笔，请他在朱正先生的照片上写下他的观感："笑看人生——神气活现的朱正。"

朱正先生的经历，在他的口述自传《小书生大时代》有详细的记载。他说，这本自传是以"一段历史的见证人"的角色写的，还引用茨威格的话说："是时代提供了画面，我无非是为这些画面作一些解释，因此我所讲述的根本不是我的遭遇，而是我们当时整整一代人的遭遇——在以往的历史上几乎没有一代人像我们这样命运多舛。"

二

我们不妨从朱先生的口述自传检索一下他经历的苦难。

俗话说性格决定命运。先看看他笔下的自己。有一次，他跟母亲去庙里祈求菩萨保佑，看见高大的贴金神像，想起刚刚看过的孙中山小时候到翠亨村的庙里去破除迷信的故事，于是学着样跟母亲争辩起来，还把从那书上看来的骂菩萨的话学着说了一些，害得母亲急得要命。这故事说明两个问题，一是朱先生的性格——从小就是个犟脾气，如他母亲所说，他"从来就不怕急死她"。这脾气，我也亲历过。1991年，我被借调到湖南省出版局图书处，一次会议上，大概是谈及《查泰莱夫人的情人》一书的出版经过，他在会上拍案而起，而另一位当事人正好坐在我边上，他连声对我说，"小秦啊，老朱误会我了，老朱误会我了"，却并不起来辩驳。二是他喜欢读书，而且活学活用，从小就引用读过的书进行争辩。他所经历的苦难当然跟时代密切相关，大概也跟性格脱不了关系，而读书又可能在一定程度上造成了他的苦难。但更重要的是，读书成了他人生的意义所在，也是他化解苦难的酶。

初中时，受萧鸿澍先生的影响，他知道并迷上了鲁迅的作品；为了买书，还偷过父亲的钱，鲁迅的书读多了后，"就起了给鲁迅写传记的念头"，那还是读高中的时候。朱先生因为醉心阅读杂书，严重影响了学习成绩，以致怕考试，怕接到留级通知书。

中华人民共和国成立了，他拂逆父亲希望他读大学的意愿，去参加革命，因为对新闻职业的神往，报考了新闻干部训练班，希望"由新闻而文艺，由记者而作家"。新干班结业的学员鉴定表上，罗列了他的不少缺点："个人英雄主义，有点高傲，说话尖刻，处理事物主观"；"小组讨论，有时态度欠严肃，致影响集体学习"；"做事性急"。这些缺点，从一个侧面勾画出了他的性格特点。"态度欠严肃"一语道出了他的调皮与幽默，在我看来，这是他化解苦难的又一种酶。

"三反"运动之后的思想改造运动中，他被打成"朱正反党宗派小集团"，接着被开除团籍，在接下来的肃反运动中，他又成为了肃反对象，成为湖南日报的反革命集团成员之一。他立刻失去了行动的自由，有专人看管。"当了'老虎'之后……我算是懂得了太史公所说的'隐忍苟活'的意思了。"可他也并没闲着，在成天面壁，不让看书的环境中，凭记忆中的材料构想《鲁迅传略》的写法，借让他写"交代材料"赚几张稿纸，装着写"交代"写一两页提纲。为了自己喜爱的事，他是倔强执着又敢于冒风险的。《鲁迅传略》的写作和出版成为他在肃反运动中的一个小插曲。这个小集团最后定案为"思想落后小集团"，从此开始了他长达20年的苦难坎坷。

1957年下半年，他被打成右派，开除公职，劳动教养。当时有一项内部掌握的规定，右派分子受到劳动教养的处分，可以申请不去，由各居民委员会监督改造。他为了不让父母生活在恐惧中，还是决定去。他在劳教中几经辗转，1959年到了矽砂矿，打石头，挑石头，好处是不再打夜班。有了一点闲暇，于是他又读一点书，想一点问题了。对许广平《鲁迅回忆录》的思考是这一阶段的成果，20年之后，他的《鲁迅回忆录正误》出版，将这些想法发表了出来。

日子一天天过去，也一天比一天感到疲劳、厌倦，不知道何年何月才是个了结。到后来，"让人最难耐的痛苦，还不是前途的悲观，而是饥饿，非常现实的越来越厉害的饥饿"。1962年10月朱先生解除劳教，顶着右派分子的帽子回了长沙，闲暇时间多了，访友、读书、写作，自得其乐。第二年底，他认识了同为右派的郑柏龄，考虑结婚的同时，不能不赚钱。卖文绝无可能，只有一条路，去挑土，当土伕子。钟叔河跟几个熟人办起立新科技模型厂后，他又进了这个厂。虽不比挑土收入多，但轻松许多。1967年1月他借钱办了婚事。

"文化大革命"来了。1969年朱先生在穷困、匮乏、高压、紧张、恐惧中挨日子。"有一天，孩子不在旁边的时候，柏龄沉默了好一阵子，然后很认真也很平静地对我说：这日子是过不出来了，我们一起死去算了吧！"1970年9月被抓，入了班房，他还真有些既来之，则安之的心态。"请家里送来了列宁的《哲学笔记》和《唯物论和经验批判论》……好几年前买的，一直没有读，这一下有安静的空闲，正好细读一遍。"终于判决书下来了："在'文化大革命'运动中又恶毒攻击无产阶级司令部……"被判有期徒刑三年，强迫劳动改造。他竟觉得很庆幸，鉴于他已经在看守所待了八个月，只要再熬两年四个月就刑满了。虽是几十年后的回忆，但看得出，他的庆幸是发自内心的，还真乐观啊！大概正是这乐观，让他置身苦难，总能看到希望。1973年，他刑满释放。到此，虽然还有难日子，但基本上是越来越好了。

梳理了朱正先生的磨难，再来看这张照片。大小眼睛，好像是睁一只眼，闭一只眼，对这世界上的事情，只看想看的，其他当没发生，拿得起，也放得下。一副顽皮的笑脸，对生活充满了憧憬。在走过那么多艰难困苦之后，有什么理由不笑呢！

三

我认识朱正先生是1987年，那年，我硕士研究生毕业参加工作，进入湖南人民出版社历史读物编辑室。朱正是九位领导之一，但并不分管我们。

　　当时，湖南出版界有两套书颇有些影响，一套是钟叔河主编的"走向世界丛书"，一套是朱正主编的"骆驼丛书"。前一套影响深广，后一套在文化圈里广泛流传。我因跟周楠本兄比较谈得来，他参与了"骆驼丛书"的编辑，从他那了解到出版社的不少情况，也对朱先生有了一些了解。楠本兄送了"骆驼丛书"中的几种给我，如《搬家史》《回忆两篇》《周作人概观》；但我跟朱先生，并无实际的交往，知道的多是耳食传闻。比如说，听同事讲过他和钟叔河先生的一个故事，说的是困难年代，他俩在街上走，经过一地，见排着长长的队伍在买豆腐脑。朱正老老实实地在后面排起队来。钟叔河却是走到前面去看看情况，只见他埋头到桶里闻了闻，然后大声说，"啊耶，掴咋豆腐脑馊嘎哒呆！"后面排队的人马上散了，朱正转身要走，钟说："莫急，我们买了豆腐脑吃完再走。""馊嘎哒呆？""我不喊馊嘎哒，排到我们就买不到哒！"一个是一板一眼的书生，一个是老练机敏的学士。后来，我向朱先生求证，他说不记得有这回事。即使这故事是编造的，大概也是湖南出版界的同事们据他俩的关系和性格的文学创造，从某一角度来说，也很真实。又如听办公室的谢勇兄说，朱正先生（时任总编辑）从无架子，任何事情都是自己做，不得已从不麻烦人。有一次，他的钥匙反锁在了办公室，竟然自己搭着凳子想从门上的气窗爬进去，这一回谢勇兄不干了，才为朱先生服务了一回。当然也听过不少朱先生那犟脾气的故事。朱先生的公子朱晓是我的校友，去他家玩过，但跟朱先生始终没有多少接触。

跟朱先生的密切来往，是我调到花城出版社之后了。手上保留的朱先生最早的来信是 1997 年 10 月，内容是关于《1957 年的夏季》的出版，里面谈到我前一封信提出的社里要看看全稿。大概这是我们尝试的第一次实质性的合作。1998 年 8 月开完一个鲁迅研讨会，在去乌鲁木齐市附近的北庭遗址的路上，我们聊到了当时出版界、读书界冒出的一个相对集中的兴奋中心——思想类读物，于是谈到了读书界哪些作者比较深刻，是不是可以选十家二十家？我提出请他出面组织一套。他没有忙于答应，而是就丛书的提法考究了一番。"'思想家'这顶帽子太大……入选者得有完整的思想体系，形成自己的一套学说，有几人能入选，没有把握。若以'思想者'命名，则灵活得多……只要他在思考问题，有自己的一得之见和闪光的地方，能够引导读者进行思考就行。"这一路我们还讨论了另一个话题，关于编一套现代作家丛书的事，这是我和楠本兄那几天一直在聊的话题，这时提出来请教朱先生。他说可搞一个现代八大家丛书。哪八位作家可入选，他颇踌躇了一阵，然后定了一个目录。就这样，我跟朱先生开始了紧密的编辑作者关系。

朱正先生提出了"思想者文库"的主旨、编辑思路，连约稿信、编者的话都是他亲手拟写的。请他当主编的提议却被否定了。他提出我和他一起主编，理由却是很巧妙："主编或策划，应署你我二人名，这比一人好得多，可以相互推诿，以搪塞想挤入的熟人。"当然我知道，这是朱先生想提携我这个晚辈。他提出的这么智慧的理由，我似乎也无法拒绝。接下来，就是组稿。朱先生最初拟的十家并没有将自己纳入。对此，邵燕祥先生就颇不理解："上次名单增删后，我就发现独缺朱正，为什么？我以为当仁不让，符合孔孟之道，望再思之。"

我们分头约稿，又一起去北京组稿，于是我有幸拜识了当代的许多大家：李慎之、李锐、邵燕祥、舒芜。对我提出的名单，朱先生也给予了充分的肯定，在一些人的取舍上，他没有任何的独断，而是反复的商量。在意见不一致时，我们就将之放到下一辑考虑。"其他的人，年轻人里，你看雷颐行吗？……今年报刊我看得少，提不出什么人来，这名单只好请你费心考虑了。"这是在讨论第二、三辑名单时我们的通信。

组织文库的出版对我是一个大的锻炼。几年后，《随笔》前主编退休，出版社决定让我接任。现在想来，当时听到此提议，我竟冒冒失失地马上接了下来，那大胆大概是因为在文库的组稿过程中，我得到了锻炼，跟《随笔》的一些作者有了接触，建立起了联系。当然也因这"冒失"，让我在刚接手的一段时间里失眠，原因是稿荒。我只好向朱先生求助。

2005年元月上任后第一次去北京组稿，便请朱先生张罗饭局，于是资中筠、陈四益、钱理群、邵燕祥、章诒和、王学泰、王春瑜、王得后等成了我的座上客，他们大多数是《随笔》的老作者，这次见面将断掉的线头重新接了起来。以后朱先生张罗的这种聚会还不少，还经常带我上门拜访。

我曾听说，朱先生高傲，评价人时有些尖刻。但在跟朱正先生的密切接触中，我感受的却是宽厚和慈爱。因为从"思想者文库"编辑时的鲁莽，到《随笔》来稿处理的欠艺术，致使个别老先生对我生出了意见和不满。事情让朱先生知道了，他却是在"不经意间"给我提醒。如我几次退舒芜先生的稿，还用了"太个性化"这么一个颇滑稽的理由，舒先生生气了，写信给朱先生，发出了"隔膜"的慨叹，并且提出了文章不个性化怎么写的疑问。我想朱先生是理解我不用稿的原因的，他只是将信复印了转过来，让我知道情况，也相信我能处理好。舒先生处，他一定是作了解释，或打了圆场，否则舒先生不可能一如既往地给我们写稿，并不时在邮件中推荐文章。还有我在编某本书稿时与作者发生了不愉快，虽然我的理由很充分，却是得理不饶人，说话无分寸。朱先生没有厉色批评我，只是在电话中指出了我的某句话的不妥。后来，我在北京组稿时，跟朱先生闲聊，朱先生说，一个老朋友曾经跟他说，对朋友应该多夸赞、鼓励。我想他是在教我做人的道理。记得家父曾经常提到的曾国藩祖父留下的八字家训"考、宝、早、扫、书、蔬、鱼、猪"，对"宝"的解释："人抬人，无价宝。"在世俗交往中，朋友、邻里间互相支持、鼓励、扶持的友情对人的成长发展成功的重要。

四

随着交往的频密，朱先生喜开点小玩笑，率直本真的一面也了解得越来越多。他曾在人民文学社的"鲁编室"干过几年，那里文化名人荟萃，于是也会有很多关于他们的逸闻趣事。我们一起出差时，他有时会说一点来解闷。比如困难时期，在单位食堂买馒头，个别人特别用心，一定会指定要那粘连撕开后带上了另一只馒头的一点点皮肉的那一个；发福利用品时，也会在白砂糖还是糖果间权衡，最后还是选择了砂糖，因为糖果的纸是无用之物却会占去一些分量。这是现代儒林外史的好素材，不经意间，还留下了时代刻蚀的痕迹。在我看来，他不是书呆子一个，对人对事都有独特的理解看法，也不乏幽默。新干班结束的评语很能看出朱先生的性格。所谓本性难移。在限制自由的时候，敢借写材料贪得纸笔，偷写自己的东西，说明了朱先生的乐观、执着和胆气。可他并不是一味的书生气，在一些事情上的灵活变通，我甚至觉得，朱先生骨子里是有些调皮的。

这里不妨说两件往事。一是他领我去拜访李锐先生。朱先生是李先生的老部下，又是他的《庐山会议实录》一书的责任编辑，是常常去他家的。我想去看望李先生，但是心里想：这位大领导想必还是有点架子的，带生人去看他是不是方便呢？朱先生说，那就索性不要事先预约好了。在世纪之交的那一年，他领着我径直敲开了李锐先生的家门。那一天主人和客人都谈得很高兴。

在做学问上，他的执着也让他有时候会不拘小节。记得编"大家小集"时，他建议编一册胡适。那时胡适的著作还没有过版权保护期，在我们想办法联系版权的过程中，他已经开始了选编。一开始他选择的工作文本是北京大学出版社的十二卷本《胡适文集》，大概是以前看过，并在《出版广角》发表过几篇考订文章，后来知道安徽教育出版社出版了《胡适全集》，进而参照，发现里面问题很多，甚至是错误千出。虽然联系版权问题一时没有成功，他的研究却是一发不可收拾，接连在《博览群书》上发表了几篇考订文章，指出这个版本存在的问题。出版者颇为重视这些意见，送了他一部《胡适遗稿及秘藏书信》，供他做校勘之用。他把这一次校勘出来的新问题告诉出版社的时候，说："我不懂这些编辑先生们为什么不利用这部书中的材料。"得到的回答是："他们没有看这部书。"我记得，一次在他的书房里，他向我展示那一部《胡适遗稿及秘藏书信》时的调皮笑容，说："这套书虽然谈不上是敲诈，说是'勒索'却是不过分。不过我并没有白得他们的书，我确实发现了问题，提供了修改的意见。"对于一个学者来说，发现并占有资料，是一切研究的起点。这套书应该是他获得的无数资料中的一个偶然的特例吧。

出版社希望他的研究成果不要发表，而是给他们重版时做参考。朱先生觉得这个要求有一点可笑，对一个学者来说，研究成果总是希望多一点人看到，只有发表才能为社会所知，也才能对学术有所贡献。不过这以后他也没有再发表批评《胡适全集》的文章了。

五

朱先生在世纪初出版的一本《鲁迅论集》的题记中曾写道："我是从《鲁迅传略》开始我的学术生涯的。中断二十多年之后，才又出版了一本《鲁迅回忆录正误》，接着陆续写了一些单篇文字。二十年间才留下这么一点东西，是太少了。稍可自慰的是，近年写的几篇比早年写的似乎稍有一点进步。早年偏重于考据，只能说是弄清楚研究对象的真实情况，为进入研究准备条件。近年所写，套用古人的术语来说，是在考据之中也稍稍涉及一点义理了。今后再写，我想还是多在这方面用力。考据文章，结论常常是唯一的，不容异议。一涉及义理，可就见仁见智，众说纷纭了。"考证和义理兼备，是朱先生晚年治学的特色。但他的一切成果最坚实的基础，仍然是考据。他的这门功夫让从不会服输的黄裳先生都曾委婉地提出要休战。

1999 年 6 月，朱先生来广东参加一个鲁迅学术研讨会，停留广州时，在寒舍小住。当时的主要话题是"思想者文库"，这么多年下来，具体内容已经不记得了。唯有他关于自己著述的一段评述，我却是印象深刻。他说有两本书可以传世：一本是《鲁迅回忆录正误》，另一本是《1957 年的夏季》。朱先生著述等身，为什么他独独认为这两本书可以传世呢？因为它们在该领域上的成就，均是独一无二的。翻看朱先生的口述自传《小书生大时代》，里面用不少的篇幅谈了这两本书的出版经过和外界评价。

还在中学就起意写鲁迅传的朱正先生以研究鲁迅著称，1956 年出版了中华人民共和国成立后的第一本鲁迅传——《鲁迅传略》。《鲁迅回忆录正误》的初稿，在"文化大革命"中遗失。到二十世纪七十年代中期，生活比较安定了，他得到冯雪峰先生的鼓励，又将遗失的《鲁迅回忆录正误》的研究成果重写出来寄给冯先生请教，冯先生看后回信道："我觉得你'正'的是对的，你确实花了很多时间和很大精力，做了对于研究鲁迅十分有用的工作。不这么细心和认真加以核正，会很容易这么模模糊糊地'错误'下去的。不过我对你的'口吻'，却很不以为然……在这种口吻中又流露了你的似乎压抑不住的骄傲。"冯雪峰的回信凸显了两个问题：书的研究价值和朱先生的性情。

另外一本书是《1957年的夏季》。最近，在跟朱正先生通电话时，我问，您曾说有两本书可以传世，经过这么多年，又出版了那么多的书，关于自己的书有什么新的评价？他说，其实能传世的只有一本，就是"反右"那一本。当然《鲁迅回忆录正误》有价值，但局限性太大，仅仅是鲁迅研究的领域，真正可传世的，是《1957年的夏季》。他还兴奋地告诉我："台湾今年元月出版了一个全本（版权页标为2013年12月）《反右派斗争全史》，补充了最新的研究成果，是目前最全的版本。"但他话锋一转，"说全的话，也不尽然，该版出版后，这半年多时间，又找到了不少新的材料，相信还会不断有新发现，再次出版的话，还可以补订。国内不少出版社都想出版，我的条件只有一个，不能删节，现在多出一个删节本没啥意义，还会弄得版本多而乱，以后容易产生误读，要出版，就出版全本。我相信总有一天可以出版全本的。"

关于这本书的由来，口述自传记道："大约是1992年年末，燕祥给我看了一篇他刚刚写好的万言长文，讲反右派斗争的。文章写得很好。当时我就想，这样大的一个事件，一万字的篇幅只能提一些观点和分析；真要讲清楚，要联系当时的史实来写，得写成一本专书。燕祥很支持我的想法，他把许多重要的资料都借给了我。我1993年花了几乎整整一年的时间把书写成，请燕祥写了序言。"而对于该书的评价，程千帆先生的最具代表意义："若中国不亡，世界尚有是非，此书必当传世。不虚美，不隐恶，是以谓之实录。诛奸谀于既死，发潜德之幽光，古之良史，何以加焉。妙在既纯是考据，又纯是褒贬，佞人无如之何，正人大为之吐气，一把刀割两面也。"

《反右派斗争全史》是该书初版15年后，最新的一个修订版，凝结了后15年最新的材料发现、挖掘和研究的成果。最近，朱正先生在修订他的口述自传，增加了5章，原来的第48章"法定老人"改为"写作反右史"，对该书的写作经过做了详细的交代。前后20余年的写作，资料获得是一系列偶然、意外，却又是必然的结果。正因为不断获得的新资料，他以为，新版除了字数增加了5章20余万字外，最大的不同在于取材范围的扩大。"在本书的初版中，我的取材仅仅限于当年的报纸、期刊这些出版物，以及权威人士如毛泽东、陆定一、李维汉、薄一波等人的著作，都是公开的材料，无论何人只要有愿意都不难找到的材料。而在这一版中，在这些无论何人都不难得到的材料之外，我也用了不少许多人未必都有机会看到的材料"。

受技术和传播条件的限制，古人藏之名山，仍有丢失的可能。朱先生的这本书已经有了众多的版本，不太可能丢失，他在乎的是最终版本的完整性，也就是要对历史负责！

　　附记：2014年年底去钟先生府上拜访，求证他与朱正先生在街上买豆腐脑一事。他说，朱正记得不错，没有这回事。大概是他跟曾水帆在街上买猪血的误传。当时排队的人很多，钟先生开玩笑地说，现在真是没办法，牛血当猪血卖，也排这么长的队。讲第一次，有人走掉了，一开始曾水帆没弄明白，待反应过来，也附和着，如此反复讲了多次，排队的人也走掉不少。

刊《书城》2015年2月号

"追逐风的闪电"

——《知道——沈昌文口述自传》出版忆谈

初识沈昌文先生大概是 1991 年秋天，我去参加一年一度的北京国际图书博览会（BIBF），湖南科技出版社的李永平兄，"第一推动丛书"的策划编辑者，还在动身去北京前，就说要去拜访沈昌文先生，邀我一起去，我当然是欣然从命。记得那个秋日的下午，天阴沉沉的，我们来到朝内大街 166 号四楼《读书》编辑部，沈先生穿一件豆绿色的毛衣，一条牛仔裤，戴一副棕色大框眼镜。谈了些什么不记得了，只有一个细节印象深刻，谈话中，要找一位先生，沈先生马上拨电话打听，几轮电话下来，找到了此君，对方大概有些吃惊，问怎么能找到他的，沈先生说，"我是追逐风的闪电"。这个细节颇能反映沈先生那种敏锐地捕捉各种信息、追踪文化事件人物、幽默风趣的性格特点。当然这是许多年后的认识了。二十世纪八九十年代，他就是出版界、文化界、思想界追逐风的闪电。

　　"追风"应该是沈先生的人生经历决定的吧，一定跟他早年"从板缝里看世界"有关。作为一个社会底层的小人物，他知道只有学习，拼命地学习，才能改变自己的命运。这天一起去吃晚饭时，沈先生叫上了吴彬、赵丽雅，因此也认识了当时《读书》的两员大将。这以后，每次去北京出差，我总会约见沈先生。他是个信息源，北京书界、文化界的大小事情会迅速地汇聚到他那，又迅速地传播出去。几年后，出了一个新词，叫"知道分子"，他说自己不够格做知识分子，他们学问好，责任感强，抱负大，太复杂了，我担负不起这个责任、这个使命，所以就只能做知道分子。不管怎么说，每次跟沈先生见面，都可以说是一次北京近期大小文化事件的快速检索，由此可定下后几天的行动方向。

　　饭桌上的沈先生，是最生动的，或者说，我认识的沈先生更多的是饭桌上的沈先生。只有那个时候，他最放松，谈兴最浓。这本书里的很多内容，我都在饭桌上听过。从学徒年代，在上海混饭吃，如何讨得老板的欢心，如何读夜校，学会计学英语学摄影，到做假账，伪造学历报考上海人民出版社，来到北京；从给领导做秘书，在当时全国十来位共产党员中最优秀的编辑和出版家身边打下手，听他们高谈阔论，做记录，到听老人们谈图书的出版，从而接受编辑培训；从《读书》杂志办刊的种种掌故、重大危机的化解（沈公书中是这么调侃的："批评文字总让人家不高兴，往往需要善后工作。所以，有这么一个人，又是党员，又好像主持工作，又善于作检讨，不断到上级机关去作检讨。"），到三联书店的创办和专业定位，北京文化出版界、台湾书界的种种消息，等等。

这里讲一个与我有直接关系的事情。1995年年初，我跟着湖南省新闻出版局的图书调研小组去北京调研。到京的第二天，我先去拜访了沈先生。先生知道我在编"汉英对照中国古典名著丛书"，听说我们第二天要去署里跟杨牧之先生座谈，便告诉我，杨先生正在酝酿一套中国经典的中英对照出版计划——"大中华文库"，到时不妨请教一下。第二天，我们调研小组一行十余人到了署里，杨先生领图书司的同志一起座谈。座谈近尾声时，我找了一个机会，问及这一计划，杨先生颇有些吃惊。当他了解到我们的"汉英对照中国古典名著丛书"出版情况后，非常高兴，第二天又专门约时间，就邀湖南出版社加盟"大中华文库"的事专门谈话。

这年去京前，我已定下了南下广州工作。拜访沈先生时，我向他报告了要调花城出版社一事，他很支持。而当时的我，要扔下已打下基础的湖南，到新地方工作，另起炉灶，心里有些不踏实，竟冒冒失失地请教起了沈先生怎么办，想求得锦囊妙计。沈先生善解人意，却又很机智。对这么一个具体问题，他没直接回答，而是说，当初，他在三联书店当总经理时，选题策划只要两个人。一个负责往前看，一个负责往后看。所谓往前看，就是关注新的、原创的、前沿的、跟时代合拍的选题。而往后看，就是发掘前人遗产，如"文化生活译丛"中大部分的选题就是1949年以前曾出版过的图书。接着他话锋一转，说其实周作人、叶灵凤介绍过的西文书，还有不少没翻译进来。我看这本自传时，对他的这些实践有了一个更全面的认识。他说："'向后看'不仅是一个人两个人或者一群人的主张，更是当时历史阶段上中国大陆文化发展的实际需要。""我主持三联书店的初期，可以概括为：靠几位见识通达的老人，做外国的老书。……就是现在回过来看，那些外国老书还没有过时。"沈先生不动声色地给我上了一堂课，最最重要的一点就是出版的一个常识，策划的方向性问题，从大处着眼，让人一下明白了方向，明白了如何去努力。我根据自己的兴趣爱好和长处，选择了往后看，出了一系列书，其中"经典散文译丛"中的不少书，便是受沈先生的启发做成的，如从周作人的《知堂书话》里翻出来的《昆虫记》《塞耳彭自然史》等。其实，沈先生润物无声地提携年轻人，有很多的故事。我一直很佩服，一个像他这样的文化活动家，竟然会细致到，当看到报纸上有跟某位小编辑编的书有关的文字时，会剪下来寄给他。这样的剪报我就收到过好多次。

受惠于沈先生这么多，我却从来没有想过要出一本沈先生的传记。大概是 2003 年，有一次跟向阳兄聊天，他说，现在口述历史流行，沈公值得出一本。向阳兄在《南方周末》这个平台上，站得高一些，看得也远一些。我看到的只是沈先生这个人，这个出版界的旗帜般的人物，而他看到的沈公是在一个时代所处的位置和发挥的作用。心里由此种下了这颗种子。2003 年某次旅京期间，跟文珍在三联韬奋图书中心的咖啡馆里与沈先生聊天时，我提起了这一话题，竟与沈先生当时的计划不谋而合。他正跟费孝通先生的助手张冠生先生在谈做口述自传的事。而这一建议，据说还是费老给冠生的任务。费老在做"世纪老人的话"这本书时，说："不能光是一个人或几个人，赶快找人，赶快找老先生，赶快抢救史料，请他们说话，这些话，不是场面上的话，是灵魂里的话。因为 1957 年后，中国的知识分子受伤是伤到骨子里了。现在有些话留下来，对整体地判断、诊治我们民族精神曾经受到的深刻伤害是有益有价值的。"沈先生说你们可见见面，便马上抄起电话打过去，让他来一起吃晚饭。

这天，沈先生建议去"吴越人家"。为让我们有机会多聊聊，沈先生让冠生与我坐一辆的士。从三联书店去餐馆的路不近，而高峰期的塞车，使我们花了有近一个小时才到。那天冠生有些兴奋。当时，口述历史是个热门新学科，北大人类学社会学研究所正进行一个"中国知识分子口述实录"的课题，潘光旦的女儿潘乃谷担纲主持，冠生是这一计划的核心成员之一。我们的谈话便集中在口述历史上了。冠生对口述历史的理论研究、看法，跟我这个学历史的颇有共同语言，而他的写作实践更是让我对他产生了信任。比如说，他利用业余时间做了不少人的口述历史，计划做到 30 多人，选取各行业的人物。他以为，每一个人的经历都重叠着一段历史。有些人物，天然就与大事相连，而有些人物，刻写了时代进程的每一个历程，在记录他们的历史时，他同时会要去挖掘那一段历史，找当时的历史文件、历史图片，力图发掘大时代对小人物的影响，也要去发现个人对历史的影响。

跟沈先生吃过无数次饭，但这天晚上的一餐，给了我深刻的印象，当天晚上，我做梦都一直在吃。这可能是此书成功的一个预兆吧?!

　　沈先生住处、办公场所离冠生的工作地东厂胡同北巷1号的民盟中央很近,这天的计划,是用一年的时间做完这本口述。但前期的准备,和时间的安排上,可能遇到了一些问题。实际上,我们手里这本书的主体部分,是2004年做出来的。这期间,冠生陪沈先生专程去了一趟上海,访故人老友,访旧地陈迹。书中的一些图片,就是这次拍摄的。然而,这事却是好事多磨,后面的进展更是一波三折。我推测,讲到二十世纪八十年代时,沈先生有些犹豫了,涉及的人事太多。比如说,谈《读书》,不能不谈范用先生。沈先生说,创刊之初,范先生是《读书》的灵魂,"你看不出范用在哪里……他的作用'弥漫'在整个编辑部里"。因为沈先生对陈原先生的办刊思想比较认同,反对哪壶不开提哪壶,而与范用先生疏远了。谈到这里时,沈先生多次要冠生先去拜访范用先生,听听他的回忆,听听他对沈昌文的评价。几次我去北京,饭桌上沈先生都在重提此事,冠生也的确去拜访过一次,请了两位范先生熟悉的人作陪。但那一次,范先生气管炎发作,咳嗽得厉害,没法谈。后面也总是时间不凑巧,没能完成这一任务。当然还有别的原因,沈先生生病,动了一个大手术,休养了很长的时间。平常我跟沈先生见面,多在咖啡厅、饭馆。2005年5月去北京,沈先生在家养病,我和继东兄到东单附近他的寓所看望他。到了这栋宿舍楼,我觉得好熟悉啊,原来这里的地下室开了一家招待所,二十世纪八十年代后期,我刚刚参加工作,来北京出差,在这住过好多次。这也是缘分吧。这栋宿舍应该是二十世纪八十年代初的建筑。进门是一间小客厅，大概 6 个平方吧，右转来到沈先生的卧室兼书房，床是那种很老式的简易硬板床，沈先生坐在床边朝我笑笑，算是招呼。房间里没有空地，靠墙是高高的书架，而房中间也是摆放着一米二左右的书架，像一间资料室。病后初愈，沈先生精神显得不是太好，我们闲聊几句，不敢久坐，起身告辞。沈先生随手拿起身边的一本台湾版的书，送给我。我知道，先生对我们的到访很高兴，书本身并无特别的意义，主要是要表达一份情意。

其实，每次去北京出差，我必定是要见沈先生的，因为熟悉，因为亲切，因为总能有所收获，还因为想着沈先生领我去一家特色餐馆吃一顿解馋。这本传记里没有谈到他的吃喝玩乐，若你问为什么，他一定会用他那惯用的幽默说，在冠生"书记"面前，不敢谈那些邪门歪道的不正经的东西，不敢有任何欲望的追求。其实，沈先生的吃，是他"道"的一部分，多少大事都在饭桌上的笑谈中解决。据沈先生说，通过吃饭来进行一些活动，是三联书店老前辈的一个传统。这是他在给领导当秘书时，潜移默化的结果。到他主持工作时，就是通过"《读书》服务日"，喝咖啡、开饭局，团结了一大批学者、作家。还在二十世纪九十年代初，我初识沈先生的时候，听他说，他的办公室里的食品储备，够吃一星期的。冰箱里什么都有，厨房里的一切一应俱全。每到《读书》发稿日，他就会做一桌菜，大家边吃边聊，将问题和食物通通消灭在饭桌上。

我跟冠生一直保持联系，但冠生是国内国外不停地跑，一时在云南贵州，一条短信过去，几天后才回复，因为在落后地区的大山里调研，没有信号；一时去了欧洲拉美，行前会打声招呼。每次从北京回来，我会请文珍及时跟进，联系冠生，力争将见面时提起的线头续下去。大概到了2006年年底，我感觉好像自传的工作几乎停了下来。文珍说，给张先生的邮件几乎收不到回音。

2007年7月初，我去东北开会，回程时，在北京停留几天，主要任务之一是催促这本口述自传。当时京城文化界的大事是《读书》换帅。在韬奋中心二楼的咖啡馆一见面，沈先生就大谈换帅风波，以及关于他的种种传说。晚餐在娃哈哈，餐桌上仍然在谈。这时冠生也到了，我借机提出，年底推出自传如何？沈先生这时说了一句："还出吗？"沈先生一般是不会说"NO"的，这么说，表明他已经打消了出这本口述自传的念头。我推测，他可能是觉得，八九十年代这一段，分寸很难把握，删得太多没什么意义了吧。这次在郑州，我听沈先生说："上海《文汇报》抢先摘登了《知道》的部分内容后，有朋友看到了来电询问，'说过不提某某人的吗，怎么又提啦？'"这从一个侧面证实了我的猜测。可当时，我没作任何思考，只想着非出不可，脱口而出："当然要出。"沈先生于是说："我没意见，一切听从冠生的，他是'书记'，我无条件服从。"冠生马上说，那我们什么时候再谈一次吧。8月底，我到北京参加BIBF，海内外出版人齐聚北京，沈先生很忙，好不容易约了个时间见面，我再次提出自传的事，这次沈先生没有再绕圈子，很郑重地答应，一定积极配合，尽快完成。

书为什么取名《知道》，冠生在后记里记了一笔，做了解释。这名字还是刚刚定下要做口述自传后拟定的。最初用此作书名，首先想到的当然是字面的意义了，沈先生见多识广，知道很多的事情，特别是二十世纪八九十年代文化思想界的许多事情；后来细细想来，觉得其内涵很丰富，它还有"知'道'"的深层内容，这个"道"是沈先生在人生中悟出的道理、行事的方式方法。譬如说，他躲过1949年以后种种灾难的生存智慧；他的出版之"道"，"文化需要长期投资，你要想有一个品牌，一个文化形象，短期内是不现实的，所以就需要长期投资……品牌和文化形象是从长销书里边出来的"；他的办杂志之"道"，"引而不发"；他的"跪着造反"之"道"，通过"《读书》服务日"搭建京城思想文化交流的平台；等等。

其实，沈先生讲述、冠生记录的内容，远不止书中这么多，特别是二十世纪八十年代后，是有丰富的细节的，但这些细节只能留待适当的时候再补入了。

刊《书城》2008 年 7 月号

忆刘重德先生

　　刘重德先生生前是湖南师范大学教授，住景德村，跟我父亲楼上楼下，是邻居。刘先生亲切随和但话不多，从外面回来，偶尔在村子里的路上碰到，打个招呼而已。若不是热心开朗的刘师母，日常嘘寒问暖，聊聊家常，我跟刘先生的接触也就仅限于点头问好了。参加工作后，我先在湖南人民出版社历史读物室干了几年，1991年转到社科译文室，因工作关系，跟刘重德先生的联系多了起来。

　　还在读中学的时候，我就听父亲说起过家里有一本民国二十五年版的《华英对照四书》，英国汉学家理雅各翻译，还知道它的几次流失又找回的故事。见我到了社科译文室，父亲建议我拿出来重版，我于是报了个选题。旧书新做，当然不能简单地拿来一印了事，需要进行必要的校注。我初入行，对国内汉译英界的情况并不了解，自然想到了刘重德先生。

　　刘先生觉得此工作很有意义，但独自承担，分量太重，建议我联系江西大学的罗志野教授。后来，刘先生送了我一本他的著作《文学翻译十讲》（1992）。我想，他欣然接受这项工作，大概跟他的翻译研究和一直以来的心愿有关吧。柳无忌先生在该书的序言中，对国内翻译介绍中国古典诗词的迟滞状况表示惋惜，同时肯定了刘先生此书的出版对推动英译中国文学的意义。几年后，刘先生领衔成立了中国英汉语比较研究会，任第一任会长，应该是顺理成章的逻辑发展了。

刘先生的少年求学，我听父亲说过一个故事。二十世纪九十年代末，刘先生曾来家中坐了一个多小时，主要话题是听他谈他这一生的经历，提到一个细节：刘先生少年家贫，家里省吃俭用设法送他读书，可自己并不珍惜。一天在灶间闲逛，见在一边做家务的母亲抹眼泪，说这样的穷日子没得尽头。他触动很大，猛地一拍灶台，说："看我的。"从此，刘先生下苦功夫读书，熟读了"四书五经"、古典文学。对于刘先生的学术背景，后来我读到顾延龄的《刘重德教授的翻译观》和李蟠的《麓山学人逸事》，才有一个较全面的了解。刘先生 1914 年出生在河南滑县一个偏僻的乡村，高中时就翻译发表了雪莱的诗，1934 年入北京大学外语系，师从梁实秋、朱光潜、潘家洵、钱穆等，"七七"事变后学校南迁，在长沙临时大学、西南联合大学，选修过罗常培、柳无忌、叶公超、吴宓等的课。1938 年刘先生从西南联大毕业后，曾在中央大学、河南大学、国立师范学院、湖南大学、湖南师范学院（大学）任教。他是翻译介绍奥斯汀《爱玛》的第一人。"文化大革命"中刘先生被定为"内专"对象，性格骤变，外向开朗的他变得沉默寡言了。

《汉英四书》校订首先要定统一的原则，经与刘先生、罗先生反复商量，我们确定为：注音统一改为汉语拼音；对原译错误修正并适当加注；书后附总译名对照表。之前，我起草的时候，有一条要求校注要"吸收反映《四书》最新研究成果"，跟两位先生讨论下来，认为这是很复杂的事，首先什么是最新研究成果就颇费踌躇。校订还是以英语"合体""比较准确"为原则相对实际，否则注解就会多且长，那已经不是目前的读本要完成的任务了。译名对照表的目的也是为了简化注释。译名对照表把理氏的译法一一列出，英汉对照，并举例说明用法，为后来者继承旧译成果、发现不足提供了现成的材料。如：奥 the south-west corner（C3.13），灶 furnace（C3.13）。文中的"奥"和"灶"系指两神，理氏的译法欠准确。校订者本着尊重原译的原则，没有改动，通过对照表，委婉地表达了意见。

我现在手上保存的刘先生的信件，集中在《汉英四书》校样出来后："顷与令尊交换意见，他发现我上次交回去的大学、中庸及论语头5篇的校正稿，仍有'逃兵'……打出三校样后，除比红外，如中文由令尊最后再统读一遍，英文由我再读一遍，就有可能基本上消灭'逃兵'。""15—20篇亦发现有差错，例如15.11'乐则韶武'原曾有注，后取消……仍以把'舞'理解为'武'之变体为宜，意为'武'乐，并非舞蹈……请费神把101页和102页作适当调整，以便插入此注。"前一例说明了刘先生的认真，后一例则说明了在校订原译的时候的谨慎。

《汉英四书》1992年4月第一版出版时，列入"汉英对照中国古典学术名著丛书"第一种，出版后很快售罄。根据读者反馈的意见，重印时，添加了白话译文，丛书名去掉了学术二字，改为"汉英对照中国古典名著丛书"。这本书以及后来的《诗经》《孙子兵法》《周易》的热销，引来了广泛的关注，萧乾先生有专文介绍，当然也引来了个别的质疑，主要是对理雅各译本和简注的质疑。还在 1994 年，刘先生就给中国英汉语比较研究会年会提交了论文——《校注〈汉英四书〉杂记》，对理氏译文作了深入研究。他在袁锦翔教授《名家翻译与赏析》研究的基础上，将理氏译文的特点归纳为：用词确切，表达清楚；紧扣原文，依次递进；补其不足，理通文顺；善用句型，灵活多样；词性转换，大见功夫；保存形象，语文朴素；紧跟原文，切合风格。他觉得还意犹未尽，1995 年，又写了《〈论语〉两个英文译本的对比研究》，两个译本一个是理氏的，一个是当代的刘殿爵(D. C. Lau，香港中文大学中国语言文学教授)的。在这篇长文中，刘先生用了一小节回应了这一质疑："总的印象是，各有特点，互见长短。由于所处时代不同，前者用的语体是书面语，喜用复句，措词古雅，但就青年英文读者来说，有时不免难懂；后者用的语体为口语体，喜用单句，行文通俗易懂，但有时难免与原文风格不够切合。""从以上 30 个析例中所作的剖析加以统计归纳，两译均有语病者 6 例，优劣互见者 5 例，理胜于刘者 12 例，刘胜于理者 8 例。由此可见，我们在当时开风气之先仓促上阵的情况下，选定理雅各所译四书为校注蓝本，直到如今，仍然站得住脚。"

　　几年后，湖南人民出版社加入"大中华文库"的国家工程后，邀请刘先生校订了英国汉学家韦利的《论语》英译本。该本出版后，反响不俗，当然也有批评。为此，刘先生写了《关于"大中华文库"〈论语〉英译本的审读及其出版——兼答裘克安君》。

　　晚年的刘先生在翻译理论研究之余，有相当一部分时间用在了通过中国英汉语比较研究会，推动起步较晚的汉译英的研究、教学和重译古代经典上。他认为："重译古代经典的意见是可行的，大陆也有不少专家学者具备从事重译的条件，但要有出版单位或国家某个主管部门出面组织，给予充分研究的时间，在前人翻译的基础上，予以改进提高。"这些工作和努力，对中国文化走向世界无疑起到了极大的推动作用。

　　我跟刘先生的请教并不止于汉英丛书的编辑，那些年，我曾试译过《史蒂文森短篇小说选》。史氏在他的一生中，不断尝试着改变小说结构、技巧和人物刻画手法，从风格到内容，各篇之间差别极大，又没有旧译可参考。接了活，只得硬着头皮上，每遇问题，我就去刘先生那请教，一待就是一个晚上，先生总是不厌其烦地为我释疑解惑。

　　给刘先生拍照，是个挑战。在我有意识地拍摄文化人的肖像后，曾去给他拍过近十次，基本都不成功。胶片年代，拍摄很谨慎，不敢随意抓拍。刘先生对镜就紧张，每次拍几张，总是表情凝重，或表情僵硬。终于，有一次我推门进去，先生少有地坐在那看电视，很开心。原来是乒乓球比赛直播，这是先生年轻时喜欢的运动。我请他继续，不用管我，于是在一旁慢慢准备抓拍，有了几张轻松愉快、开怀大笑的片子。也许这是刘先生放松下来后，年轻时候外向、开朗、活泼性格的自然流露吧。

刊《南方都市报》2016 年 7 月 5 日"大家"版

王以铸先生掠影

2016 年 8 月 21 日是个吉日，这天中国女排里约奥运夺金，这也使得病榻上的王以铸先生有了精气神。

之前，我并不知道通晓近十种语言，酷爱读书、译书，痴迷学问的王先生，还兴趣广泛，不仅是戏迷，也是球迷。早年在新学书院，每周有两节体育课，王先生最爱踢球，改革开放后，喜看体育赛事，尤喜足球，可以通宵达旦。

铁榔头郎平领衔夺冠时，先生写下《欣闻我女排获世界冠军口号二绝句》："扶桑七战入阳秋，汗血赢来壮志酬；巾帼飞腾非细事，惊雷岂不动神州！""隔海扬威况世闻，寒梅初绽溢清芬。人间能手千千万，此是排坛第一军。"

当我按约定的时间下午 5 点来到复兴医院病房，王先生还在睡觉，他女儿说上午看女排比赛累了。王先生醒来后，虽为客人的到来高兴，还想让女儿把床推去靠窗，可病体拖累，说话表情都困难，只能是平静地躺在那，静静地听着、看着，对我的问题，偶尔能回答几句，由女儿翻译。聊到体育，聊到足球，聊到女排夺金，王先生嘴里发出了声音，脸上露出了笑容，眼睛放出了光彩，手挥动了起来，还拿过送给我的《倾盖集》抽印本，展示他写的贺女排诗。

　　还是在1980年大学入学的第一学期，我就知道了王以铸先生。世界古代史的课上，孙道天先生总会带上一叠参考书，随时翻开引用。王以铸先生翻译的阿甫基耶夫《古代东方史》从一开始就不断被提及，讲到古希腊史，王先生译的希罗多德《历史》是绕不过去的，讲古罗马史时，又是王先生翻译的科瓦略夫的《古代罗马史》。当时，国内出版的关于世界古代史的书奇缺，可供参考的书屈指可数，而苏联的历史研究，特别是西方古代史研究颇有成就，这几本书自然成了主要的参考。孙先生每当谈到这些书，都不会省略作者、译者、书名，可见他的看重、敬重，可见王先生对世界古代史教学研究的影响之大。王以铸的大名就此刻印在了我的脑海里。

　　孙先生在他的《古希腊历史遗产》一书序言中写道："新中国创建初期……各方面的事业都在除旧布新……是否能拿得出一部像样的自编教材都成问题……在这种情况下，向前苏联的史学学习，便成为一项历史性的选择……人家也确实有一批第一流的学者（有的是从帝俄时代留下来的），这些研究成果为西方同行所承认。"这是说王以铸、缪灵珠等所译《古代东方史》《古代希腊史》《古代罗马史》。谈到二十一世纪初，他写道："大概可以说，我国目前的希腊、罗马水平，除少数专门家之外，总体上还处于知识的普及阶段。并不是言必称希腊，而是对希腊知之尚少。"王先生谈到这个问题时，更是一针见血："对西方古典文明我们基本上还是聋子、瞎子，在学术界几乎没有任何发言权。"

看过关于王先生的一些报道，王先生说，"文学家可以没什么学问"，"不愿教书，因为重复"，"研究问题，能不能解决，这些地方最能看出一个人的修养和学问"，难译的书"有味道啊，你翻太容易的有什么意思？"可发现他痴迷于学问。他还说："我学习这些语言是为了给我准备的语言学方面的一个课题做一些准备工作。至于同希腊拉丁语有连带关系的希腊、罗马的文化历史，我只算是个爱好者，不是研究者。"

我很好奇，他的语言学课题是什么，做下去了吗，成果是啥，为什么最终选择翻译作为满足他的学问"痴迷"的途径呢？可这不是一两句话可以说得清楚的。语言学的兴趣来自哪里？为了使问题简单一点，我问是商博良破译象形文字的故事引起对语言学的兴趣吗？得到的是否定的回答。

我在他的访谈中看到了这句话："世界文化所有好的东西都应该介绍过来，就要靠翻译。我翻译的都是经典作品。你翻译一本好的书，比你自己凑一些个垃圾有价值得多。因为凑是很容易的，东拉西扯，拼凑成一本书，那东西站不住呀。"我国西方古典研究最大的问题是语言问题，不通希腊语、拉丁语，不能直接阅读古典文献。2007年，《古代东方史》《古代罗马史》再版时的出版说明，直白地表达了这种遗憾："我们学界迄今尚未有直接研究西方古典文明的能力，都是通过'二渠道'来研究古代的西方。""如今填补西方古典学这个大空白，我们正需要这样的译著，却没法找到……幸而王老健在，赶紧重印。"这大概就是先生认为的翻译更有意义的原因吧。

我提及最近翻出他译的塔西佗《历史》，发现里面夹满了小纸条，大概是当时为了写文章细读过。先生说：很多国家没有《编年史》的全译本。他想表达的是翻译难度很大吧！他又补充道，国外有学者为此专门拜访过他，因为他以一人之力，翻译了希罗多德和塔西佗，太不可思议了。

他曾说过："越是古代的文字越啰嗦，越复杂。"我不理解。有人说，人类的书写历史是一个文字缓慢叠合人心的过程，文字范畴不断扩大，过去非得省略的不必再省略（技术发展和书写成本的降低），也让过去文字难以捕捉的、无望捕捉的成为可能（文字表达的持续进化）。虽然说的是文学，我想，历史写作也应是同理吧。我还带着不少问题：比如1956—1962年度世界社科名著选题的拟定和调研细节，征求意见走访时的花絮；比较一下《史记》《汉书》跟希罗多德《历史》、塔西佗《历史》的不同；曾彦修谈到王先生的学问在研究中国古诗词，希望他谈谈……

因为王先生身体太虚弱，这些问题我不便多问了，想着在以后阅读王先生的著译时再寻找答案。

回来后，我找到了王先生的不少著译和散见的文字，解开了一些疑问。比如，他说越古的文字越啰嗦，我从小磊兄复印给我的《古代罗马的"书籍"、"出版"事业》得到了答案："古罗马人使用纸草纸比起我们古人使用竹（木）简、缣帛来要便宜、方便的多了。我们古人行文惜墨如金，在很大程度上同书写材料的困难有关。古罗马人则不同，他们有比我国古人远为有利的写作条件，所以共和末期，特别是帝国时期的罗马作家才有可能如此不吝惜笔墨，写出了如此多的卷帙浩繁的巨著。仅以帝国初期李维的《罗马史》为例，全书142卷，如按中译文估计，至少有1000万字，是我国《史记》的十几二十倍。"

任何读过王先生的著译的人，都会有这个印象：博通中西。比如，他行文时，随时会作中西比较。不必说他在《罗马皇帝尼禄》译者的说明和补充中的专章"罗马皇帝与中国皇帝之比较"，我们来看看《奥古斯都》译者序中随手拈来的例子："古希腊的史诗大多由竖琴伴奏演唱，这和我国民间的有三弦伴奏的大鼓书并无二致。行吟的诗人或歌手（他们往往是盲人）被召来为宴会助兴，有如过去鼓书艺人之应'堂会'，口头文学的史诗在描写方面有很多作为民间文艺特色的套子，到时间就把它们用上，这也和我们大鼓书里的'幅'差不多。""贺拉斯诗作的表现力强，富于跳跃性，善于抓住读者，这同他在词句的选择和格律的安排方面的才能有关。但贺拉斯同维吉尔相比，毕竟经不住仔细回味，略似元（稹）白（居易）之于孟（浩然）杜（甫）。"

关于中西史学的比较，他在《喀提林阴谋 朱古达战争》一书的前言中，提出了一个建议。他没有囿于中西史学之父的概念，而是更重时代相近的人物。他以为，古罗马的"撒路斯提乌斯生于我国汉昭帝时期，比生于汉景帝时期的司马迁晚大约60年，但仍应属于同一时代的人（西汉和罗马共和国末期）。为了拓宽我们的视野，了解东西古代文化的异同，把古代东西方两大史家的作品的体例、文风，进而把汉帝国和古罗马共和国（包括帝国）的体制、文化、思想作一比较研究是我国史学界很有意义的课题。希望撒路斯提乌斯的著作的介绍能在这一课题的提出方面起一点推动作用。"他提出了问题，想推动其深入。

王先生的西方古典研究、翻译实践和理论、中国古典诗词的研究写作等，得当一个课题来慢慢研究。至于我好奇的王先生早年的事：如天津旧事，新学书院南开中学时的校友，少年时期买书读书的细节，7年自学的具体情况，为什么没出国等，只能期待先生康复后解答了。

刊《南方都市报》2017年2月27日"大家"版

王以铸古典翻译与研究漫谈

一

以我有限的了解，王以铸先生的古典研究成果表现为翻译、注释、序跋以及有限的单篇文章，所有这些又集中在古罗马史。

2016年我写过一篇王先生的印象记："1980年大学入学的第一学期，我就知道了王以铸先生。世界古代史的课上，孙道天先生总会带上一叠参考书，随时翻开引用。王以铸先生翻译的阿甫基耶夫《古代东方史》从一开始就不断被提及，讲到古希腊史，王先生译的希罗多德《历史》是绕不过去的，讲古罗马史时，又是王先生翻译的科瓦略夫的《古代罗马史》。当时，国内出版的关于世界古代史的书奇缺，可供参考的书屈指可数，而苏联的历史研究，特别是古代史研究颇有成就，这几本书自然成了主要的参考。孙先生每当谈到这些书，都不会省略作者、译者、书名，可见他的看重、敬重，可见王先生对世界古代史教学研究的影响之大。王以铸的大名就此

刻印在了我的脑海里。""孙先生在他的《古希腊历史遗产》一书
序言中写道：'新中国创建初期……各方面的事业都在除旧布
新……是否能拿得出一部像样的自编教材都成问题……在这
种情况下，向前苏联的史学学习，便成为一项历史性的选
择……人家也确实有一批第一流的学者(有的是从帝俄时代留
下来的)，这些研究成果为西方同行所承认。'……谈到二十一
世纪初，他写道：'大概可以说，我国目前的希腊、罗马水
平，除少数专门家之外，总体上还处于知识的普及阶段。并
不是言必称希腊，而是对希腊知之尚少。'"

王先生在相关译著和文字里，曾多次谈到过世界古代史
研究的状况："我国对西方历史的研究比起西方发达国家对我
国历史的研究来，无论就广度和深度而论都差了一大截。社
会科学，特别像历史这样的学科，要有一个长期的、艰苦的
积累过程才能指望有所成就。"(《普洛科皮乌斯战争史》序，9
页)"对西方古典文明我们基本上还是聋子、瞎子，在学术界
几乎没有任何发言权。"(《古罗马风化史》，5页)这跟孙先生
的说法颇近，只是更悲观。

我想，他是从自己的读书经历来看这个问题。他说：
"……语言方面我过去学过一点希腊语(包括新约希腊语)和拉
丁语以及初步的希伯来语(不是今天通用于以色列的)，还通
过法语的有关专著学过一点古埃及语……至于同希腊拉丁语
有连带关系的希腊、罗马的文化历史，我只算是个爱好者，
不是研究者。"(《普洛科皮乌斯战争史》序，9页)他在1957年
出版的《古代罗马史》译者后记中说："我不是专业的历史学家

或翻译家，而只是历史学和语言学的一个普通爱好者，在这方面兼作一些介绍工作罢了。"这个定位，使王先生在他一系列的翻译研究中，始终以一个介绍者、普及者的身份在工作，前后一致，毫无做作虚饰。

二

在《奥古斯都》译者序里，他说想通过研究具有典型意义的奥古斯都和他的时代，回答罗马史里的两大问题："为什么正是罗马，而不是某个古老的东方王国或希腊的某个城邦，成为这样一个大帝国的主人？""又是什么力量或什么办法能使它维持了数百年之久？"

浏览王以铸先生的古典译著及其前言后记，他似乎在有意或无意间建立起了古典研究的框架：依附自己选择翻译的史传，抓住几个关键的历史人物，通过"有关问题的补充说明"，建立起了古罗马史的框架。具体说来，他以共和晚期及帝国初期的人物为主体：恺撒、奥古斯都、尼禄、撒路斯提乌斯，兼及与之相关的人物如西塞罗、庞培等，前后辐射，随兴而谈，描绘出了古罗马的历史文化全景。

王先生的古典译著大致有：阿普基耶夫《古代东方史》（1956年）、科瓦略夫《古代罗马史》（1957年），以上两本是苏联的历史教科书；希罗多德《历史》（1959年）、《塔西佗〈编年史〉》（1981年），后者与妻子崔妙因合译，以上两种是他最引以为傲的译作，欧美有专家以为，能同时翻译这两种历史著作，不可思议，译者的学问了得；还有［苏］谢·勒·乌特琴柯《恺撒评传》（1986 年）、［英］特威兹穆尔《奥古斯都》（1988 年，转译自德译本）、撒路斯提乌斯《喀提林阴谋　朱古达战争》（1995 年）、［美］韦戈尔《罗马皇帝尼禄》（2003 年）、《普洛科皮乌斯战争史》（2010 年，与妻子崔妙因合译）等。

若对上述目录做一个简单的分类，我以为二十世纪五十年代，是他纯粹的古典翻译阶段，两本教材为比较纯粹的翻译，当然在一些名词的译法上，不乏学术探讨的深度，"某些名词，如 imperator 之译为'元首'（不译为皇帝），praetor 之译为'行政长官'（过去有人译为大法官），clientis 之译为'食客'等等，则都是经过考虑并和某些位同志商量后才确定下来的。这样译的理由因为牵涉的问题较广，我不打算在这里说了"（按：在本世纪出版的《罗马皇帝尼禄》的译后记中，王先生对此有详细论述）。希罗多德《历史》"注释方面力避烦琐，而以简要为原则，凡涉考证、研究性质的注释均不收"。

对塔西佗《编年史》《历史》的翻译完成于二十世纪六十年代，有详注，而这一时期王先生与人合作翻译过马克思恩格斯等的两本传记，强化了他对古典研究的重要性的认识，"要理解马克思的学说，还非得从希腊罗马起步不可。问题在于，关于希腊罗马这个源头以及后来英法德等国在社会科学，特别是西方古典研究方面的成就，我们到底了解多少，是否作过认真的研究？只有做到这一点，我们才有可能接触到马克思学说的精髓"（《普洛科皮乌斯战争史》序，11 页）。二十世纪八十年代开始，王先生进入了相对专注的罗马史的翻译、注释、研究、介绍阶段，起点就是塔西佗旧译的重新校订，他的罗马史研究的重心大致以塔西佗《编年史》《历史》涵盖的历史时期为范围。他开始了对罗马史的相关史书和传记的研究和学术争鸣、注释、普及知识背景、梳理家族关系、制定年表等工作，还对古典历史学家进行了研究。三个传记、《喀提林阴谋 朱古达战争》《塔西佗〈编年史〉》的序跋年表等，构成了他古罗马史研究的主体内容。

我们来看看他有关序跋的章节标题。《恺撒评传》中是"关于恺撒的个人作用问题""关于恺撒的仁慈政策""恺撒和庞培""西塞罗和恺撒""罗马的婚姻与妇女问题"；《奥古斯都》中是"道地的罗马人""奥古斯都和希腊文化遗产""军事力量决定一切""正'名'的作用""奥古斯都和行省""元首的威信""罗马文学的'黄金时代'""奥古斯都和血统贵族""奥古斯都如何处理军队问题""奥古斯都年表"（见附录）；《罗马皇帝尼禄》中是"罗马皇帝与中国皇帝之比较""有关复杂的皇室亲属关系的补充说明""古希腊的音乐和尼禄的歌手'生涯'""关于赛车的情况也作一点补充"。另外，他在翻译的两个古罗马史家史著的前言里，对史家进行了研究，同时为方便阅读，还连带作了一些基础工作，如《塔西佗〈编年史〉》里，附有《关于与本书有关的皇帝家系的若干说明》。这些夹叙夹议的文字，涉及了罗马史的各个时期，涵盖了几乎所有的领域，从中不难看出古罗马历史的剪影，王先生通过一些专题的讨论、补充、深入，对文本进行了全面的评价，分享了他的研究成果，阐明了他的学术观点，展示了罗马史的丰富细节。

　　大概《普洛科皮乌斯战争史》偏离了他专注的罗马帝国盛期的范围，"译者赘言"可看作他的半自传性质的文字。他为［德］利奇德《古希腊风化史》、［德］奥拓·基弗《古罗马风化史》等中译本作的序不妨看作书评书介。

　　王先生与古典相关的文章，主要有《古代罗马的"书籍"、"出版"事业》《再谈古罗马的书》等文，这应是他在前几种序跋里不便展开，手上又资料丰富，颇有心得和内容的专题探讨。（刘小磊兄对王先生长期关注，他是 2007 年上海书店出版社重印《古代东方史》和《古代罗马史》的"始作俑者"。他还将手上收集的王先生的相关资料，包括这两个单篇无私地提供给我。他说，编一个王先生的著译目录极为迫切。）

三

　　史学研究的突破，不少跟语言有关。比如商博良解读罗塞塔石碑，罗林生破译楔形文字，殷墟甲骨刻辞的发现与识读，都有划时代的意义。民国年间成立的中央研究院历史语言研究所，充分显示了对语言与历史关系的重视。所长傅斯年主张历史、语言的研究要运用新材料，发现新问题，采取新方法。运用材料，离不开语言。我想王以铸先生正是在这一点上来看我国世界古代史研究的先天不足。

　　王先生的翻译会充分利用自己通晓多种语言的优势。比如，他翻译希罗多德《历史》，原本采用"牛津古典丛书"修德编订本，同时参考"洛布古典丛书"施泰因编订的希英对照本，另外还参考了五个全译本，包括波兰文、日文本，以及乔治·劳林逊、亨利·凯里、顾德雷三个英译本。王先生说："以上几个全译本或以文采见长，或以准确取胜，可说是各有千秋，对我都有很大的帮助，起了集思广益的作用。"又如塔西佗《编年史》《历史》参考了英法文的多种译本，"这些译者从各种不同的角度去探索并用不同的方式来表达《编年史》和《历史》这样的原作的含义，这就便利了中译者对译文的理解。……遇到几个译本相去很远或完全不同而需要核对原文才能最后确定的地方，则核对拉丁原文解决。核对原文时除了使用洛布古典丛书本的原文部分之外，还使用了韦兹（C. H. Weise）编订的原文本（1870 年版）和戈德利（A. D. Godley）编订的《历史》原文本（1891 年初版，1950 年第 14 版）"。再如《奥古斯都》附录的拉丁文铭刻史料《奥古斯都行述》，他在翻译中，"依照洛布丛书的拉丁文参照所附希腊译文和洛布本喜普利的译文和《罗马文明》的编者刘易斯和莱因霍尔特所提供的译文（都是英文）译出的，这是我所能依据的仅有的一点材料。洛布本的拉丁文本出版于 1924 年，此后学术界在这一史料本身的研究方面所作的贡献我一无所知，但估计部分应当反映在 30 年后的《罗马文明》（第二卷）的译文上，因此凡《罗马文明》本译文同原文有出入或补充之处均予注明，但我无法用更新的拉丁文本加以核对，这是要请读者鉴谅的"。

多种语言的优势，在他阅读和翻译西方现当代研究作品和成果时，对文本有了自己的判断，不会随大流，人云亦云。

比如在给《古罗马风化史》作序时，谈到佩尔西乌斯的诗句的翻译，王先生说："这第二句的'以连篇累牍的废话来增加篇幅'据原文'只会使烟雾变浓'（dare pondus idonea fumo），措词比较形象化。'烟雾'（fumus）本来是空的，使它浓重起来，也不过是虚张声势而已，因此英译的 a ton of weighty nothing 也是用了一番心思的，它把原来的虚张声势巧妙地表达出来了（看起来很重，其实什么也没有！），中译者的表达方式我以为也是很传神的。但第三句'把我的心拿去仔细查看'对英译 Take my heart and sift it 而言并不错，但比之原文，则原文是动态的、生动的、是要把自己的五脏六腑（praecordia）都抖搂（落）出来（excutio）给你看。这样看来，诗人在原文里表达的情绪便激烈得多，这才是古罗马人读这诗时的感受。"（12—13 页）"欧洲人译诗实在译得太随便了。且不说贺拉斯原作的味道传达不了，就是内容大都和原诗也相去甚远！"（《奥古斯都》，74 页）

这大概就是他所说的，不懂古典语言，研究始终是"隔靴挠痒，解决不了问题"的。"作为研究者不学拉丁语而研究希腊罗马的历史文化，就好像不通古汉语，不能从原文读《左传》、《史记》、《汉书》等书而研究中国古代的历史一样，等于是隔靴搔痒，解决不了问题。早在上世纪五十年代，北大、武大、中山大学和历史所的一些朋友都和我谈过建立西方古典专业的问题。对这个问题我没有发言权，但据常识推断，这在可以预见的未来也只能是一个设想。即使集中几位老师可以开几门课，生源又在哪里？图书资料在哪里？……况且

这样专业的学生培养出来之后出路又在哪里?"(《普洛科皮乌斯战争史》序，10页)

目前世界古代史硕士博士的培养，对语言已经相当的重视。具体的问题是，学拉丁文时，多是二十出头了，而这已经不是学习语言的最佳年龄。

四

我以为王先生的文字有两大特点：真诚、丰腴。他在古典研究上，身段一直放得很低，不过是普及知识，为读者扫除阅读障碍。

先说真诚。讲述历史时，王先生的态度极为真诚，绝不会故弄玄虚。对于任何可能造成阅读障碍的地方，因东西不同而难以理解的事情，采取了包括脚注、夹注、行文说明，甚至是中西对比等方式开路架桥。

如为了说明恺撒被刺后情势的发展，他引用普鲁塔克《布路图斯传》里的描述加以说明，同时夹注："安托尼乌斯要求公开宣读遗嘱，并且遗体要体面地、而不是秘密地抬出来，以便不伤害民众的感情(罗马有大批恺撒的受惠者，这一部分人的力量不可小看——引者)，对此卡西乌斯极力反对，布路图斯却让步了(恺撒毕竟宠爱过布路图斯——引者)，因此人们认为他犯了第二个错误。……(第一个错误是饶了安托尼乌斯一命——引者)"这些夹注，看似随意，却反映了他普及知识、讲清史实的平和心态。"真正研究希腊、罗马的文学、历史，现在还没资格。我的想法是老老实实先把希腊罗马的主要文献介绍过来。"他将自己深厚的学力和学问用作平常普及工作，这就是真诚。他在接受采访时冲口而出："大家在工作时遇到问题，一起讨论研究，有人能解决，有人不能解决，这些地方最能看出一个人的修养和学问。"这并非显摆，也表现了他对待学问的真诚。

他的许多补充，都是从一个普通读者着眼来写作的。"罗马的婚姻与妇女问题"一章，是为了让读者理解恺撒的婚姻情况："恺撒一生正式结婚就有三次……第一次是娶了秦纳的女儿科尔涅利娅；科尔涅利娅死后娶了苏拉的外孙女庞培娅，庞培娅是因为同克洛狄乌斯有私而被恺撒休掉了的；最后恺撒娶了皮索的女儿卡尔普尔尼娅。在这种正式的婚姻之外，恺撒的'活动'是多方面的……但恺撒最爱的却是玛尔库斯·布路图斯的母亲谢尔维利娅……他在行省也有这类的纠葛。这一点特别从士兵在为征服高卢而举行的凯旋式中唱的叠句歌看出来：'罗马人，看管好你们的妻子，这里可有一个秃头的色鬼……'他同王后们也有恋爱关系……特别应当指出的却是克列欧帕特拉：他常常同她彻夜饮宴……从我们东方的伦理观点来看，恺撒在这方面简直是个无法容忍的、道德败坏的人，但历史唯物主义者只能把他放回到两千年前罗马那个具体环境里去评价他。"（《恺撒评传》译者序，47—48 页）

"'为了加固两位世界统治者之间表面上友好的安排，安托尼乌斯娶了奥古斯都的姐姐屋大维娅。这次结合所生的两个女儿都叫安托妮娅，她们分别是尼禄的祖母和外曾祖母。'

这里的关系比较复杂，因为姐妹二人同尼禄分别隔了一辈和两辈……为什么会是这样？这需要说清楚这中间盘根错节的亲属关系。"这便是"有关复杂的皇室亲属关系的补充说明"一节的由来。"古希腊的音乐和尼禄的歌手'生涯'"专章是为了凸显被强制安放到皇帝宝座之上的艺术家的悲剧，具体地介绍古罗马赛车的情况，是给尼禄时代补充一个有趣的文化背景。

王先生的真诚还表现在他的学术态度上。如对顾准的评价，在文化思想界对其研究一片叫好时，他并没有人云亦云，而是坦率地说出自己的意见："希腊城邦制度是西方历史上的一个重大的学术问题，即使就史实而论，许多细节远还没有弄清楚，学术界一般可能回答的也只是这一制度同希腊古典文化的高度发达的关系的问题。要把它同整个西方历史文化的发展联系起来，评论其利害得失，这还是一个远未得到解决的课题。历史学家大都还停留在现象和事实的浅层，没有达到揭示其所以然的深度，更不用说把它同另一体系的文化作比较了。然而这研究方向应当说是绝对正确的。"（《古希腊风化史》中译本序，3—4 页）

虽然，他说中国在学术上毫无发言权，但在具体问题上，他还是有话要说的，如对于恺撒的仁慈政策："到处是刀光剑影，到处是阴森森的杀气，到处是血淋淋的凄惨景象——只有在这样的背景上才能了解恺撒提出的 clementia 政策的意义和分量。但本书作者没有对这一政策作出应有的评价，而随意对之采取嘲笑的态度，就未免有点失之轻率了。"（《恺撒评传》译者序，16页）关于西塞罗："西塞罗在本书中虽属配角，但作者作为罗马史专家，对他似乎还有不够实事求是的地方。说到底，作者就是想否定和丑化西塞罗，西塞罗在这里被说成一个两面派，一个玩弄权术的政客，对此译者有些不同意见。"在《恺撒评传》的译者序里，他花了5000多字来论证西塞罗是一位杰出的演说家、政治家，出生在错误的时代的一位伟大的悲剧性人物。

对注释的态度，也反映了他的真诚："一般说来，译本的读者对外国的事物总会有些隔膜。译者既然负起介绍的责任，当然是使读者对原文了解得愈清楚愈透彻愈好。因此，我以为，不但原文中较生疏的人名地名、历史事实、典章制度、风土人情等等需要注释，就是语言本身的问题，必要时也应当点一点，让读者了解其中的妙趣。"（《翻译通讯》1982年第6期）

五

初读王先生的文章，会有一种结构散漫、信马由缰、任意发挥的感觉，有时还会有杂乱的印象。然而，你又无法摆脱它的吸引力。为什么？我以为王先生的文章之美，在其丰腴：骨肉坚实、胶质丰富。谈论历史时的纵横捭阖，遇到难点时的四两拨千斤，任何人事、典故、细节，在任何可能出现疑问的地方，他都及时地对相关知识、背景等进行补充、描述、评论、注释，出西入东、上下古今、串联融贯。

"在当时罗马人心目中，只有完成了希腊式的教育才称得起真正有学问……这和日本人必以汉学作为根底才算有学问一样……罗马上层人物之间用希腊语交谈就好像沙俄时代上层的俄国人用法语交谈那样普遍。"（《奥古斯都》，22—23页）

"古希腊的史诗大多由竖琴伴奏演唱，这和我国民间的有三弦伴奏的大鼓书并无二致。行吟的诗人或歌手（他们往往是盲人）被召来为宴会助兴，有如过去鼓书艺人之应'堂会'，口头文学的史诗在描写方面有很多作为民间文艺特色的套子，到时间就把它们用上，这也和我们大鼓书里的'幅'差不多。"

"幅"的页注："鼓书中如出现一名小将，头戴什么，身穿什么，足登什么，面如什么，唇如什么，声如什么，都有固定的描写，到时就脱口而出。颇有'填充剂'的作用，行话则谓之'幅'。"

"贺拉斯诗作的表现力强，富于跳跃性，善于抓住读者，这同他在词句的选择和格律的安排方面的才能有关。但贺拉斯同维吉尔相比，毕竟经不住仔细回味，略似元（稹）白（居易）之于孟（浩然）杜（甫）。"

前面说到，王以铸精心选择了三部传记翻译，其序跋的主体内容都是"补充说明几个问题"，"书中某些提法为译者不敢苟同或某些地方译者认为说得不够完全的，就分别在序言中加以讨论或补充"。他的爱好与学术研究在此完美地结合了。

比如，雄才大略的奥古斯都，与我国秦皇、汉武相当，却无一部传记，他早就有过自己写一部的念头。因没有足够的时间作罢。但材料不足也是一个问题，传世的材料远不足以写出一部详尽的、有血肉的传记。他还曾尝试从维吉尔和贺拉斯等人的作品中探索有关奥古斯都的一些新的消息，有了若干副产品，但无法与奥古斯都直接联系起来。于是王先生又寻找合适译本。这部《奥古斯都》篇幅适中、叙述严谨，是给一般读者写的传记，既无注释，引文也没注明出处。对中国读者而言，许多东西还很生疏，王先生为了打通阅读障碍，"给全书作了注释，个别地方也发了几句议论"，还编制了年表，让读者对奥古斯都一生的轮廓清晰明了。

王先生还说过："就务实这一点而论，古代中国人同古罗马人颇有相似之处，都是擅长于'从政'的民族，都只有一些粗陋、原始的迷信，谈不上什么真正的宗教信仰。中国人的哲学大都同从政相关联，并没有纯粹的哲学体系。印度佛教传入中国后同中国的玄谈融合起来，不久发生了质变，才慢慢形成中国牌号的佛教，有了言之成理的各种体系。但罗马人之接受希腊宗教则只是拙劣的比附与模仿，他们的宗教始终不曾超越希腊神话和原始崇拜的水平，以致在基督教面前只能落得个全军覆没。像卢克莱修那样写出了《物性论》的大思想家在罗马人中间只能说是极个别的。"（《奥古斯都》，24—25页）

"柏拉图认为音乐不仅能影响人们的情绪，而且能提高人们的品格，因此他十分重视人们的音乐教育，这种看法在许多方面和表现在《礼记·乐记》之中的我国儒家的音乐理论是相通的……罗马人其实并不爱好音乐。特别是老加图式的上层老派罗马人，简直对歌唱和音乐抱着极端蔑视的态度。我们从《论语》，一定早已知道孔子是喜欢歌唱的，'子与人歌而善，必使反之，而后和之。'（《述而》）这事如果发生在古罗马，竟会是一件非常不体面的事情！老加图为了说明他的一位对手品格卑劣，举的例子是'他竟然还歌唱哩！（Praeterea cantat）'，完全是一派极度瞧不起的口吻。我国古代以弦歌之声表明教化水平之高，这在古罗马的上层简直是不可想象的……罗马的否定音乐的风气并不说明罗马社会里音乐不存在，只是说罗马人视音乐为贱业，就好像过去我国把演员归入下九流，称为戏子，并不许参加科举考试一样。"（《罗马皇帝尼禄》，343—344 页）

以诗证史是王先生为弥补材料缺乏的另辟蹊径，可看作他的一大特色。不仅如此，古诗的引入，还丰满了历史的场景和形象。为了说明农夫和战士两位一体的古罗马人的形象，他引用了贺拉斯描绘的原始罗马人的形象："……不，他们是一批勇敢的农民士兵，/学过用撒比尼人的锄头翻转土块/并且当落日拉长了群山的影子，/又在疲倦的牛颈上/取下了轭，/而把可爱的黄昏带在离去的车辆上时，/他们遵照严厉的母亲的吩咐/带来了砍伐的柴木。"（《恺撒评传》译者序，9 页）为了说明统治世界的使命感在帝国初期甚至共和末期便已出现在统治阶级的意识之中，他引用维吉尔的诗句："但是你，罗马人哟，记住，你要统治世界各民族；/这才是你的本分——使人们得到和平，/对被打倒的人表现仁慈，并制服不肯就范的人。（维吉尔《埃涅阿斯》，第 6 卷，第 847—853

行)"(《奥古斯都》，14—15 页)

丰腴还表现在他译著的注释上。

塔西佗《历史》63 页注 1："对富有的但是没有子嗣的男人或女人的奉承是这时的无耻特征之一，它常常是讽刺诗的对象(例如参见优维纳尔：第 3 卷，第 126 行以次；第 6 卷，第 548 行以次；荷拉提乌斯：《讽刺诗》，第 2 卷，第 5 章)。"

塔西佗《历史》346 页："就在这个时候，人们听到了诸神离开时的巨大的骚动声。"注 2："参见味吉尔：《埃涅伊特》，第 2 卷，第 351 行以次；约瑟普斯：《犹太战争史》，第 6 卷，第 299 页(尼斯本)。"

《塔西佗〈编年史〉》469 页注 4："这一节同本书第 11 卷第 11 章的 sedente claudio 与优维纳尔(《讽刺诗》，第 11 卷，第 195 行)的'行政长官坐在献神的马那里'联系起来看，则可以看出里普西乌斯(Lipsius)把原稿改为 praetores ederent 是没有根据的。"

六

荷马也有打盹的时候。由于王先生从事古典研究的时间跨度大，而且我觉得，在很长一段时间里，他都是独自，或在一个小圈子进行古典研究，跟世界古代史界几乎没有交流。比如，我曾问先生跟缪灵珠是否颇熟，他说不认识，知道孙道天吗，不知道，似乎有点闭门造车。这种情况，使得其著译在译名上跟世界史教学里的通用名常有出入，在一定程度上造成了阅读障碍。如马略，他有时译马里乌斯，有时又译马略；维吉尔他早年译为味吉儿。

注释上王先生也偶尔出现盲点。如《奥古斯都》11 页注 1："意大利的翁布里亚和山南高卢之间的界河，渡过这条河意味着内战的开始，但奇怪的是，此事只见于后人的记述，还没有见到过恺撒本人文献方面的依据。"为什么渡鲁比康河意味着内战开始？按罗马律令，外省总督不得带兵踏入意大利，违者以叛国犯论罪。不将此交代清楚，读者无法理解此河的重要，以及为什么意味着内战。

还有观点的前后不一致。比如，在谈到庞培与恺撒的斗争时，关于庞培过海东渡究竟是否失策。在《恺撒评传》译者序中，他说："有人认为庞培离开意大利本土是一种失策，但不可忘记，元老院的主体是跟着庞培走的，正统的旗帜仍然在庞培一方面。单是这一点就给恺撒造成了很大的被动。况且，我们知道，就当时的形势而论，凡是有一点政治眼光的，谈到罗马时早已都放眼于整个地中海世界，意大利不过是它的一部分（当然是重要的一部分），只有保守分子才抱残守缺，死死地抓住罗马本城和罗马公民权这个'正统'不放。"在《喀提林阴谋 朱古达战争》序言中，他说："在人民心目中元老院依然是权力重心之所在，谁掌握了元老院，也就掌握了政府的权力。后来在庞培和恺撒的斗争中，庞培过海东渡，元老院主要成员都随他离去，好像罗马政权的主流仍在庞培一方，但他的错误却是放弃了罗马这个重心的位置。"

多年前，我准备去意大利旅行，请郭长刚兄（上海大学世界古代史博导）推荐一本简明罗马史方面的书温习，他复印了王以铸翻译的《奥古斯都》的"译者的说明"和"译者序"给我，两篇东西加起来达 90 余面。最近，我又打电话跟他聊王先生，希望他从古代史的专业角度谈谈王先生，他说哪有资格评价，唯有四个字表达敬意："高山仰止。"

无知者无畏。做编辑久了，发表意见成为了一种职业习惯，我斗胆将读王以铸先生的一点想法写出来，无非是抛砖引玉，希望有人出来对王先生的古典翻译和研究的成就做深入的研究。

刊《南方周末》2017 年 5 月 4 日

自信，否则没人信你

——许渊冲印象

　　许渊冲先生的梦想是要把文学翻译变成翻译文学，在翻译理论和翻译实践上始终都在追求这个梦，这为他带来了巨大的荣誉，也带来了巨大的争议，即使在他获得国际翻译界的"北极光"杰出文学翻译奖之后，仍是如此。居里夫人说："自信，否则没人信你。"这是许渊冲特别推崇的名言，大概也可看作他人生的写照。

一

　　2006 年五一长假，我赴北京参加清华大学举办的一个中美双边的社科翻译座谈会。国家重大出版工程汉英对照"大中华文库"出版印制协调小组组长、湖南人民出版社大中华文库编辑室负责人李林兄也来参会。其间，我邀他去北大畅春园看望许渊冲先生。一开始李林有顾虑，"大中华文库"《西厢记》编辑过程中，因审读意见，他曾跟许先生闹了点不愉快；没想到拜访时，许先生对之前的争执表达了歉意！李林对在背后做了很多的调解工作的许夫人照君很敬重。那时，我离开湖南人民出版社有11年了，既告别了"汉英对照中国古典名著丛书"，也没能参与"大中华文库"的盛举，但对许先生一直心存敬意，他老人家已过八十，仍激情如火、倔强好胜，可敬亦复可爱。在李林跟许先生聊天的时候，我在一旁拍摄，留下了许先生谈话时的姿态：身体前倾，靠向谈话对象，无论听还是说，都全神贯注，讲话声音洪亮，滔滔不绝。

因比较长时间从事译文编辑，跟翻译界联系较多，又常参加一些学术活动，我听到不少关于许先生的故事。许先生个性非常鲜明，在行内有"许大炮"之称。一方面他总是在顽强地表现自己，如他的名片上印着"书销中外三十本，诗译英法惟一人"（我收到的第一张名片，2006年拜访时，30本变成60本，现在已经超过120本了）；一方面在翻译理论和翻译实践上，他坚持己见，从不认输，跟国内许多学者、翻译家都有过笔仗，也有面对面的激辩。由于他辩论时的气势、音量、体态都咄咄逼人，有人甚至称他为"恶霸"。他的《文学翻译六十年》，记录了跟江枫先生的一场论战："第二篇短文是湖南《外语与翻译》上发表的《形似而后能神似吗？——简答江枫》。我认为江枫是典型的形似而不神似的译者。我只对照原文读了两首他译的雪莱诗，就发现有十个错误；而他居然得了韩素音翻译奖，可见评委读他的雪莱诗集，根本没有对照原文。"这种极端的评价显然有失公允，还一竿子打翻一船人。

这事颇能看出他的性格。

2014 年，许渊冲获"北极光"杰出文学翻译奖（该奖项由国际翻译家联盟 1999 年设立，每 3 年评选一次，每次评选一人），他是该奖设立以来，首位获奖的亚洲翻译家。中国外文局、中国翻译协会、中国翻译研究院在外文局会堂代表国际译联举行授奖大会时，许先生发表感言，真是率直得可爱："从事汉语、英语和法语文学的翻译对我而言一直是一种享受。93 岁的我还在做翻译，我就是喜欢翻译。""翻译对于我就像水和空气。""全世界还没有第二人，能把中文翻成英文，又翻成法文，同时又能把英文翻成中文，又能把法文翻成中文，又能在全世界出版的。直到现在，还没有人打破纪录。"当然，若不是他有这种自信、这种坚持、这种勤奋，他不可能取得这么大的成绩，获得这么多的荣誉。

二

读许先生的散文集《诗书人生》很有意思，就像听他在谈话，没有修饰、遮掩和虚伪，直来直去，无所顾忌。《钱钟书先生和我》中记道：1976 年，他看到报上发了毛泽东词《井冈山》和《鸟儿问答》的英译文，听人说是钱锺书译的，觉得没有印象中的水准，便写信去问，并附上自己的译文，得到回信："尊译敬读甚佩。"至于译文，钱先生说只是"承命参与定稿，并非草创之人"。他将此事告朋友，朋友说："'敬读甚佩'是客气话，不可当真。钱先生为了省事，总说几句好话，免得

人家麻烦，就像威克斐牧师一样，借点东西给人，人家不肯
归还，从此不再上门，牧师也就乐得清静。"自信的许先生并
不认同。他在洛阳外国语学院不受重视，因为索天章看了他
英译的《毛泽东诗词》，评价说是"小学生的译文"。他不服，将
这些英译毛诗寄给钱锺书看。钱回信："你带着音韵和节奏的
镣铐跳舞，灵活自如，令人惊奇。""根据我随意阅读五六种文
字的经验，翻译出来的诗很可能不是歪诗就是坏诗。但这并
不否认诗本身很好，正如本特莱老兄说的：蒲伯先生译的荷
马很美，但不能说这是荷马的诗。"钱先生的意思委婉而明确，
加上前面友人的提醒，一般人都会对钱的回信内容有所保留
吧。许先生不这么看，"即使是说客气话，打个一折八扣，也
比索天章的评价高"。于是他以信为线索，联系《林纾的翻译》
一文，就钱锺书的翻译理论做了一番发挥，认为他"理智上要
求直译，情感上爱意译"，"钱先生认为翻译的诗最好既是好
诗，又是好译；不得已而求其次，要求是好译而不是坏诗，
或者不是好译而是好诗；最下等的是翻译得不好的歪诗"。
"钱先生的信对我是一个鼓励，也是一个鞭策。鼓励的是，他
说我译的诗灵活自如；鞭策则是，不要得罪翻译，又得罪诗。"
"记得钱先生说过：有人利用他是借钟馗打鬼。可能我也包括
在内。他是少年得志，功成名就，不知道受压的人多么需要
钟馗！没有他的嘉奖，我怎么能把鬼打倒在地！"当然，他也
不迷信。在跟钱锺书讨教的过程中，钱坚持翻译不是创作，
借弗罗斯特给诗的定义"在翻译中丧失掉的东西"表达了诗不
可译。许先生专门写了《文学翻译等于创作》进行讨论。钱回

信："大作已于星期一拜读：抉剔佳处，既精细亦公允。至于译诗一事，则各尊所闻，不必强同。"挂了免战牌。等到上门拜访，他又跟钱讨论译诗传真和求美的矛盾，钱先生说："这个问题我说服不了你，你也说服不了我，还是各自保留意见吧。"

许先生的倔强、自信在他的书中随处可见。他跟朱光潜请教《毛泽东诗词》的英译本，将官译本和自己的改译本一起寄上，得到回信："尊译对原译确实大有改进，鄙意如果要彻底，最好丢开原译文另译，才不受原译束缚。原译者不懂'指点江山'是盱衡国家大势或商讨国家大事，遵照原词字面直译，不知'江山'在外文里并没有国家疆宇的意思，尊译也因之未改，当可斟酌。"许先生不服，回信说："'指点江山'可照字面理解，如贺敬之《桂林山水歌》中有'指点江山唱祖国'并没有批评国事的意思。"这种辩论，有点强词夺理的味道。刘重德请他为《浑金璞玉集》作序，他在序中对刘先生的翻译观"信达切"提出不同意见，这脾气真还有点像"巨婴"。他也批评过吕叔湘"诗体翻译，即令达意，风格已殊"的散体译诗论，认为"诗体翻译，如能达意，一定比散体翻译更能保存原诗的风格"。我想，吕先生是爱才的，他不但没见怪，还约他增订《中诗英译比录》。

许先生的自信，还在他不怕揭自己的"丑"。在《联大与北大》一文中，他不无敬佩地写到了老一代北大人的硬骨头：朱光潜讽刺江青，林庚拒绝为江青讲书，钱锺书不赴国宴。笔锋一转，他说自己及其同代人表现就不一样。他羡慕汪曾祺因为写了革命样板戏，被江青欣赏。而汪对江青有一种文人的"知遇之恩"："江青同志如果还允许我在'样板戏'上尽一点力，我一定鞠躬尽瘁，死而后已。"由此引出自己的故事："我把毛泽东诗词译成英法韵文之后，没有地方出版，也曾写信给江青，希望她像关心样板戏一样关心毛主席诗词，但是江青不懂外文，我没有像汪曾祺那样得到'知遇之恩'。"

三

我在二十世纪九十年代初，因"汉英对照中国古典名著丛书"的关系，拜识了许先生。手上许先生的信札，最早的一封时间为 1992 年 10 月 10 日："秦颖同志，收到来信非常高兴。关于《汉英诗经》的事我很愿意参加这一盛举。"这之前，许先生已经翻译完成了《诗经》的英译，交外文出版社，又跟河南人民出版社签订了汉英对照本合同，但英文版权在他手上。之后的一系列信札都是关于版权、体例、前言、稿酬的讨论。序言如何办，许先生来信说："河南译本的序就是根据余冠英先生为外文出版社《诗经选》写的序……外文出版社的《诗经》……英文序……与河南本大同小异……《汉英诗经》是否要重新写序？如要，我可参考余先生《诗经选》前言再写一篇英文序。如要余先生专门再写一篇，那最好由贵社联系。如何？"我回复："序还是由您写，内容除介绍《诗经》的一般情况外（请参看体例第一条），请特别加入该书西传的情况及外文（主要是英文）译本的情况，最好有对目前西方通行的英译本的评价。"很快，我收到了中英文序两篇，中文序参考了陈子展的《诗经直解》，英文参考了韦利。许先生知道我们出版《楚辞》的计划，表示愿意承担，完成《诗经》，可马上进入《楚辞》翻译，预计 1993 年年底完成。他在 1992 年 11 月的信中说："我英译的《西厢记》已由外文出版社出版，顺告。如再译完《楚辞》，则我国古代韵文五大瑰宝：诗经、楚辞、唐诗、宋词、元曲都出齐了。"

　　跟许先生的沟通，多是书信往来，时间上、空间上的距离，使我们能比较从容地商量一些问题，即使一些比较敏感的问题也能圆满解决。如稿酬，相比国内的多家出版社，更不要说台湾的出版社和企鹅出版公司，我们给得最低，许先生却是愉快地接受了。如编例，1995 年 3 月 16 日信："《宋词三百首》小传事，中英文不必统一。因为中文词人生平、进士（我已译成通过科举考试）、官职、作品、词风等译出后需外国读者接受，所以我的小传考虑及此，是写而不是译。如译'豪放'、'婉约'等词，都无恰当对等词，译后读者一看译文，并不能有同样印象，反为不美。但中文可以由你们确定。英文如改，则需经我看过，所以最好不动。"我没有找到给许先生信的留底，无法还原当时的情况。5 月 5 日信："《宋词小传》如译，一定是中文式英文，改不胜改，我只能改明显的错误，无法改中文式英文……我宁可花一星期自写，但贵社不同意。我意《词人小传》最好附在书后，香港、北京《唐诗三百首》都是如此；如放词前，请在序中注明不是许译为盼。"5 月 18 日信："词人传改好寄上。我的原则是专门名词音译对外文读者来说不但没有意义，反而成为负担，影响本书销路，影响译者声誉。不记得告诉你没有？英美 Penguin Book 已出版我的《中国古词选三百首》英译本，这是最大的国际书社第一次出版中国人的译著。出版者评价 excellent tr.（绝妙好译）。所以希望《词人小传》不要产生副作用。"大概许先生最初想中英文分开，英文部分他独立做。后来，我们坚持汉英文本对应的问题，还是我们请人英译了，请许先生校改。这件事上，可看出许先生很坚持自己的翻译原则，爱惜自己的名声，因这本书是合作项目（另两位作者负责今译），在翻译问题上绝不妥协的同时，他还是有一定的灵活性，具妥协精神的。我们的审稿没有后来"大中华文库"的条件，请不起社外专家，内容有疑问的地方会提出来，原则上尊重作者的意见。这大概是我跟许先生合作愉快的客观原因吧。当他听到我要离开湖南，马上来信询问："杨逢彬来访，说你四、五月后可能调广州，不知是否属实？我们合作很好，实在不愿你调走……《西厢记》是否还由你责编？《宋词》校样何时寄下？盼告。"

四

到花城出版社后，我转向了外国文学翻译编辑，曾想请许先生为我们译点东西。因手上活太多，他给我们另外推荐了译者，并允诺一旦空下来，可考虑为我们译东西。2006 年我去看望许先生，他正全力投入"大中华文库"的翻译工作，知道我到了《随笔》杂志，马上投稿："寄上随笔两篇（两封公开信）看看是否可用？"一封是致"大中华文库"工作委员会，一封是"关于《唐诗三百首》英译本致高等教育出版社"。不知道这两封信最后以什么方式递交到了相关人员的手里。这是绝好的样本，从中可以看到许先生忘情翻译，不屑合群的性格，也可看到他处理问题的简单化和张扬的个性：

"看到报纸上说：《大中华文库》受到温家宝总理重视，因为这是对外宣传我国传统文化的重要作品。因此，书目选定之后，务必选择全国甚至全世界最好的英译本……如《诗经》)《击鼓》中的名著：'生死契阔，与子成说。执子之手，与子偕老。'……湖南[按：'湖南（本）'均指许译]的英译文是：Meet or part，live or die，/We've made oath，you and I. /Give me your hand I'll hold，/ And live with me till old! 这是全世界有史以来最好的译文[按：他的劲敌江枫也不得不说，这是他巨量翻译作品中，偶然的神来之笔]，不知道《文库》为什么没有选用？……真是令人百思不得其解。希望《文库》能尽快纠正偏差！不要闹出'劣币驱逐良币'的笑话！……希望这封公开信能够得到答复。如无回音，只好上告国务院温总理了。"我想，这么大一项工程，译者的多元多样是不可避免的，这种方式的建言，颇具许氏风格。

"收到贵社转来对英译《唐诗三百首》提出的意见共 223 条，我只读到……摘录的错译 18 条，漏译 9 条，添译 3 条，错字 3 条。初读之后，发现除个别错印之外，所谓错译，漏译，添译，多是不懂诗词翻译，并非译者有误……诗词翻译重视深层内容，重视意译，重视神似，说一可以指二……诺贝尔文学奖评委马悦然说过：中国没有人获诺贝尔文学奖，因为

感觉的记忆

翻译太差……所以翻译方法是一个中国文化走向世界的大问题……提的意见基本上是用法律译法来衡量诗词译文……《送杜少府》中的'同是宦游人',认为错译成'陌路人'了,其实诗人王勃和杜少府都是在外地做官,译成 strangers('外地人',不是'陌路人')非但不错,而且非常正确。又如第三例李商隐诗题中的'乐游原',就是诗中第二句的'古原',古原上有陵墓,李白的'忆秦娥'中已有证明:'乐游原上清秋节……西风残照,汉家陵阙。'所以译成 Plain of Tombs 译的不是法律译文的表层结构,而是文学作品的深层内容,不但不是错译,而且是可以使读者理解欣赏的高明译法……认为这是错译,那就是要用法律似的直译,取代文学译文,使中国文化不能走向世界。他们提的意见,基本是要用形似来取代神似,我不一一答复了……试想一个做了六十多年文学翻译工作,在国内外出版了六十多本世界文学名著的译者,并且是全世界有史以来把中国古典诗词译成英法韵文的唯一专家,怎么会在一本书内犯下 223 条错误……出版社如果是非不分,好坏不明,那还能出书么?"虽然,223 条里,大概不少是翻译标准的不同带来的理解上的分歧,里面的不少问题也可能是谁也说服不了谁的。但许先生的愤怒却也不无道理,责任编辑应该"先要看看意见是否正确",负起责任编辑的责任来。

许先生现在已经在国内外出版了 120 多种世界文学名著翻译作品。中译外的代表作如《诗经》《楚辞》《汉魏六朝诗》《唐诗三百首》《宋词三百首》《元曲三百首》《西厢记》《道德经》等,外译中的代表作如《雨果戏剧选》《红与黑》《约翰·克里斯多夫》等。在翻译理论上，他提出"三美，三之，三化"，意即"音美、意美、形美；知之、乐之、好之；深化、浅化、等化"。近年，许先生进一步提出了"中国学派"的翻译理论。他把文学翻译中的"信"与"美"的矛盾追溯至老子的"信言不美，美言不信"，又从老子的"道可道，非常道，名可名，非常名"中，寻找解决这一矛盾的方法论。他从这句话导出了下面的理论：原文描写现实，但并非等同现实；原文和译文之间不可能叠合，译文和原文之间的距离，不一定大于原文和现实间的距离。"因为两种语文总是各有优点和缺点的，如果能够发挥译文的优势，用译语最好的表达方式来描写原文所表达的现实，那译文虽不能等于原文，却是可能比原文更接近于现实，这样一来，译文就可胜过原文，比原文更忠实于现实了。"老子的"信"与"美"是"中国学派"的翻译理论的源头，后来严复提出了"信、达、雅"，傅雷"重神似不重形似"是对信和美的进一步发展，钱锺书的"化境"说把傅雷的"神似"又提高了一步。许先生认定文学翻译等于创作，一生的理想就是让文学翻译成为翻译文学。由"翻译"变成"文学"，由具体的技术手段变成普适的理论和实践，难怪冯亦代甚至说他是提倡乱译的千古罪人。

据许先生自己说，有一个美国杂志选出世界 100 个革命家，他排在第 92 名，称他是"翻译方面的革命家"！超越规矩的翻译"革命家"，注定是争议和质疑的中心。

刊《南方都市报》2017 年 1 月 16 日"大家"版

入选《2017 中国年度随笔》，漓江出版社 2018 年出版

泛生活化 VS 概念化

——封新城、朱伟印象

一

2016 年 6 月我参加中国刊协兰州主编培训班，听《三联生活周刊》前主编朱伟以"一本杂志和他所倡导的生活"为题的授课之后，忽然有比较一下目前国内两份顶尖的生活类刊物前主编风格和刊物气质的冲动。另一份是《新周刊》（双周刊），其定位的广告语"一本杂志和一个时代的体温"与课题何其相似，又迥然不同。

这么比较，并不严谨。虽然对《新周刊》及其前主编封新城相对熟悉，但仅凭一堂课却不可能深入了解《三联生活周刊》和这位主编。先谈谈印象。

这印象也许可以分别用两张照片概括。

2015 年 1 月我参加《新周刊》年会，给在台上讲话的封新城拍过一张照片：背景是 2014 年 24 期刊物封面的投影，封新城在画面右方，投影仪的光束贯穿封新城的身体，在他的额头上印上了杂志的 logo"新周刊"三字加蓝色框的图标；光束同时将他的影子深深地嵌入了后面平铺开的封面之中，头指向以他的漫画像为主体的封面专题"丑陋的中国男人"，再上面就是那期"中国记忆榜"。几天后，我在 QQ 空间建了一个相册，名为"印记"，并在说明文字里写道："人刊一体，互为印记……"半年后，封新城投入东方文化，离开了《新周刊》。那次讲话可看作他的告别演说。我能抓住这一刻，是何树青的一句话带来的灵感："封新城和杂志是连在一起的，没有杂志，他什么都不是。他绝不会冒杂志停刊的风险。"

2016 年 6 月 23 日下午，朱伟老师早早到了教室，我走进去时，他正打开课件首页，明黄的底色上，左为标题，右为梯度排列的一群人物，我坐下来，抬头看去，他的身影衬在画面上，我忽然眼睛一亮。这不就是昨天晚上读讲义留下的印象吗？发挥记者个性，培养大写的人，成就杂志品质。上半堂课进一步强化了我的印象。课间休息时，在大家围着他聊天的时候，我将 PPT 调回封面作背景，在一旁抓拍。就图片来说，并不完美，但我想表达的意思都在里面了：照片体现了他与团队的关系，这个团队让他放松、自信、骄傲，整个画面也体现了杂志看世界的姿态——旁观者。

二

两个顶尖杂志，主编的风格和带团队的方式完全不同。

封新城是东北人，在西北学习工作多年，诗人，圈子里绰号"西北王"；曾在广播电台工作，连续两次获得中国新闻奖；性格中最突出的是江湖气，自然也就免不了好面子讲排场，曾在饭桌上要狠揍一房地产开发商，不是因为他赖账（答应的一套别墅泡汤），而是因为他贬低那期专题"生活家"。朱伟是上海人，感觉外表颇书生，却是绵里藏针，敢于说不，据说行事风格比较务实。

封新城在即将出版的回忆录《自封新锐》序《我创建了它，它也塑造了我》中说："写诗让我有语感，做广播让我有对象感，而《新周刊》则磨炼和成就了我一语中的的话题能力和命名能力。""我们自封为'新锐'，也示范'新锐'，发现'新锐'，更营造'新锐创领主流'的话语空间和价值评估体系。""《新周刊》与国家、社会和时代的基本关系——感知它，纪录它，参与它，梳理它，命名它。""纵有万般诱惑和跌宕，内心总守护着一个律条——做一个有温度、有价值观的媒体。"他的基本理念、思路和做法尽在其中了。

在编辑部，封新城有绝对的个人权威。周可戏称为"高压统治"。比如说，早年，选题会封新城会出来主持，在许多编辑记者看来，那就像是审判会。对提出的选题，还来不及解释，就得面对封新城的厉声一问："从什么角度做？"回答得慢了，或结结巴巴，常常遭遇："别报了，下一个！"周可回忆道："'从什么角度做'多年来像紧箍咒一样，难倒了不少人，但不少有意思的选题也就这么被逼出来了。"曾在《新周刊》工作过的谢立回忆："那时封总的脾气如同一块黑云，长年沉沉地压在编辑部上空。开编辑会一见封总黑着一张脸，就知道完了，先听他兜头兜脸把大家骂一顿，个个大气不敢出。毙选题更是常见，他总是让你觉得不够、不够，还是不够，充满自卑感和挫败感，连阅读量都赶不上他，这人随时手边一大堆报纸杂志书籍，随手圈起不起眼的消息就是采访、选题线索，扔给你，哼一声，立刻让你讪讪的，觉得自己无能。有时候到下厂前一天了，封新城总忽然推倒了全部专题，折腾得每个人都要发疯。"

大概是在二十世纪九十年代末，《新周刊》提出来一个杂志定位：观点供应商、资讯整合商和视觉开发商。他们把自己想象成一个市场化的媒体，就像是一个商人一样在卖东西，他们卖的是观点、资讯、杂志具体的形态。观点供应商是最核心的东西，在差不多20年的历史当中，作为一个观点供应商，《新周刊》取得了很大的影响，得到了社会上比较广泛的认可。每一个专题，就是一个观点，一个概念，一个新的名词："飘一代""她世纪""急之国""生活家""民国范儿""有一种毒药叫成功"……许知远谈《新周刊》时的一段话，可作为注脚："这份杂志在十年前是中国媒体的标志性杂志，造就了好几年的阅读狂热。那时的中国社会既躁动又饥渴，人人都觉得一切都在变，却说不清到底哪些变化了。但《新周刊》却以不容置疑的语调，告诉你哪些变了。每次的封面故事，都像是当年革命标语一样，斩钉截铁。而深感一切坚固的都烟消云散的读者们，则像是找到了可暂时依靠的东西。"

这一切是怎么开始的呢？周可，这位杂志"元老"，既是它的参与者，又是旁观者、研究者，对杂志的发展了然于胸：1997年年底的一期号外《中国不踢球》成为《新周刊》概念化的起点，这期杂志的成功，是因为它抓到了大家情感的热点、情绪的热点，然后用一个很鲜明的、强有力的观点，通过封面标题清晰、直接地呈现了出来。这个观点态度非常鲜明、倾向性很强，而且这种倾向正好跟广大球迷和读者态度吻合，说出了他们想说，但是又没有办法直接说出来的话。从1998年开始，《新周刊》连续不断地去强化杂志的观点立场，在大家都在广泛地去采集各种资讯，在奔赴现场，去寻找各种各样新闻热点、寻找新闻源的时候，《新周刊》更多的是跟这个新闻保持一定的距离，然后在这个距离的基础之上，形成一个合适的观点。1998年3月的一期《弱智的中国电视》强化了《新周刊》作为观点供应商的基本立场和态度，并将之从具体业务标题的层面上升到了方法论的层面。《新周刊》在大标题上，在具体文章的标题上，以及透过这种标题对记者、对编辑的要求，都贯彻"出观点"的要求。

几年前我开始跟《新周刊》亲密接触，那年的年会上，当时的编务总监陈艳涛上台谈感想，谈到《新周刊》的价值时，她说其文本具有社会学样本的意义，许多社会学学者收藏杂志，作为研究的资料。我觉得很新鲜、很中肯。后来接触多了，我发现这一点早有定评，同时《新周刊》人还有一种时代当事人的担当，把自己当成其中的一个角色，保持了对现实的高度敏感，策划选题、专题时特别强调感受性，由此它表现出了极为突出的选择性，并努力将自己的感觉标签化、符号化，没有感觉的话题绝不参与。我想这大概就是它之所以能够成为社会学样本的原因吧。朱伟说，在《三联生活周刊》改周刊后，封新城曾说，在中国做周刊没必要节奏太快。这会不会也体现了理念上的不同呢？封新城要做的不仅仅是梳理、记录，而且是要感知、参与、命名，如此一来，保持一定的距离和时间很重要。

三

朱伟主要是从管理的角度来谈他在《三联生活周刊》的工作，印给我们的讲义的标题是"编辑部管理与编辑人才建设"。听完课，我的第一印象是，他是将传统的编辑体制发挥到极致的主编。为了解决长期以来编采分离带来的矛盾，他的编辑部以记者为中心，只有一名编辑，就是他自己，就是主编，一个人面对所有的记者；为了解决编发矛盾，他将编辑经营一体化，直接抓发行经营部门，亲自协调编发两个部门的意见，使自己完成了由文化人向文化商人的转变；虽然早已成为一本公认的大刊，但我们所看到的只有一本刊物，没有从这个品牌衍生出任何延伸产品——比如时尚集团基于市场细分的系列刊物，比如《新周刊》那样制造的各种榜单，又比如

《中国国家地理》基于自身特色的"探索之旅"。

我颇为纳闷的是，为什么整堂课朱伟始终没有明确定位《三联生活周刊》，概括其办刊宗旨？或者作为一个务实的办刊人，他不认为这些漂亮的所谓定位、宗旨有必要在课堂上说？在他的讲义中，在谈人的管理时，我看到这么一句话："以人的塑造与成长来决定刊物的走向，以大写的人的个性求效益，以个人的成就、品牌成就刊物的品牌、效益。"去兰州前，我曾在网上搜到过一篇文章《〈三联生活周刊〉的品牌之路》，其第一大点就是："清晰定位，明确立场。"定位是"做新时代发展进程中的忠实记录者。在力争以最快速度追踪热点新闻的前提下，更多关注新时代中的新生活观"；宗旨是"以敏锐姿态反馈新时代、新观念、新潮流，以鲜明个性评论新热点、新人类、新生活"；承诺以"最快、最丰富、最好看"的权威梳理，呈现一周新闻。是不是这些概念化的东西，朱伟认为没什么意思呢？

即使在课后的提问环节被问及主编的主导性时，朱伟也只是说："《三联生活周刊》是团队的共同创作。我接受和纠正选题内容的过程体现了我的选择和立场。主编对刊物调性的把握形成了刊物的风格。刊物的气质就是主编的气质。"

2001 年，《三联生活周刊》转为周刊。"911"事件，连续做了 5 期报道，不仅发行量由长期不足 5 万份，一跃而上 10 万，而且在报道质量上，成功体现了编辑部的想法，发挥了现有编辑的优势。"911 系列"报道让杂志迅速完成了转换。

2005 年的"抗战系列"报道，标志杂志成功转型为综合性刊物：什么都可以做，不以新闻为主。新闻道路难走，自选动作有限，读者厌倦主导式新闻，很难做出不一样的新闻。2005 年"抗战系列"后，发展进入快车道，2009 年"进城系列"将这一方向发扬光大。新闻化和为重大事件作注，蜕变为去新闻化，事件人物专题深度写作成为其标志性的文本。

朱伟的课件，比讲义要丰富，因时间关系，课堂上他省略了很多。半天课听下来，我感觉《三联生活周刊》基本上把自己当作时代的旁观者，一个有文化追求的高度商业化杂志，办刊方向是在生活这个大概念下，几乎无所不包，而不同时期会据形势、人手、需求而有所变化，不左不右，不抱立场。朱伟说，他办刊完全是"实用主义的模式，手里有什么样的人，就做什么样的活。主编就是一个大的协调员"。早期，他利用自己的作者资源，请王小波、余华、苏童、李陀、史铁生等人为他写稿，主持栏目，写专栏。后来，完全靠自己的记者写稿，方向明偏向经济方面内容、胡泳模仿《新闻周刊》带来了文体革命、苗炜向自由平等博爱的内容扩张、高昱开启了社会报道、李鸿谷将杂志带向新闻化等等。后来《三联生活周刊》还开辟时政报道，最后明确为综合性生活周刊，进入发展快车道。不断地与世推移，随时调整变化中，有一点是不变的，"一切以稿件质量论成败，以生产能量定级别"。

"主编的工作永远是要去发现记者身上有可能突破的点。""每一个优秀人才一定都是个性突出的。所以，我在《三联生活周刊》强调，一个记者，文章能区别于他人，才能成为主任记者；一个主任记者，有突出的专长，才能成为主笔。主编的工作是发现与发掘他们的个性，他们的个性决定了他们自己的兴趣点与兴奋点，这正是人才发展的原动力。""发掘人的潜能，保护人的个性"是他管理的方法论。"稿件质量与发稿数量还有一个关系问题，质量的重要性远重要于数量……一个优秀稿件的效能可以是普通稿件的数倍，这决定了稿酬标准的级差。这就鼓励大家都去写重要的稿子、鼓励大家按自己的愿望去写自己想写的稿子。"大概在选题的策划和开发上，朱伟很少主动提出什么。他说："主编顺着编辑走就行。"他充当的角色像一个"看水人"，拎一把锄头，在田里巡视，遇有水流不畅之处，才会出手疏通。他说，他最常问记者的问题是："以什么方式写最轻松？"也许我可以将之解读为记者写稿时的"宽心丹"。讲课中，他多次谈到了宽容的重要，但他的宽容度却是以一个人能力的大小为度量的正向关系，这是他一以贯之的实用主义模式，效果很好，他将团队的写作潜力挖掘到了极致。

当然，我并不认为朱伟是一个一团和气的好好先生，优秀的管理者从来是有锋芒的。以能力的大小来定宽容度，主笔、主任记者之外的一般记者的感受如何？我不敢妄加揣测。课堂中有两个细节或许可以说明一点问题。世纪初，李鸿谷的新闻团队进来后，做刊物的理念遇到了挑战，做深度还是做新闻？大多数站在原先刊物的风格一边，而朱伟坚持新闻化的方向，导致了一批人的离开。朱伟说，"刊物要裂变，一定是新人的推动"。另一个细节是，课堂有一块一度交头接耳声音较大，朱伟停下讲课，对着那边说："请不要讲话，影响其他人听课。"这大概是他说的管理中敢于说不的侧影吧！

四

如果说，朱伟的用人特点是发挥个性，封新城的则是为我所用。封新城的成功，同样是团队的成功。已经是新掌门人的陈艳涛说："《新周刊》的辉煌和最好时光，其实是由每个置身于其中、为每一期杂志苦苦较劲的《新周刊》人创造的。"封新城有诗人的灵光闪现和直觉，有一语中的的话题能力和命名能力，但对这背后的成因、事情的因果等，却说不清，道不明。只有在编辑团队的探究、碰撞、采访，一步步将一个话题，一个名字丰满起来，有意义起来，才使之有了形象、厚度、深度。而对标题（命名）这种概念化的偏好，还会为了一个自认为好的标题而改内容、重写内容。主题先行、话题先行成为《新周刊》奉行的方法论。我以为，《新周刊》无法跟《三联生活周刊》比文本的完美，而在话题的新锐、响亮，概念的制造和流传上，却是稍胜一筹的。

若要用一句话概括两份杂志的特点。我以为，《三联生活周刊》追踪、关注、反馈、梳理时代，解读事件，执着于为时代作注，为生活作注，无偏袒地记录、梳理、解说，姑且名之为"泛生活化";《新周刊》力图把握时代的脉动,感知、参与、命名时代,不妨名之为"概念化"。若要用一句话总结两份杂志的成功,我想说:以旁观者的身份在泛生活化中对精致文本的不懈追求,以参与者的身份在概念化中对命名的顽强执着,成就了两份杂志的辉煌。

刊《粤海风》2017 年第 6 期

收入《中国期刊年鉴》2018 卷

《周易》前言

《周易》是最古老的中国文化典籍之一，是一部以占筮书形式出现的含有深邃而奇特的哲学思想的著作。早在战国时期，它就被看作经典，汉代跃居群经之首。长期以来，《易》学著作层出不穷，而对其作者、创作年代、命名等却一直没有定说。

《周易》分"经""传"两个部分，经部由卦符、卦辞和爻辞组成，传部有《彖》《象》《文言》《系辞》《说卦》《序卦》《杂卦》七种，其中，《彖》《象》《系辞》各分上下两篇，共十篇，古人称为"十翼"，经部以卦为单位，分六十四卦，每卦由卦符、卦辞、爻辞三部分组成。六十四重卦由八卦推演而来，八卦由阴阳两爻（一、--）三叠而成。六十四卦的排列顺序，现在流传两种本子：一是通行本，分上下经，上经始于乾卦，下经终于未济卦；二是长沙马王堆汉墓出土的帛书本，首为乾卦，次为否卦，终于益卦。卦辞和爻辞是解说这些卦形所寓事理的文字，它拟取人们日常生活中常见的物象，使卦形、爻形内涵的象征旨趣鲜明生动。传，解释经文，各有一定的角度和侧重点。《彖传》解释六十四卦的卦名、爻辞和一卦的含义。《象传》阐释各卦的卦象及各爻的爻象，其中六十四则解释卦象，称《大象传》，三百八十六则解释爻象，称《小象传》。《大象传》的体例是先解释各卦上下象相重叠的含义，然后从重卦的卦象中推衍出切近人事的象征意义。《小象传》的体例是根据每爻的性质和处位特点，分析爻义吉凶利弊的原因。《文言》分前后两节解释乾坤两卦的象征意义。《系辞传》分上下两篇发掘和发挥深微的《易》义。《说卦传》推演说明八卦所象征的自然界和人世间的事物，阐说象例。《序卦传》解说六十四卦的编排次序，揭示各卦相重的道理。《杂卦传》比较各卦意义的异同。"传"原皆单行，列于"经"后，不与经文相杂，汉代被合入经文并行，后代学者多依此本研读，影响十分深广，遂使"传"的学术价值提高到与"经"并驾齐驱的地位，乃至人们在传述研究时论及《周易》一书，事实上往往兼指"经""传"两个部分。

《周易》的作者和创作年代，是《易》学史上长期争论的重要问题。八卦的作者，《系辞下传》里说是伏羲，前人多信而不疑。重卦始于谁，唐以前有四种主要的说法：王弼主张伏羲重卦，郑玄等认为是神农，孙盛以为是夏禹，司马迁力主文王。卦爻辞的作者，唐以前主要有两种说法：一说以为卦辞、爻辞都是周文王所作，郑玄等都依此说；二是认为卦爻辞大多是文王之后作的，主张卦辞为文王所作，爻辞为周公所作。这期间，大家都认为《易传》是孔子所作。宋欧阳修撰《易童子问》，第一次对孔子作十翼提出疑问。他认为《易传》

七种中，只有《彖》《象》两传为孔子所撰。这之后，疑古学风渐起。二十世纪二三十年代，学术界关于《周易》的作者和时代问题的讨论出现了一次热潮，主要倾向是否定汉儒的说法。其基本观点是：《周易》"经"部的作者，顾颉刚等认为是周初的作品；李镜池等认为《周易》编定于西周晚期，作者系多人；郭沫若认为《周易》之作当在春秋以后，作者是孔门弟子馯臂子弓。至于《易传》，多承欧阳修以来"非孔子所作"的观点，郭沫若推测其中大部分是荀子的门徒们、楚国人所著；钱玄同认为西汉初田何传《易》时，只有上下经和《彖》《象》《系辞》《文言》诸传，西汉中叶后加入汉人伪作的《说卦》《序卦》《杂卦》三篇；李镜池推测，《彖》《象》两传作于秦汉间，《系辞》《文言》作于汉昭、宣年间，《说卦》《序卦》《杂卦》作于昭、宣年后。此后四十年，人们对这些问题陆续从不同角度进行了探讨，结论仍未臻一致。其中较有影响的看法是：八卦的出现和六十四卦的创成，当在西周以前颇为远古的年代，与之同时，筮辞也可能已经出现（至少在口头上流传）；卦形、卦爻辞井然有序的《周易》当产生在西周初年。《周易》经传是"人更多手，时历多世"的集体撰成作品。

《周易》的命名，有几种不同的解释。首先是"周"字的意义，一直有两种解释：一、指周代；二、指周普。"易"字的意义，解说众多，主要有：一、当作本义"蜥易"解；二、日月为易说；三、一易三义说，即含有"简易""变易""不易"三层意义；四、变易说。我们认为，《周易》命名之义，"周"指周代，"易"主变易较为可取。

《易》学研究，自古以来的源流派别极其纷繁复杂，而秦始皇焚书时，《周易》独以卜筮书而幸存下来，与群经相比最为无阙。先秦时期，《左传》《国语》及诸子著作中载有不少《易》说，而以孔子的研究最为全面深刻。《易传》七种当是集先秦研《易》成果之大成的一部《易》学论著。西汉时置"五经博士"，汉儒以《易传》连经并行，《易》学研究十分昌盛，学派纷呈。京房、费直、孟喜、郑玄、荀爽、虞翻等为各派名师。这些《易》学，以《易》象（八卦的众多卦象）、《易》数（阴阳奇偶之数）为解《易》途径，后代统称"汉易"，为象数学派。自魏王弼《周易注》盛行之后，"汉易"逐渐衰落，这是《易》学变化的一大关键。王弼一反"汉易"之风，注重把握经文的整体意义，阐发其哲学内涵，注中还弥漫着老子的气息，开启《易》学研究的义理一派。唐初修撰《五经正义》，《周易》采用王弼、韩康伯注，孔颖达作疏，于是王弼的《易》学在唐代广为学者传用，几定于一尊。只有李鼎祚《周易集解》，收集当时散佚的象数易说，得三十五家，汉易得以保存。宋代陈抟、刘牧、邵雍等作"先天图""后天图""河图""洛书"诸图说，朱熹等取用诸图，引申其说，并参以理义，撰成《周易本义》；程颐治《易》专阐儒理，撰成《伊川易传》。元明两代诸儒大抵笃守程、朱遗说。宋明两代于义理方面有深入研究，而在训诂方面却有疏忽。至清代，学风为之一变，以考据实证为特色。惠栋的《易汉学》即属其重要代表作。辛亥革命之后，《易》学研究出现重大变化，除象数、义理之外，更多的学者注重接受当代科学理论，从各个新的角度研究《周易》。现代以来，湖南长沙马王堆汉墓出土的《帛书周易》引起人们的研究兴趣。《帛书周易》内容包括六十四卦经文，《系辞传》残卷，卷后佚书是首次发现，从前研《易》者绝无所知，所以在学术界引起轰动，随着研究的深入，必将有新成果出现。

《周易》不但在中国文化中占有重要的地位，而且对世界文化产生了重大的影响，它是最早传入西方的经典之一。

西方学者最先译介《周易》的，当推法国传教士金尼阁（1577—1628），他于明万历三十八年（1610）来中国传教，将《周易》译为拉丁文，1626年在杭州刊印，可惜译本佚失。1659年到中国的比利时耶稣会士柏应理（1623—1693）曾与人用拉丁文翻译出版了《中国之哲人孔子》（中文标题《西文四书直解》），内附《周易》六十四卦和六十四卦的意义。一般认为这是《周易》传入西方之始。法国传教士白晋（1656—1730）用拉丁文撰有《易经大意》稿本；他与莱布尼茨讨论《周易》的通信，对西方产生了重大影响。他与莱氏通信论《易》，使莱氏发现了《周易》二进制原理。与白晋同时来华的传教士马若瑟（1666—1736）也精研中国经籍，其所撰之法文本《易经入门注释》对《周易》作了详细的介绍，该书在西方有较大的影响。法国传教士雷孝思（1663—1738）用拉丁文所译之《易经》（原名作《中国最古的书》，雷孝思死后一百年即1834年和1839年由莫耳在斯图加特和图平根出版），是西方出现的第一部完整的《周易》译本，首次为西方全面认识和研究《周易》提供了原始资料，并为以后其他欧洲语言的《周易》翻译提供了参考和借鉴。

1876年，第一个《周易》英译本在伦敦出版，译者是英国圣公会传教士麦格基(1813—1885)，书名为《易经之译——附注释与附录》，但译文随意性较大。之后，伦敦大学教授拉古贝里(1845—1894)将《易经》英译，以《中国最古老的一部书——易经》为题在1882年和1883年《皇家亚洲学会学报》上发表，十年后在伦敦汇编成书出版。拉氏研究《周易》的目的在为其中国文明源于西方这一理论寻找依据。

首部权威性的《周易》英译本，是理雅各(1815—1897)翻译、1882年牛津出版的《易经》。理雅各是英国伦敦会传教士，1840年东来，在马六甲英华书院任院长，1843年随书院迁到香港，在港居住达三十年之久。回国后，1876年他被牛津大学聘为汉学讲座第一任教授，直至去世。作为传教士，理雅各深感了解中国的语言文化对传教乃至中英商务关系的重要，他一生的大部分时间都用于中国经典的翻译工作，译有多卷本《中国经典》。《易经》是理雅各回国后，在中国学者王韬的帮助下译成的，出版后收入《中国经典》第二册。其译文主要依据宋代理学家的《易》注，并将经传分立，强调这是正确理解《周易》的前提。该译本出版后，成为西方最理想的《周易》译本。

此后，1885年，法国的安南学家霍道生以《易经首次法译本——附程子和朱熹的全部传统的注疏及主要注释家的注释摘要》为题，在《基梅博物馆年刊》上发表第一部分，第二部分于1893年刊登在同一刊物上。与霍氏同时法译《周易》的还有比利时鲁汶大学教授德·阿尔莱(1832—1889)。阿氏有《易》学著述多种，其中1889年在布鲁塞尔出版的《易经——

复原、翻译与注释》最为著名，至今仍享有盛誉，是当今西方通行的法文译本。这一时期对《周易》作研究和翻译的还有英国伦敦传教会教士、汉学家艾约瑟(1823—1905)，英国新闻记者、《北华捷报》《字林西报》总编辑詹美生，美国长老会传教士、《教务杂志》编辑哈巴安德(1818—1894)，耶稣会神甫晁德莅(1826—1902)。

　　辛亥革命后，西方研究《周易》的权威首推卫礼贤(1873—1930)、卫德明(1905—1990)父子。卫礼贤是 1889 年由德国同善会派往青岛传教的，在此居住了二十多年。1922 年调任德国使馆顾问，次年被北京大学聘为教授。1924 年回国，任法兰克福大学名誉教授，创办中国学院、《中学杂志》。卫礼贤将多种中国经书译成德文，其中《易经》翻译是居青岛时，在中国儒师劳乃宣的帮助下，费时十年才完成的。该书一出，在西方读者中激起很大的反响，赞之者称其德译本准确流畅，且比较真实可靠。西方公认，卫氏的德译本最为准确无误。所以二十世纪四十年代，美国博林基金会组织人员，让德译英专家贝恩斯担任翻译，该译本 1950 年在纽约出版，书名为：*The I Ching；or Book of Changes*。西方通称为卫/贝译本。卫礼贤的第三子卫德明承继家学，精于先秦古籍研究和《周易》，所著之《易经八讲》是西方学习《周易》的必读书。

　　四五十年代，还有几种德文译著出版，如马里奥·舒伯特的《易经——据中文新译》，比尔·贝姆改编的《易经——中国占筮书》。其他研究和译本有英国人韦利(1889—1966)所撰《易经》一文，对一些有歧义的卦爻辞作了新译新解，以及米尔斯的《易经》译本（附在其《创造力》一书中，1931 年出版）。

1949 年至今，《周易》有了许多新译本，最著名的是英国人布洛菲尔德的《易经》译本，1965 年在伦敦出版。该译本是基于占筮的需要翻译的。译本虽新，但没有超过前人。因此，与其他译本相比，没有什么地位。

本书的英文译文，选用的是理雅各的译文。卫礼贤的译文固然好，却是德译本，而卫/贝英译本又毕竟是个转译本。对理氏译文，原则上不作改动，明显错误作了个别修改。为弥补理氏译文的不足，我们在书中必要的地方附上卫/贝译文，作为参考注释。理氏的原译经传是分开的，有时有许多脚注、附录和互见条目。校注时，我们根据阮刻本《十三经注疏·周易正义》的体例，将《彖》《象》《文言》诸传附于卦爻辞或卦后，同时对注释作了必要的删节和压缩，并将之作为附录附在书后。理氏的原序和前言也收入附录中。书后附译名对照表。为使读者了解卦名与英文相近的意义，我们将理氏注释中使用过的英译卦名附在各卦卦名后。

我们这次整理的古文原本所用版本，系采用阮刻本《十三经注疏·周易正义》，参考了《周易本义》《伊川易传》《周易集解》等。本书次序按通行本，分"周易上经""周易下经"、《系辞上传》《系辞下传》《说卦传》《序卦传》《杂卦传》，而《文言》则归于乾坤两卦之中。白话译文主要参考了《周易译注》（黄寿祺、张善文撰）、《白话易经》（南怀瑾、徐芹庭著），还参考了卫礼贤和理雅各的译文，在此谨致谢忱。

1992 年 12 月

《四书》重版后记

　　《汉英四书》的重版，说明它得到了"上帝"的垂青，赢得了读众的喜爱和支持。这也是"汉英对照中国古典名著丛书"的成功，我们感到十分欣慰。

　　"四书"是《大学》《中庸》《论语》《孟子》四部儒家经典的总称。宋淳熙年间(1174—1189)，朱熹撰《四书章句集注》，"四书"之名从此确立。

　　中国传统文化的主要部分是以孔子为代表的儒学，而"四书"合成，是儒学发展到宋代的产物。儒家思想主要包括了三方面：(一)天道观念。儒家言天，往往有不同含义。有时指自然之天，有时指义理之天，更多的时候指主宰之天，而主宰之天的意志又称为天命。这一点经后人的发挥而在封建统治中愈显其重要。"惟人道可以参天。天常以爱利为意，以养长为事，春秋冬夏皆其用也。"(董仲舒《春秋繁露》卷十一，《王道通三第四十四》)因此"王者不可以不知天"(同上，卷十七，《天地阴阳第八十一》)。在这一观念下，借助于天的权威树立起皇帝的权威。所谓"王道之三纲，可求于天"(同上，卷十二，《基义第五十三》)，"唯天子受命于天，天下受命于天子"(同上，卷十一，《为人者天第四十四》)。皇权与天道的结合，世代承袭而成传统。(二)大一统思想。孔子主张大一统，要求天子治天下，诸侯治本国。他的理想政治是："天下有道，则礼乐征伐自天子出；天下无道，则庶人不议。"(《论语·季氏》)这一思想经董仲舒之手而更能契合专制君主的要求，这一理论成为中国漫长的封建社会的凝固力。(三)纲常伦理。孔子思想的主要内容是"仁"，其具体化就是行"忠恕"之道。"仁"的执行，又必须以"礼"为规范，所谓"克己复礼为仁"。孔子最高的政治理想是"道之以德，齐之以礼"(《论语·为政》)。德即"仁义"，礼指封建秩序。所谓"君君、臣臣、父父、子子"，亲亲、尊尊、长长、男女有别等。孟子继承发展这一思想，认为人性本善，都具仁、义、礼、智等天赋道德意识，极力主张"法先王""行仁政"。从两汉以来，这成为维系封建制度的精神力量。

唐末的藩镇割据，五代十国的混乱局面，君臣父子互相篡夺残杀，农民起义不断，造成了"君君臣臣父父子子之道乖"，"三纲五常之道绝"(欧阳修《新五代史》卷十六)。为重建封建的纲常伦理，巩固和加强中央集权统治，需要有一种哲学为其理论根据。宋明理学适应这一需要，以封建社会的三纲五常思想为核心，上承尧、舜、禹、孔、孟之道统，宣扬所谓"圣人之道"，标榜所谓"圣人之学"，为儒家伦理道德学说提供了本体论的基础，并将封建道德原则看作永恒的绝对的最高原则。这种理论通过"四书"而被社会广泛接受，对中国封建社会后期影响达六七百年。

"四书"原来是不并行的。《大学》《中庸》本是《礼记》中的两篇，一般认为它们分别是曾子和子思所作。《论语》是记录孔子及其弟子言行的一部书，一般认为由曾参及其弟子编定。《孟子》是记载孟子政治活动、政治学说及其哲学伦理教育思想的一部书，一般认为是孟子本人完成，其弟子参加。《论语》在东汉时被列为七经之一，而《孟子》直至宋代，一直被列于子部。

《大学》《中庸》宋以前无单行本，但唐代韩愈、李翱把它们看作儒家重要经典。二程、朱熹祖述这一观点，竭力尊崇它们作为"经书"的地位。二程认为，《大学》是孔子之言，曾子述之，是"初学入德之门"，并为之校定文字，重编章次。朱熹上承二程，更加发挥这种观点，认为《大学》所教，是"穷理正心，修己治人之道"，所撰之《大学章句》倾注心血，据说他在71岁临死前一天，还在修改《大学·诚意》一章的注。朱熹还在二程的基础上重新编定《大学》章次，将全文分成"经""传"两部分。《格物致知》一章系朱熹认为原文有脱轶而补写的，并非《大学》原文。"中庸"是孔子理想中的最高道德境界。二程举《中庸》一书为"孔门传授心法"，所谓"心法"即"道统"。朱熹更向前推进一步，认为子思作《中庸》是忧虑"道学"失去传人，上古尧舜等"圣神"，"继天玄极，而'道统'之传有自来矣"。朱熹打出"道统"的旗号，进而打出"道学"的旗号，称二程上承孔孟道统，而他自然是这一道统的继承者。他把伪《古文尚书》里的"人心惟危，道心惟微，惟精惟一，允执厥中"十六字奉为《中庸》所阐述的"传授心法",称《中庸》是一部能够"提挈纲维,开示蕴奥"的圣书。于是《中庸》被抬到超乎所有前圣之书的高度。朱熹竭力尊孟,同样是出于道学的需要,虽然还在西汉,诸家就把《孟子》与《论语》并列,但《孟子》一直都被列于子部,与经定位悬殊。宋儒一反这一传统,朱熹谓孟子"出处大概",高不可及,并称"《六经》为千斛之舟,而孟子是运舟之人",于是将之超"子"入"经"。

"四书"并行,是继董仲舒建议汉武帝罢黜百家、独尊儒术之后,中国学术思想和社会政治上的又一重大事件。汉武帝起,"五经"立于学馆,成为封建社会千古不刊的"经书",取得统治思想的最高地位。程朱表彰"四书"之后,"四书"风行天下,取代了"五经"在教育中的统治地位。宋末元初,"理学"的理论价值始为统治者认识,元仁宗皇庆三年(1314)恢复科举时,"理学"特别是朱子之学列为科场程式,始为官方哲学。明初,朱元璋、朱棣父子都尊崇"理学",以朱熹《四书集注》和理学家注释的"五经"命题试士,"理学"便成为统一全国思想的官学。后朱棣敕胡广等纂修《四书大全》《性理大全》,辑宋元理学诸儒之说,《四书集注》被看成科举取士的法典,甚至答卷文字的内容也不能违背朱注。儒家著作被经典化,并使儒家思想经 1700 多年之后,获得真正的法定的"独尊"地位。

儒学对中国 2000 年来的影响可谓沦肌浃髓,不仅支配了意识形态的各个领域,并且通过意识形态加强着封建统治的上层建筑,而且还影响到社会生活的各个方面。

当近代西方殖民主义东侵，基督教传教士东来，他们迅速认识了儒家学说的地位和作用。为适应本地文化，从而使传教顺利进行，必须首先了解儒家文化传统，熟读"四书"及其他中国经典便成为他们适应这种与他们迥异的社会和文明的必要途径。

利玛窦（Matteo Ricci，1552—1610）来华后，在广东肇庆学习儒家经典，很快便深通中国经籍，1594 年（万历二十二年）他将《四书》译成拉丁文寄回本国。一般认为，这是儒家经典最早西译的文本，可惜译本亡佚。这之后，随着传教的发展，一方面为了方便传教，并在"礼仪之争"（"礼仪之争"的内容包括：1. 尊祖之礼；2. 祭祀之礼；3. 祭天之礼。实质是天主教教义与中国文化传统之间有没有或有多少共通之处。这场争论当然是服从于传教事业，并受制于天主教各派之间的明争暗斗，反映了他们所代表的各自国家殖民势力在中国的争夺）中为自己辩护，一方面为了满足欧洲知识文化界的猎奇心理，儒家经典的译本不断出现。

1662 年（康熙元年）殷铎泽（Prospero Intorcetta，1625—1676）、郭纳爵（Ignatius da Costa）将所译之《大学》拉丁文本在江西建昌府刊刻，书名为《中国的智慧》，附序言和《孔子传》。《大学》译成后，殷铎泽又将《中庸》译成拉丁文，书名为《中国之政治道德学》，于 1667 年和 1669 年分别刻于广州及印度果阿，并于 1672 年出版了巴黎本，书末附法文和拉丁文的《孔子传》。1687 年，柏应理（Philippe Coupler）、殷铎泽、鲁日满（F. de Rougemont）、恩理格（Christian Herdtricht）奉路易十四敕令合编《中国之哲人孔子》（*Confucius Sinaran Philopher*）的拉丁文本在巴黎出版，中文标题为《西文四书直解》，其中并无《孟子》。此书包括四个部分：1. 柏应理上法王路易十四书；2. 导言和"中国哲学解说"一文，前者论《四书》的历史及旨要，后者说明中国经籍的性质并略举重要注疏，同时述及儒家与佛老的区别，并附《周易》六十四卦及其意义；3.《孔子传》，系殷铎泽作；4.《大学》《中庸》《论语》译文，系殷铎泽和郭纳爵所译，三书皆附注疏。该书同年再版时增加了中国传教史。此书编辑的本义是为中国传教中出现的礼仪问题辩护，故把中国描写为完美无缺的文明先进，是值得赞美和模仿的理想国家。它的出版，使欧洲学者开始注意中国。莱布尼茨（G. W. Leibniz）看到此书后，在给友人的信中称："今年巴黎曾发行孔子的著述，彼可称为中国哲学之王者。"孔子被尊为天下先师及道德与政治哲学上的最博大的学者和语言家，由此在欧洲掀起了一股"中国热"。

这之后，比利时传教士卫方济（Francais Noel）将《大学》《中庸》《论语》《孟子》《孝经》《三字经》译为拉丁文，书名为《中国六大经典》（*Sinensi libri classlci sex*）。此书译者按自己的理解并参照中国古注直译，如《大学》译成"成年人之学"，译文冗长杂漫。其书于1711年（康熙四十八年）由巴拉加大学图书馆印行，后被译为法文，法文译本前加文论中国政治哲学及伦理哲学的内容、性质及效果。此书在欧洲有较大影响，如莱布尼茨、沃尔弗等关于中国的知识都曾受过它的影响。卫方济又以拉丁文著《中国哲学》与前书同时同地刊行，因两书对中国哲学的赞美，曾一度被罗马教皇禁止发行。

这一时期，还有其他一些人翻译"四书"。如蒋友仁(Michael Bonoist)译《孟子》(未成)，《北京耶稣会士中国纪要》第一卷无名氏所译《大学》《中庸》等，白乃心所著之意大利文《中国杂记》书末附《中庸》译文及《孔子传》等。

第一个《四书》英译本由大卫·科利完成，1828 年在马六甲出版。但此本流传不广。首部权威的《四书》英译本，1861 年由英国伦敦会传教士理雅各(James Legge，1815—1897)完成。理雅各 1840 年东来，任马六甲英华书院院长，1843 年随书院迁到香港，在港居住达 30 年。1858 年他着手翻译十三经，并拟各附原文和注释及长篇结论。1895 年五卷本《中国经典》出齐，包括《大学》《中庸》《论语》《孟子》《诗经》《书经》《礼记》《易经》《春秋》《左传》。这一成就是至今任何英国个人作者的有关作品都无法比拟的。回国后，其因在翻译和研究中国经典方面的卓越成就，1876 年被牛津大学聘为汉学讲座第一任教授，直至去世。《四书》是他最早完成的译本，也是他的成名作。

德国直到 1798 年才开始翻译《论语》。民国初年，卫礼贤(Richard Wilhelm)将《论语》《孟子》《大学》《中庸》译为德文。俄国直到十九世纪末二十世纪初，《论语》《孟子》等儒家典籍的俄文译本才陆续出版。俄传教士阿·列昂节夫最先将《大学》《中庸》译为俄文。有俄国汉学鼻祖之称的传教士比丘林(Nikita Yakovlevich Bichurin)曾译有《四书》，并称《四书》"包括着关于道德和治国的最纯正的概念"。曾任沙俄驻北京总领事的著名汉学家波波夫（Pavel Stepanovich Popoff），于1904 年将《孟子》译成俄文，并作注，在圣彼得堡出版。1914年他又翻译出版了《论语》的俄译本，附注释和介绍。十九世纪末至二十世纪初，还有不少《四书》译本出现，如法国神甫顾赛芬（Seraphin Couvreur）译有《四书》，意大利罗光主教译《论语》《大学》《中庸》，吴宗文译《孟子》，等等。

二十世纪，"四书"译本越来越多，据不完全统计，光是英文译本就有近十种之多。包括莱尔（L. A. Lyall）的《论语》（1909）、《孟子》（1932），庞德（Ezra Pound）的《论语》等，A. 韦利（Arthur Waley）的《论语》，刘殿爵（D. C. Lau）的《论语》《孟子》，韦尔（James Ware）的《论语》《孟子》，多布森（Dohson）的《孟子》，贾尔斯（Lionel Giles）的《孟子》，苏慧廉（W. E. Soothill）的《论语》等译本。

我国学者在经典西传中，也作出了巨大的成绩。如颇为古怪的辜鸿铭译《论语》《中庸》。其译文也别出心裁，"只要可能，一概不用中国人名、地名"，甚至将某些概念生搬硬套西方的概念，如译"天命"为"上帝的律令"，译"圣人"为"献身宗教之人"等。为了使思想和内容易于被西方人理解和认识，他还广征博引西方的名句、典故参证注释，以"勾起读者原来熟悉的思路"。辜氏的译文颇对西方人的口味，广为流传。《清史稿》载辜"译四子……西人见之始叹中国学理之精，争起传译"。林语堂亦醉心于向西方介绍中国文化，编有《中国的智慧》《印度和中国的智慧》《老子的智慧》等。他全译了《中庸》及《论语》《孟子》的部分章节。

近代以来，中西文化交流流出的是古代文化，流入的是西方近代文化。在早期，这"流出"的工作主要是由西方传教士完成的，二十世纪以后，这一工作主要又是由国外汉学家完成的。长期以来，国际文化市场上流行的研究中国文化的出版物，几乎都是西方人写的，中国文化的研究在一定程度上被西方人导向，可以说是"喧宾夺主"。中国文化如何走向世界，是我们面临的重大任务。

当今的世界，进入了全球文化的时代，任何文化不可能孤立地生存和发展，都需要通过人家的文化来定位自己的文化，吸收别国的文化以健全本土文化。东西文化两个大系正在互相看齐、靠拢。特别是二十世纪，西方世界的经济危机和两次世界大战的冲击，人们开始转向历史思索，对现代朝何处去提出了疑问。西方学者对西方文化开始怀疑，从斯宾格勒所著之《西方的没落》，到汤因比等关于中西文化的讨论，无不贯穿这一思想：西方文化将衰微，世界的希望在于东方文化特别是中国文化的复兴。东方文明的智慧，中国文明的智慧，成为西方学者赖以诊治西方文明的良药。而老庄的书、《周易》、禅宗方面的书在全世界范围的升温，反映了世界对中国文化的关注，对中国文化资源的需求。但从下面这个资料我们看到的是遗憾："联合国教科文组织各国代表作品丛书"已收书 850 种，其中，中国代表作品译成英文的仅 28 种，译成法文的仅 18 种。译成英文的作品中，竟没有完整的《论语》《大学》《中庸》。由此可见，西方一些学者发出的"世界缺乏中国文化资源"的叹息实出无奈。

　　被动的等待，或称守株待兔现象，使得近代中外文化交流中留下了许多的遗憾。记得毕加索晚年曾写信给一位中国著名画家说，当他知道东方艺术之源在中国而不在日本时，已经太老。他很想来中国看看，却不敢来。因为他担心当他亲眼看到中国，点燃起他的艺术激情时，已无力用画笔来表现他的感受了，那时，他会更痛苦。因此他只好在心里深埋下这一终生的遗憾。

　　我们有感于此，才萌发了编辑出版一套中国经典汉英对照丛书的念头。中国文化广袤无垠，我们只是摘取其中很小的一个方面，希望通过它，对中国近代的文化交流，特别是经典西传作一反思，希望为宣传中国文化做一点基础性的工作，为广大的国内读者提供一套较权威的中国经典英译本，以便研究、学习和提高；更希望它成为西方读者了解中国传统文化的一套读本。基于以上的原因，我们把《汉英四书》作为这套读本的第一种首先出版。

　　"四书"译本颇多，本书选用理氏译文，并非随意。理氏是西方汉学研究中里程碑式的人物，他所译之多卷本《中国经典》，使儒家的主要经典有了较完整的英译本，每书所附之注释和论文是颇有深度的研究成果。他的翻译和研究被誉为"标志着汉学史上的一个新纪元"。剑桥大学教授、著名汉学家贾尔斯称："理雅各的译作是对汉学研究空前伟大的贡献。"其译本长期被奉为"标准译本"，影响了几代人。其人其书本身已成为中西文化交流的一部分。再看译文，理雅各素以"忠于原作"为己任，译笔严谨细腻。连目空一切的怪杰辜鸿铭也不得不承认他是"对中国经书具有甚为渊博而死板知识的学究"。其总的译风可以六字概括："如实、冗长、呆板。"正因为他不尚文采，刻意准确，后出的各种译文并不能完全取代他的译本。林语堂所编之《印度和中国的智慧》，选用了他的部分译文，1979 年台湾"中华文化复兴委员会"出版的《四书》英译本，《大学》和《孟子》即以理氏译文为基础。

在校注理雅各的译文时，校注者参考了辜鸿铭、林语堂、韦利等人的部分译文。校注原则是尽量尊重原译，对明显的误译、错译、漏译作了补正，并适当加注，改用汉语拼音拼注书中的人名和地名。

理雅各的英文译文，系以通用的《四书集注》为底本。《四书》作为一套经书开始流行时，其次序是首《大学》，次《论语》，次《孟子》，最后才是《中庸》。后世通行的《四书》，以《大学》《中庸》篇页不多，合刻为一本，然后是《论语》及《孟子》，大概是从装订方便考虑，并不合朱熹所定次序。本书的原文，仍以通行的《四书集注》为底本，参考其他本子点校。初版时，未附白话译文。此次重版，根据读者要求，补充了已故著名古汉语学者杨伯峻先生的白话译文。这样此书就堪称汉英、文白对照的"完璧"了，既便于外国朋友阅读，又便于国内的中青年朋友阅读。原刘重德先生为《大学》《中庸》《论语》和罗志野先生为《孟子》作的脚注移到了书后。

　　在本书的重版过程中，得到著名学者、出版家钟叔河先生的关怀，并拨冗作序，同时还得到杨伯峻先生的夫人徐提老师，岳麓书社社长、副编审夏剑钦老师，湖南师大外语系副教授刘超先老师的热情支持和帮助，在此深表谢意。

1994 年 4 月 22 日于长沙望月湖

《昆虫记》汉译小史(代跋)

　　法布尔(Jean Henri Fabre，1823—1915)是法国著名昆虫学家、动物行为学家、作家，十卷《昆虫记》是他耗费毕生心血写成的一部昆虫学巨著。法布尔于1823年生于法国南部圣雷翁村一户农家，童年是在乡间与花草虫鸟一起度过。1857年，他发表了处女作《节腹泥蜂习性观察记》，这篇论文修正了当时的昆虫学祖师列翁·杜福尔的错误观点，由此而赢得了法兰西研究院的荣誉，被授予实验生理学奖。达尔文也给了他很高的赞誉，在两年后出版的《物种起源》中称他为"无与伦比的观察家"。1879年《昆虫记》第一卷问世，1910年第十卷出版。1915年，92岁的法布尔在他钟爱的昆虫陪伴下，静静地长眠在荒石园。他一生著述甚丰，著有许多科学论文和科普作品，其中最有影响的是十卷本的《昆虫记》。

　　法布尔那个时代研究昆虫是蹲在实验室里做分类与解剖的工作，而对昆虫生命的最高表现——本能与习性却很少研究。他穷毕生之力用田野实验的方法对昆虫进行观察与实验，《昆虫记》真实地记录下了昆虫的本能与习性，纠正了当时昆虫学权威理论的错误观点。法布尔在对昆虫生活方式、本能习性进行几乎是超细致的观察的同时，对昆虫进行了超细致的精确的艺术描写。不仅如此，他还以人性观照虫性，谈论昆虫的本能、习性、劳动、婚恋、繁衍和死亡时无不渗透着人文关怀，并以虫性反观社会人生，睿智的哲思跃然纸上。最重要的是，整部作品充满了对生命的关爱之情，充满了对自然万物的赞美之情。正是这种对于生命的尊重与热爱的敬畏之情，给这部普普通通的科学著作注入了灵魂，使这部描写微小的昆虫的书成为人类获得知识、趣味、美感和思想的鸿篇巨制。

法布尔对今天的意义主要在两个方面：一方面他是实验昆虫学的开山者，之所以能这样，是因为他具备天才、机智、不屈不挠的求真和怀疑一切的精神；另一方面，他在记录观察实验成果时，使用的散文表达方式创造了一种纯美的散文体。在这里，法布尔对于昆虫世界的描写有与巴尔扎克对于法国社会的描写一样的那种超细致性和超精确性，科学的细致性和精确性在他这里同时构成了艺术上的美感。

1997 年之前，知道法布尔《昆虫记》的人，可能大多是读了周作人的《法布耳〈昆虫记〉》，并且许多人也由此被昆虫诱惑。舒芜在《读书》上的一篇《远亲的消息》中，就说他是十二三岁时从《自己的园地》中读到《法布耳〈昆虫记〉》一文，开始神往，以后多次重读，发现它"不仅是爱玩昆虫的儿童爱看，越是于生命有体味的成人老人越会爱看"。他等了六十多年，1998 年得到王光的节译本。这本子刺激了他，使他生发出

"何时可以读到全书的中译本呢"的慨叹。

在中国第一个介绍法布尔《昆虫记》的，正是周作人。《法布耳〈昆虫记〉》最初在1923年1月26日《晨报副镌》上刊出，之后收入了《自己的园地》。周作人这篇文章中说：

> 法布耳的书中所讲的是昆虫的生活，但我们读了却觉得比看那些无聊的小说戏剧更有趣味，更有意义。……我们看了小说戏剧中所描写的同类的运命，受得深切的铭感，现在见了昆虫世界的这些悲喜剧，仿佛是听说远亲……的消息，正是一样迫切的动心，令人想起种种事情来。他的叙述，又特别有文艺的趣味，更使他不愧有昆虫的史诗之称。戏剧家罗斯丹（Rostand）批评他说，"这个大科学家像哲学者一般的想，美术家一般的看，文学家一般的感受而且抒写"，实在可以说是最确切的评语。默忒林克（Maeterlinck）称他为"昆虫的荷马"，也是极简明的一个别号。

同年8月4日和8月25日，周作人接着又在《晨报副镌》上发表了两篇转译自美国哈恩布路克编《昆虫故事》（法布尔原著）中玛托思英译本的《蝙蝠与癞虾蟆》《蜘蛛的毒》，署名作人。为纪念法布尔诞辰一百年，周作人由英国麦妥思英译本转译了《爱昆虫的小孩》，译文后附有长篇《附记》，将法布尔及其《昆虫记》又作了一番全面的介绍。该文刊发于1933年9月《妇女杂志》9卷9号，署名周作人。1933年10月14日他在《大公报》刊出《蠕范》一文，甚至发出慨叹："读一本《昆虫记》，胜过一堆圣经贤传远矣。"1935 年 3 月在《文饭小品》第 4 期上发表的《科学小品》中，周作人再次谈到：

> 我不是弄科学的，但当作文章看过的书里有些却也是很好的科学小品，略早的有英国怀德的《色耳彭自然史》，其次是法国法布耳的《昆虫记》。这两部书在现今都已成为古典了，在中国知道的人也已很多，虽然还不见有可靠的译本，大约这事真太不容易，《自然史》在日本也终于未曾译出，《昆虫记》则译本已有三种了。

这往后几十年，只要有机会，周作人总会引征《昆虫记》。我们稍稍翻查一下，他的自编文集，如《苦口甘口》《苦茶随笔》《自己的园地》《泽泻集》《夜读抄》《立春以前》《饭后随笔》《瓜豆集》《冥土旅行》等中，都有文字涉及法布尔或《昆虫记》。

鲁迅先生也一直钟情于《昆虫记》，据鲁迅日记中关于法布尔《昆虫记》的记载，他从 1924 年起就开始购买："下午往东亚公司买《辞林》一本，《昆虫记》第二卷一本，共泉五元二角。"（十一月二十八日日记）因《昆虫记》是分册出版，版本又很多，不易购齐，这之后鲁迅一直在搜购。请看鲁迅先生书账中关于购买《昆虫记》的部分记载：

> 1924 年 12 月 16 日：东亚公司送来亚里士多德《诗学》一本，勖本华尔《论文集》一本，《昆虫记》第一卷一

本，共泉六元四角。

1927 年 10 月 31 日：上午得淑卿信，二十四日发，又《昆虫记》二本，书面一枚。午后往内山书店买《昆虫记》一本，文学书三本，共泉八元。

1930 年 2 月 15 日：午后往内山书店买《昆虫记》（分册十）一本，六角。

1930 年 5 月 2 日：往内山书店买《昆虫记》（五）一本，二元五角。

1930 年 12 月 23 日：下午往内山书店买小说二本，《昆虫记》二本，计泉八元。

1931 年 1 月 17 日：往内山书店买《昆虫记》（六）一本，二元五角。

1931 年 2 月 3 日：买《昆虫记》（六至八）上制三本，共十元……

1931 年 9 月 5 日：午后往内山书店，得《书道全集》（二十二）一本，《岩波文库》本《昆虫记》（二、一八）二本，共泉三元六角。

1931 年 9 月 29 日：午后往内山书店买《世界裸体美术全集》（二及五）二本，十五元；丛文阁版《昆虫记》（九）一本，二元二角。

1931 年 11 月 4 日：午后往内山书店买《书道全集》（一）、《昆虫记》各一本，共泉五元。

1931 年 11 月 19 日：下午往内山书店买《昆虫记》布装本（九及十）二本，共七元……

　　直到 1936 年年初鲁迅还给友人写信，请托购买。1936 年 3 月 21 日，鲁迅致当时留学日本的翻译家许粤华的信中说《昆虫记》"德译本未曾见过，大约也是全部十本，如每本不过三四元，请代购得寄下，并随时留心缺本，有则寄为荷"。当时，鲁迅身体已经很不好，半年后即辞世。周建人《鲁迅与自然科学》也记到，直到生命最后一年，鲁迅还在从欧洲陆续邮购《昆虫记》英译本，计划两兄弟合译出来。现在，我们翻看鲁迅的藏书，光日文版本就有三种：一、大杉荣等译，大正十三年至昭和六年（1924—1931）东京丛文阁版精装本；二、林达夫、山田吉彦译，昭和五年至十七年（1930—1942）东京岩波书店出版，"岩波文库"本；三、大杉荣、椎名真二译，昭和三年至六年（1928—1931）东京丛文阁版平装本。

　　鲁迅买《昆虫记》、读《昆虫记》、想译《昆虫记》，不仅仅是因为它在西方文化中的地位，而是更看重它在中国现代文化的发展和中国国民性改造中的作用。他从《昆虫记》中得到了知识、启发，获得了武器。鲁迅是人性和国民性的解剖者，他一生致力于的目标之一便是中国现代文化的发展和中国国民性的改造，而他常常以《昆虫记》的例子来作人性和国民性的解剖。1925 年 4 月，他在《春末闲谈》中谈到法布尔："自从法国的昆虫学大家发勃耳（Fabre）仔细观察之后，给幼蜂做食料的事可就证实了。而且，这细腰蜂不但是普通的凶手，还是一种很残忍的凶手，又是一个学识技术都极高明的解剖学家。她知道青虫的神经构造和作用，用了神奇的毒针，向那运动神经球上只一蜇，它便麻痹为不死不活状态，这才在它身上生下蜂卵，封入窠中。青虫因为不死不活，所以不动，但也因为不死不活，所以不烂，直到她的子女孵化出来的时候，这食料还和被捕当日一样地新鲜。"这些知识当然是来自法布尔。在文中，他借细腰蜂发一通议论，表明他对人类社会、对历史的看法，他对中国古代的圣君、贤臣、圣贤的"黄金世界"作了批判，揭露了古今中外那些为现实政治统治权力而编造出来的文化理论和文化学说。又如，鲁迅在谈到知识分子的启蒙时，主张首先是要有好读物，适于青年的读物。他特别指出："单为在校的青年计，可看的书报实在太缺乏了，我觉得至少还该有一种通俗的科学杂志，要浅显而且有趣。可惜中国现在的科学家不大做文章，有做的，也过于高深，于是就很枯燥。现在要 Brehm 的讲动物生活，Fabre 的讲昆虫故事似的有趣，并且插许多图画的；但这非有一个大书店担任即不能印。至于作文者，我以为只要科学家肯放低手眼，再看看文艺书，就够了。"(《通讯》)

鲁迅在 1933 年写的《"人话"》一文中，以法布尔《昆虫记》为例，谈到读书观文的要旨，要能读出作者的观点立场来。他极不主张说教。他说："现在很有些人做书，格式是写给青年或少年的信。自然，说的一定是'人话'了。但不知道是哪一种人话？为什么不写给年龄更大的人们？年龄大了就不屑教诲吗？还是青年和少年比较的纯厚，容易诓骗呢？"鲁迅在《小杂感》《名人和名言》等文章中都借昆虫发表了他的大见解。鲁迅读《昆虫记》，《昆虫记》成了投枪，战斗的利器。从中我们不难看出其思想的基础和出发点。

　　而周作人，关于《昆虫记》，有更充足的议论和看法。他在《祖先崇拜》一文中有一句话："我不信世上有一部经典，可以千百年来当人类的教训的，只有纪载生物的生活现象的 biology（生物学），才可供我们参考，定人类行为的标准。"对这句话，他后来反复加以引用申说。他在《我的杂学（九）·生物学》（1944 年）一文中，在重复了上一句话后发挥道："这也可以翻过来说，经典之可以作教训者，因其合于物理人情，即是由生物学通过之人生哲学，故可贵也。我们听法勃耳讲昆虫的本能之奇异，不禁感到惊奇，但亦由此可知焦理堂言生与生生之理，圣人之易，而人道最高的仁亦即从此出。"在《十堂笔谈（六）·博物》（1945 年）一文中，他再次重申这句话："生物学的知识也未始不可为整个人生问题研究之参考资料……我不信世上有一部经典，可以千百年来当做人类的教训的，只有记载生物的生活现象的比阿洛支，才可供我们参考，定人类行为的标准……我至今还是这样想，觉得知道动植生活的概要，对于了解人生有些问题比较容易……如《论语》上所说，多识于鸟兽草木之名，与读诗有关，青年多认识种种动植物，养成对于自然之爱好，也是好事，于生活很有益，不但可以为赏识艺文之助。生理生态我想更为重要，从这里看出来的生活现象与人类原是根本一致，要想考虑人生的事情便须得于此着手。"周作人论述道，中国人一向是拙于观察自然的，自然科学在中国向来就不发达，而所谓植物或动物学从来都只是附属于别的东西之上，比如说经部的《诗经》《尔雅》，史部的地志，学部的农与医。地志与农学没有多少书，关于不是物产的草木禽虫就不大说到了，结果只有《诗经》《尔雅》的注笺以及《本草》可以算是记载动植物事情的书籍。可见博物学向来只是中国文人的余技，而他们关心的都是造物奇谈，这些东西有的含有哲理，有的富于诗趣，这都很有意思，但其中缺少的却是科学的真实。自然考察薄弱的同时，我们又往往喜欢把这些与人事连接在一起，将自然界的种种儒教化、道教化，将人类的道德用于自然。鲁迅的《"人话"》一文便是针对这一点而来。然而，周作人的脾性不像哥哥那般的锋芒毕露，而是冲淡平和，他在自己的文章中几十年如一日地谈论博物，推举多识鸟兽虫鱼，其思想的深刻和对中国文化批判的力度，并不输给哥哥。他反用《论语》里的"小子可莫学夫诗"一章说："多识于鸟兽草木之名，可以兴，可以观，可以群，可以怨，迩之事父，远之事君，觉得也有新的意义，而且与事理也相合，不过事君或当读作尽力国事而已。"[《我的杂学（九）·生物学》]他又说道："中国国民的中心思想之最高点为仁，即是此原始的生存道德所发达而成，如不从生物学的立脚地来看，不能了解其意义之深厚。我屡次找机会劝诱青年朋友留意动物的生活，获得生物学上的常识，主要的目的就在这里。其次是希望利用这些知识，去纠正从前流传下来的伦理化的自然观。"[《十堂笔谈（六）·博物》]

周氏两兄弟对《昆虫记》的推崇，共同点在这本书是有趣的、有益的，对青少年来说是难得的科学精神和科学知识的普及读本，立足点都是中国国民性的改造和中国现代文化的发展。对鲁迅先生来说，还夹杂有对生物科学的感情因素。"鲁迅先生从学医的时候起，及以后，对于生物科学及生物哲学都很有兴趣。他在去世不远的几年前还翻译过《药用植物》，又想译法布尔的《昆虫记》，没有成功。"［乔峰（周建人）：《略讲关于鲁迅的事情》，31页，北京，人民文学出版社，1954］而周作人则从其闲适冲淡的人生哲学和审美趣味出发，在《昆虫记》中看到更多的是文艺的趣味和生物生理的启蒙，对"诗与科学两相调和"带来的美感大加推崇。

正是周氏兄弟的这般推崇、介绍，国人开始知道法布尔和《昆虫记》，开始翻译法布尔作品集。

1927年上海出版了林兰的选译本《昆虫故事》（据《昆虫学忆札》译后记），1933年上海商务印书馆出版了王大文据英文改写本译成的《昆虫记》一册（版权页注明：原著 J. H. Fabre，英译者 Alexander Teixeira De Mottos，重述者 Mrs. Rodolph Stawell，译述者王大文，发行人朱经农。英文原名 *Fabre's Book of Insects*。这个本子以后多次重印，收入不同的套书中），有插图5幅，正文共16章，无任何前言后记说明文字。同年，上海儿童书局出版了《法布尔科学故事》（第一集）再版本（显然该书初版要早于此年），董纯才译，101页，有插图。二十世纪三十年代中期还翻译出版过一些法布尔的其他作品和传记，如1935年上海开明书店"开明青年丛书"中的《科学的故事》，宋易译。该书译序说："这译本的初稿是在1931年秋完成的，所根据的本子是F. C. Bicknell氏的英译本，和大杉荣与伊藤野枝两人的日译本。"译序中还谈到顾均正译有法布尔的另一本同类著作《化学奇谈》。1935 年 7 月，商务印书馆王云五、周昌寿主编的"自然科学小丛书"中收入《法布尔传》二册，原书名 *Fabre, Poet of Science*，原著者 G. V. Legros，林奄方译。该书收有法布尔的生活、研究、交友、住宅等照片十余张。1936 年中华书局出版向仲据 F. C. Bicknell英译本重译的《法布尔科学故事》。另外，从《商务印书馆图书目录 1897—1949》中，我们知道曾出版过一本法布尔的《科学故事》，宋一重译，收入"新小学文库五年级自然科"，没注明出版时间。这些大概是二十世纪三十年代我国对法布尔的译介简况。二十世纪四十年代，上述法布尔的图书继续重版，又添了其他的品种。1945 年 8 月，开明书店出版了宋易翻译的《家常科学谈》，这也是个从英文本转译的本子，英文原名为 *The Secret of Everyday Things, Informal talks with the Children*，F. C. Bicknell译自法文。据译者称，此书从 1932 年开始断断续续译了十几年。他还提到成绍宗译有法布尔的《家禽的故事》。1948 年光华书店出版了一本法布尔写的《生物奇谈》，仍是宋易译，该书收入"大众科学丛书"。三四十年代出版的这一些法布尔的著作，70 岁以上的老辈知识分子，都会有依稀的记忆。家父说四十年代读中学时，老师曾推荐他们读法布尔的《昆虫世界》，开明书店出版，贾祖璋译。当我将这一说法求证于何兆武先生时，他说他小学时读的，正是贾祖璋的译本，书名没印象了，但记得封皮是蓝色的，点缀了许多的小星星。生物学家邹䎵宾先生说读过法布尔，书名好像是《昆虫世界漫游记》。五六十年前的事情，记忆不一定准确，贾祖璋有鸟类译著和著作多种，当是鸟类学家，尚未查到他有关昆虫学的译著。《昆虫世界漫游记》，开明书店1947年的确出过一种，收入"世界青少年文学丛刊"，是一本小说体裁的作品，原作者是苏联的拉丽，黄幼雄转译自日译本。但这些都说明了法布尔在我国的影响。

姑且将二十世纪三四十年代称为法布尔传入的第一阶段。从目前所掌握的法布尔的译本的版本看，主要是把他当作一位科学普及作家，对象主要是青少年读者。虽然他们也强调"为梅特林克颂为'昆虫的荷马'的法布尔，这科学的诗人的文字和谈话正是些美丽的散文，活的有生命的小品"（《家常科学谈》译者序注）。

五六十年代，法布尔的和关于法布尔的书仍有出版，既有重版本，也有新译本。1951年上海百海书店出版了沙克军翻译的《昆虫的故事》，收入"百新青年丛刊"，这是一个据英文节译本转译的译本。同年，北京开明书店出版了顾瑞金翻译的《蜘蛛的故事》，书前有梅特林克的长文《昆虫的诗人》；这是一篇重要的评介文章，文中他写道："天赋的诗人气质，使得法布尔能够避免人工的虚饰而又富于情趣，自成一格，能跻身今日第一流的散文作品之列。"也是他给法布尔冠上"昆虫的荷马"的美名。仍是这一年，天津知识书店出版了一本法布尔传记《昆虫的好伴侣——法布尔》，严大椿编撰，收入"新少年读物"之中。此书1956年又由上海儿童读物出版社重印，书名《法布尔》。二十世纪三十年代王大文的译本《昆虫记》1956年修订重印，24开，彩色插图14幅，改名《昆虫的故事》，1995 年广东人民出版社租型印刷过。这个本子 1974 年在台北出版，书名改回《昆虫记》。1963 年上海少年儿童出版社"科学家传记丛书"中出了一本《法布尔》（*The Insect Man*），原著为英国人 E. Doorly，徐亚倩译。1976 年台北徐氏基金会出版《昆虫的生活》，洪需浓译，收入"科学图书大库·童子军科学丛书"。

二十世纪八十年代，商务印书馆的"外国历史小丛书"中出了一本《"昆虫汉"法布尔》，胡业成著。1981 年少年儿童出版社出版了张作人译的《胡蜂的生活》，由法文本译出，收入"少年自然科学丛书"，此本当是第一个译自法文原作的选本。同年黑龙江人民出版社出版日本小林清之介著、宋世宜译的《法布尔》，1983 年上海少年儿童出版社重版严大椿编著的《法布尔》。1987 年北京科普出版社出版法国勒格罗著、张正严等译的《法布尔生平》。

这 40 年，法布尔留给读者的印象不能说太深。30 岁至 60 岁的人中，知道法布尔，读过《昆虫记》的并不多，其影响大大不如第一阶段。

当我们把镜头切换到二十世纪九十年代，完全是一番不同的景象。1992 年 12 月作家出版社悄悄抛出一个由法文原版选译的本子《昆虫记》，王光译，罗大冈作序，此本为"四季译丛"中的一种，出版后一直湮没不彰。这个本子在法布尔的翻译介绍上有其地位，它不是将法布尔的名著《昆虫记》改写成浅显易读的儿童读物，而是强调它在文学史上的地位。罗大冈先生的序说："《昆虫记》在法国自然科学史与文学史上都

有它的地位，也许在文学史上的地位比它在科学史上的地位
更高些。"并谈到文学界尊法布尔为"昆虫世界的维吉尔"，法
国学术界、文学界甚至推荐法布尔为诺贝尔文学奖的候选人。
可惜这个本子并没有引起读书界的注意。1997年6月花城出
版社出版了据法文本选译的《昆虫的故事》，黄亚治译，梁守
锵校，10余万字，配30幅插图。这个本子"因其所选内容更
符合中国读者的兴趣所在，加以低廉的定价(9.60元)"，"颇
受读者青睐"(《动物行为图书热销中》，载《中华读书报》，
1999-2-10)。大概是这本书引发了法布尔《昆虫记》新一轮的
出版热潮，这本科学与艺术完美结合的巨著再次成为读书界、
青少年关注的热点。1997年12月，作家出版社将《昆虫记》
选译本修订重版，并于1999年推出"观照生命书系"九种——
《蜘蛛画地图》《公鸡背母鸡》《乌鸦照镜子》《害虫记》《胡蜂的甜
言蜜语》《在太阳里打瞌睡》《燃烧的大拇指》《感情动物》《敬畏
生命·法布尔传》，太阳工作室译，未注明所据文本。河北教
育出版社于1998年出版了《昆虫物语》，太阳工作室译，系
"观照生命书系"之一，未注明所据文本。据有关专家将之与
法文原著比读，发现并不能完全切合，推测可能译自日文本。
上海文化出版社1998年出版《昆虫世界》，谭常轲译，未注明
所据文本，收入"第一推荐丛书"。湖南教育出版社1999年出
版王光译《昆虫学忆札》，收入"世界科普名著精选"(与作家出
版社本多有重复)。海南出版社1999年12月推出《法布尔观
察手记》(精华卷)6种——《蜘蛛的生活》《蝎子的生活》《象鼻
虫的生活》《苍蝇的生活》《石匠黄蜂》《昆虫家族神奇的本能》，

据多家英文本译出。与此同时，法布尔的传记也出版了三四个之多。短短三年多时间里，出版界上演了一出空前的"昆虫总动员"，出版法布尔的《昆虫记》及其他的作品达十余种。但大多数版本似乎是跟风赶潮，恐怕是商业动机大于其他，这是昆虫的另一种诱惑了。不由得想起法布尔的那句话："我们抱着幻想以最挚爱的方式爱抚过的东西，最终总是会遭到现实无情的蹂躏。"（《昆虫记》卷十）海峡对岸似乎感应到了母体内昆虫的这般躁动，遥相呼应，于1993年出版了8卷本《昆虫记》（包括一本法布尔传），此书系据奥本大三郎日文改写本转译过来，东方出版社出版。2001年又推出一个选译本《昆虫诗人法布尔》，张瑞麟译，梅林文化公司出版。

二十世纪九十年代的这一出"昆虫总动员"，以花城出版社2001年1月推出的由法文原本译出的《昆虫记》十卷全译本，附法布尔的女婿勒格罗为该书绘制的全部昆虫插图（可惜没注明），画上了一个完满的句号。这位犹抱琵琶半遮面的美人终于亮出了全身。而从周作人、鲁迅最初介绍并呼唤有人来翻译编纂算起，已近80年了。《昆虫记》这部经典在经历了百年的介绍和节译后，终于有了从法文原文直接翻译的全本，是一件值得庆贺的事。传媒和读书界反应热烈，值得特别指出的是，王富仁长达5万余字的长篇论文《由法布尔〈昆虫记〉引发的一些思考》（载《鲁迅研究月刊》，2002年第3、4期），从鲁迅讲起，对中国的自然科学传统、中国学术与社会科学、近代科学的引进和现代化、科学与文学的关系、如何尊重生命等问题作了深刻的反思。昆虫们终于完成了它们对中国出版人的诱惑，站到了中国读者的面前。鲁迅先生地下有知，也会感到欣慰，知堂老人"真希望有人来做这翻译编纂的事业"的期盼终于盼到了。最幸运的是中国的青少年读者和广大的《昆虫记》迷们有福了，不仅可以享受到"生命的真实细节的美"，朴素真诚的文字里渗出的纯美的散文，还可完整地体会法布尔精神：对主流思潮的冷静思索和怀疑，对人类理性及知识结构不屈不挠的探索和补缺，对生命的敬畏和关爱……

刊《读书》2002 年第 7 期

《2005—2006〈随笔〉双年选》序

从今年开始，我们决定每两年对《随笔》杂志做一次回顾，出一个选本。放在我们面前的这个本子选自 2005—2006 年度的 12 期杂志。

《随笔》自创刊以来，逐渐形成了以人物为中心，以文史为特色，推崇独立思考，力主讲真话的风格。2005 年年初，我们作了一个问卷调查，最让我们兴奋的是，在我们对读者的职业构成进行统计分析时，发现杂志的读者构成比想象中的目标读者群要广泛得多，人文社科研究人员、律师、公务员、编辑记者等一类的读者占百分之五十一，大中学老师占百分之十七点二，让我们吃惊的是自然科学、工农兵商经金融等界人士占百分之三十二点二，近三分之一，大中学生占百分之一点四。可见她不是一份学院式的或书斋里的文人的杂志，而是宽泛意义上的知识分子的杂志，读者对象是有中等以上文化知识教养的公民。

有专家说，一台好的音响是你在听音乐时，感觉不到它的存在。作为音乐爱好者，我凭直觉，得出的认识也差不多，重要的是音乐，而不是器材。一份杂志大概也应该是这样吧，重要的是里面的文章，而不是杂志本身。杂志只是作者和读者见面的平台。《随笔》自创刊以来，努力搭建的就是这么一个平台，为了能保持这个平台的风格和影响，与时俱进，下面谈几点想法。

办刊启蒙。前主编杜渐坤先生在谈到《随笔》二十多年的发展时，认为经历了三个阶段：创刊初期以传播中国文化文史知识为主，从一个侧面洞开了"四人帮"的思想禁锢，活跃了思想文化界；1982年开始，思想锋芒慢慢显示出来，它反映知识分子的心声，力主讲真话；第三个阶段是1993年开始，提倡作者真话能说多少说多少，形成"当代诸子百家言"的局面，思考的问题更广阔更透彻，思想解放程度也更大。可见《随笔》一直坚持、继承了二十世纪八十年代"思想解放"运动的传统，并将之发扬光大。我们稍稍留心就不难发现，进入二十一世纪后，随着社会经济的发展，上世纪头二十年开了头而未及完成的事，我们现在仍然在做：市场经济、宪政、培育公民社会、扩大自由空间……我们留心观察，还会发现，"五四"以来启蒙的基本命题——自由、法治、理性、科学、民主等，和基本任务——灌输现代公民和现代国家的基本观念，仍有待普及和深入。一句话，启蒙的任务还没完成。因此，《随笔》在高举思想解放大旗的同时，一方面要关注社会民生，思考历史和未来，另一方面也要介绍世界先进文化，将中国放在世界范围来考量。因此我们强调《随笔》的主要任务仍是启蒙。什么是"启蒙"？通俗地说，就是将常识说透，让常识深入人心，开启民智。

办刊包容。这两年中，我们广泛联系、拜访了各地的文化人、学者、作家等以及杂志同行，他们提出了很多的建议和希望。其中一点便是希望我们办刊时，更多一份包容：从思想、观点、内容，到学派，到文笔，到作者构成。这也是不少读者来信来电给我们建议的。我们很赞同。西方有一句名言："虽然我不赞成你的观点，但我誓死捍卫你说话的权利。"这就是包容。包容是一种态度，更是一种境界，是我们今天办刊要强调的立场。只要谈的人和事平实客观，发的议论理性而富于启发，行文清畅可读，表达的情感质朴感人……一句话，只要是言之有文，言之有情，提供知识，启发思想的好文章，就应该让他在这个平台上说话。当然，在当下思想文化这种多元共生的语境下，作为一份刊物，她仍会有自己的选择和坚守。

性情的文字。作为一份关注思想文化的文学专业期刊，她看重的首先应该是文学性。"随笔"这种文体灵活多样，既可撰物品，抒性灵，又是思想最灵活方便的表达形式。《容斋随笔》序中说："意之所之，随即纪录。"英国现代著名作家吴尔芙在论及现代随笔时说："随笔这种形式可长可短，它能容纳的内容又千变万化，可以高论上帝和斯宾诺莎，也可以漫谈海龟和契普赛大街。"这些都表明，随笔的特点就是自由随意，随时、随地、随人、随事、随心、随性、随意。由于文体的特点，它追求的不是展示社会生活的宏阔图景，也不是历史的全貌，它的第一追求是强调书写者的个人经验、感受和思考，表现的是零星的、杂碎的、片段的人生、社会、思想等，它常常是因小见大，婉约多趣。所谓性情的文字，是有情趣、有个性的文字，读来如闻其声，如见其人。叶圣陶有一段话很形象生动地表达了这个意思："不仅仅是一种意见一个主张要是你们自己的，便是细到像游丝的一缕情怀，低到像落叶的一声叹息，也要让我认得出是你们自己的而不是旁人的。"性情的文字的另一个特点就是"诚实不欺"。率真、率性、诚实是好文章的重要品格。有一位文章大家说："我们平常看书看杂志报章，第一感到不舒服的是那伟大的说谎，上自国家大事，下至社会琐闻，不是恬然地颠倒黑白，便是无诚意地弄笔头，其实大家也各自知道是怎么一回事，自己未必相信，也未必望别人相信，只觉得非这样地说不可……在这时候有一两个人能够诚实不欺地在言行上表现出来，无论这是哪一种主张，总是很值得我们尊重的了。"今天，除了那些伟大的说谎，还有大量的正确的废话、无用的信息。因此，性情的文字是我们对文章的追求。

　　理性、建设性。2005年在福建龙岩举行的中国散文（龙岩）年会，不少与会者认为，散文是个性化的抒情文体，是情动于中而形于外的最高表达，是用生命写出的文字，而随笔是思想性文字。他们对《随笔》长期以来表现出的思想锋芒给予了高度的肯定，并称之为思想散文的代表。我们把这看作对我们的鼓励鞭策。不错，《随笔》看重思想性，看重独立的、深入的思考，但她不标榜思想。见解新奇，思想锋利，固然是好文章的一大要素，但这一切以偶然得之为妙，此其一。另一方面，锋利的思想，并不是为批评而批评，为反对而反对，而是要有益于世道人心，有益于现实的改良和改造。《随笔》希望谈论的话题、思想和观点有咀嚼度，能沉淀下来，努力避免一时的新鲜、轻巧和痛快。因此理性、建设性显得尤其重要，这也应该是《随笔》的基调。

后面选出的文章，大致是按这个标准来做的。编排分五题：人物，域外，文史，杂感，其他。在回头看这两年的杂志时，心中充满欣喜。作者方阵在壮大：文化界学术界卓然有成的大家，如何兆武、葛剑雄、林达、翟永明、何怀宏、杜小真等加入了进来，还有不为《随笔》读者熟悉却颇具实力的作者，如缪哲、胡文辉、秋风、苏福忠、褚孝泉、张冠生等加入了进来，另外《随笔》多年的忠实读者也有表现，如李建纲的《瑞典的官儿怎么当》，还有吴小娟的《小凯和我们在一起》。后面这篇情真意切的回忆文章曾感动读者无数。话题和内容上有了新开拓：不再宥于文史，在开始关注并参与当代文化现象、思想流向、重大话题的讨论，如汪永晨的《四问怒江》涉及了环境保护问题，张柠的《表态运动和自由的累赘》对李敖的大陆文化之旅作了探讨；国外的人文话题明显增多，如林达的《亚马逊热带雨林里的信仰之路》，薛忆沩的《"域外读书"三则》，给人打开了一扇新的窗口。文体上，我们主张多种表现方式并存，叙事、感怀、说明、议论等，有些文章如《雨西湖》《筑巢而居》都是我们久违的"闲文"了，是我们的一个尝试。

"少说多做"向来是图书出版业的行规，杂志应该也不例外吧。多说无益，还是请大家忘了前面说的，看后面的文章吧。

2007 年春节

《貌相集》序

俗话说人不可貌相，意思是说以外貌评判一个人并不全面。本集子以图片加文字的方式互相发挥，取名"貌相集"，既是想指明图片或文字自身的局限，也是想强调这只是我的视角、我的看法，而非全面深入地研究和展示。

这本集子出发的原点是镜头。不记得是哪位摄影家说的：照片本身就是一个事件，一种经历，而不仅仅是对照相机前所发生之事的记录。但照片作为视觉"真相"，带有浓厚的主观色彩。我珍视这些照片，它记录了作者生命中的一个瞬间，也多少保留了部分环境、生活、岁月留下的个性化特征。文字记录了我与这些人物的交往，无论是一面之缘，还是持续几十年的忘年交，对我都是珍贵的记忆。希望这一组文字，能拓展镜头的视角，将照片的主观视觉深化，从某个侧面展示他们的性情、修养、学问等。

美国出版家舒斯特说过：编辑不仅仅是一个充实人生的职业，编辑本身也是一种人文教育，你因此有机会和当代最有创造力的一群人认识，结交作家、教育家以及各种各样具有影响力的人物。你等于在修一门你愿意付费的终身学习课程，不同的是，你修课的时候不但领薪水，而且还可以在知识和心灵上得到充实和满足。这组图片和文字可以作为这段话的注脚，它对我的意义则是我编辑生涯，特别是主持《随笔》杂志几年的部分答卷。

从业近 30 年，认识、结交的文化界、思想界、文艺界、学术界、科学界人物无数，跟他们的交往，成为我人生难忘的经历。还在七八年前，友人见我积累的肖像摄影颇可观，建议我将照片整理出来，配上文字出版。从《随笔》离任时，我就想启动这事，还给一些作者写了信。但杂务繁多，加上天性拖沓疏懒，更使得这事一拖经年，直到 2011 年我才开始陆续整理资料，包括 20 余年编辑生涯留下的零散记录和通信。2012 年年初开笔后，并不顺利，许多篇什从资料准备到写成几经打断，反复重来，个别篇什前后拖沓一年有余，父亲知道我的懒散，总是以很委婉的方式提醒：抓紧时间写。几年下来仅得到 40 余篇。友人建议将现有的篇什结集，其余的慢慢来。于是有了现在的集子。

本集收录了我拍摄的何兆武、朱正、钟叔河、王元化、何满子、周有光、舒芜、贾植芳、严秀、流沙河、李普、李学勤、黄裳、萧乾、牛汉、宗璞、莫言、杨宪益、葛浩文等 40 余位学者、出版家、作家、翻译家的肖像作品，撰写影像札记，全书依姓氏笔画排列。肖像作品原则上按一人一图配置，约 50 余幅，另外适当收录有特别意义的合影，以 10 幅为限，图片总计约 60 幅；文字部分，短不足千言，长则近万字，随兴而至，尽兴即止。

是为序。

2015 年元月 4 日

《貌相集》跋

　　在稿件杀青，送交出版时，我觉得还有些话想说，特别是由此勾起的一些记忆，让我颇感慨。

　　比如本集出发的原点"镜头"。读高中时（二十世纪七十年代末），家里终于有了一台飞利浦的黑白电视。看过的节目大多无印象了，现在记得的只有一个画面：一个英俊少年将小巧的照相机（后来我才知道，那是一台135mm单镜头反光照相机）装在三脚架上聚精会神地拍摄螳螂，拍一张，转一张片，流畅简洁，一气呵成。啥时候能拥有一台，成了我的人生梦想。读大学时，偶尔有机会借同学的相机拍拍照，借系里学生会的暗房设备冲晒。母亲知道我的兴趣，省吃俭用积攒了一笔钱，有一天忽然拿出两百元让我买相机，于是我拥有了一台凤凰205。当时，我们两兄妹都在上学，母亲教小学，工作繁重，家务繁杂，家境并不宽裕，超负荷运转，积劳成疾，疾病缠身，可对我们的关注却从来没有停驻，并总是以一种看似不经意的方式，满足我们的兴趣，促成我们的梦想。不久前，我曾打电话，跟她提起这事，问是怎么做到的，回答只有淡淡的一句："不记得了。"犬儿南南三岁时，有客人问：奶奶是干什么的？他脱口而出："奶奶是保护爷爷的!"他以孩童的直觉，道出了我母亲的勤劳善良、克己持家的性格特点。母亲从来没有自己，只有丈夫、儿女、学生、亲友，她是家的守护者，她就是家！在本书出版之际，首先要感谢母亲！

相比之下父亲要威严得多。我从小的学习，是他在抓，如主科语文、平面几何、英语。英语学习上，父亲不仅设法借来卡式录音机，让我们能用上先进的器具学英语，还披挂上阵自己教（他曾在宁乡沩滨中学教过一年初中英语），又领我去湖南师大外语系杨卓老师家，我语音的一点点功夫，就是一口纯正伦敦音的杨老师一遍一遍让我大声朗读 The night，the moon，and the star 练出来的。父亲还培养了我的兴趣爱好：乒乓球，最辉煌的经历是我被吸收进入湖南师大附小校代表队，虽然只有短短一年的时间；绘画，父亲带着我去求师，像湖南师大艺术系的殷宝康老师、蔡德林老师等，还领着我看望他的初中老师，时为湖南艺术学院副院长、湖南师范学院图书馆副馆长的周达先生，观看他现场写字、作画。父亲收藏的我当年的静物素描、人物素描，现在拿出来看，还真让我有点吃惊当时自己下的功夫。严父的形象以妹妹的评价"笑面虎"最传神！

还要感谢夫人。自学校相识，我文字的第一读者始终是她。这个集子开始写作，完全是摸着石头过河，不少篇几乎踏空，是她的鼓励，让我坚持下来。缪哲、金炳亮、苏福忠等读了我最初拿出的稿子后，提出了中肯的意见。缪哲说："细节要有适当的选择，有一些我们可能很有兴趣，但读者会觉得啰嗦，还是抓关键点，抓反应性格的细节。"金炳亮说："文字的长短不妨灵活些，不要设限制，长者上万也无妨，短的几百字也精彩。"苏福忠说："不用顾忌那么多。人做事情，实话实说、真事真做，是最有底气的，也是比较省麻烦的方法。"他们没有客套的夸赞，而是推心置腹的建议，使我受益匪浅。感谢朱大可，是他最早建议我写作影像札记并结集出版，鼓起了我的写作勇气。还要感谢吴彬、邓琼、蒋楚婷，他们收到我最初的几篇文字后，及时给予肯定并热心推荐，朱自奋、刘炜茗、陈桥生、帅彦、刘小磊、李庆西、聂乐和、邱晓兰、张若雪等，给我机会开专栏、用版面，使这组文字能陆续见诸报刊。

还要感谢……想当年，我不知深浅，接受《随笔》主编一职，朱正先生领我在北京走访作者，组织聚会，短时间内联系上了北京的核心作者队伍；吴彬、朱大可、李静、张柠、向继东等倾力推荐作者，使林达、徐贲、羽戈、唐小兵等一批有实力的青壮年作者进入《随笔》作者圈；社长肖建国的支持，编辑部麦婵、海帆等的全力配合，使我顺利完成了角色转换，使杂志度过了作者队伍青黄不接的调整期，保持了刊物的风格，并尝试有所突破。

感谢所有支持、关注、鼓励过我的人，谢谢！

2015 年元月 4 日

激情人生　悲悯情怀

　　也许"激情"两个字最能概括尤金·史密斯（W. Eugene Smith，1918—1978)的一生。对人类的境况带有强烈的悲悯情怀的他，只拍人，只拍受苦难的人，只拍勇于向命运挑战的人，只拍为别人而付出的人，只拍需要大家去关心的人。这使他成为他那个时代的传奇人物。在他看来，相机只是他良知的延伸，而他的影像反射出的是他接近事物核心的本能。用他自己的话来说，他的唯一目的就是"潜入图像的本质之中"。

　　史密斯 1918 年出生于美国堪萨斯州的维希塔，14 岁时得到一部相机，不久便替当地报纸拍起照来。18 岁时，报界对他父亲自杀未遂及之后治疗报道的歪曲，让他感到恶心，这件事影响了他的一生，从此他以有色眼镜来看待新闻出版界，此事也坚定了他寻求事实真相，公正全面地报道的信念。

　　1937 年，他来到纽约闯世界，先后受聘为《新闻周刊》《生活》等杂志的摄影记者。珍珠港事件后，他争取到派往太平洋的机会。在这里，他从陆地、海上、空中全方位拍摄，每一场战役，总想冲在最前面。这种亲密接触加深了史密斯对战争的认识，并直接影响了他的摄影风格，促使他力图在自己的图片中表现或者说分享其拍摄对象冲锋陷阵的激情。这激情，导致他在 1945 年冲绳岛（Okinawa）之战中身负重伤。直到两年后，他才恢复过来，拿起相机拍的第一张照片，是他的一双儿女的背影，他们正走出一条长长的幽暗的灌木隧道，前方是一片光华的乔木林。这幅名为"走向伊甸乐园"的照片，成为人类从长期的经济萧条和战争的黑暗中站起来的一个象征。1946 年至 1952 年，他拍摄了 50 多个摄影专题，其中包括摄影史上最令人难忘的人性影像诗篇《西班牙乡村》《乡村医生》《接生员》等。1954 年，他成为自由摄影师。自由为他带来了题材的多样性，也给了他摄影专题更深刻的内涵，赋予了他的作品史诗般的震撼力和持久性。

　　1971 年，他与太太爱莲来到日本一个靠海的小渔村——水俣。这里因一家化工厂排放含水银的工业废水污染了水源和土地，使村民的后代成为残疾。史密斯夫妇进行了前后长达四年的追踪拍摄调查。这个专题揭示了人类因工业污染付出的代价。《智子与母亲》是这组照片中最动人的一幕。

　　史密斯从多个层面拓展了摄影师的角色地位，他将报道摄影由描述性的讲故事发展成为道德价值评判。他的作品，成为一个时代的缩影，文明进步的记录。

刊《随笔》2007 年第 1 期

"发现另一个真实"

塞巴斯提奥·萨尔加多(Sebastiao Salgado)1944年生于巴西,圣保罗大学经济学硕士。1969年他因参加左翼运动,被迫流亡巴黎,从此追求自由、民主、正义,关注社会底层成为他思想的基调。26岁时他才接触摄影。1972年,他以一名经济学家的身份入职国际咖啡组织。他带着相机去非洲工作,拍照使他有了与当地人亲密接触的机会。慢慢地,他的工作重心逆转,枯燥的经济工作让位于摄影。1973年他终于辞职,专门从事摄影,先后成为世界基督教协进会的专职记者,法国西格玛图片社、伽玛图片社和马格南图片社成员。

萨氏的摄影主题大致上有三个方面:劳动者、移民、第三世界的贫困状况。在这位有经济学背景的摄影家看来,人类的体力劳动正在以惊人的速度消失,不久的将来将变成历史陈迹,他要记录下来。移民与第三世界的贫困这两大主题则跟他的第三世界出身密不可分。他认为,这些地区的贫困现状与发达国家的掠夺、榨取有密切关系。他要展示、揭露被西方主流媒体有意无意地掩盖、遮蔽的真相。

关注现实、尊重历史是萨氏的基本信念。他说："用信念去摄影，是我生活的准则。"他的照片充满了对苦难者的同情、关怀和尊重。这些洋溢着人文关怀的照片使他获得了 1982 年美国尤金·史密斯奖。1985 年和 1992 年，又以《埃塞俄比亚的饥荒》和《科威特的恐怖》两组摄影报道，连续两次获得世界新闻摄影大奖：巴尔纳克奖。

什么是摄影？萨尔加多说：摄影就是"观看光"。

什么是现实？萨尔加多说：现实就是来自照相机对面的事物。

抓住萨氏的这两个概念，就不难理解其作品的主题和艺术特点了。萨尔加多认为，摄影时，不能以平常的思维模式，或自己的选择尺度行事。要拍出好的照片，就必须与"被摄体生活在同一个现实中"，花一些时间熟悉拍摄对象和环境，与对象建立起信任关系，直到在某种程度上融入其中，同时却又保持着个体的充分自由度和独立性。如此，在"观看光""发现光"的过程中，他会逐渐有所发现，"发现另一个真实"。

翻阅萨尔加多的作品集，你会感到，他好像是拿着相机在黑暗中游走，寻找、追踪着"光"。"光"是藏匿起来的秘密，他的任务是揭露那秘密，这便是他要发现的"另一个真实"，因为真实不止一个。当"光"被写定在阴影中的那一瞬，当影像从显影水中浮现的那一刹，现实便被从流逝的时光中抽离出来，定格成了永恒。那被他捕捉的瞬间的"光"，向我们展示的是不被看见的真实，或者看得见却被忽略的真实；那是强有力的、却不被感知的存在。萨氏的作品成为这个世界赤裸裸的真实的见证，他还以其特有的手法，赋予拍摄对象以尊严，于是，其作品还展现了苦难大众人性中辉煌的一面。

刊《随笔》2007 年第 2 期

"杰出的人道主义者"

多萝西·兰格（Dorothea Lange，1895—1965），美国最伟大的纪实摄影家，在谈到她的生活哲学和工作原则时，说过这么一句话："把手拿开！我不会干扰我的拍摄对象，我不干预，也不摆拍。"她似乎有个绝招，能从陷入危机的人物身上萃取普遍的意义，使人一看便懂。像许多绘画作品一样，兰格的照片在讲述故事，同时还传递出强烈的社会信息。

兰格1895年出生于美国新泽西霍博肯，7岁染上小儿麻痹症，从此得借助拐杖行走。12岁时，她遭父亲遗弃，母亲不得不来到纽约工作。兰格在上学路上，常常看到无家可归的劳苦大众。早年的遭遇成为兰格的人道主义的起点，使她对拍摄对象的苦痛感同身受，理解、同情成为她的思想基调。18岁时，兰格决定成为一名摄影师。从纽约哥伦比亚大学毕业后，她在旧金山开始了自己的职业生涯：独立的商业人像摄影师。她无法忍受枯燥乏味的摄影室工作，于是在别的题材上寻求突破。记录美国本土居民生活这一主题让她找到了灵感。她马上行动起来，记录第二次世界大战前经济大萧条年代旧金山无家可归者的生活状况。

1935 年，她开始为 FSA(美国农业安全管理局)工作，参与加利福尼亚乡村救助计划，对亚利桑那和加利福尼亚受雇采棉工人的家庭生活状况进行调查。她那天生的直入事件本质的能力在这里第一次得到认可和施展，其纪实摄影的风格得到淋漓尽致的表现。《移民里的母亲》是这一组照片中最为出名的一张，并成为移民现象的一个图标。她的这一组照片连同泰勒的专题报道一起，唤起了大众对这一群体的关注，并促使美国政府出台了一系列救助法案。

美国的参战打断了兰格在 FSA 的工作，同时也揭开了她摄影家生活的新时期。她把相机对准了大后方的家庭，尤其是那些被战争连根拔起的种族群体和劳工。珍珠港事件三个月后，罗斯福总统下令，将美国的日裔和日侨迁移至仓促建立起来的居留中心。接着，战争安置局雇兰格拍摄日本居民地、安置中心和难民营的设施。虽然兰格在大萧条年代有记录失地农民、移民劳工的经历，但面对因扣押拘留日本人而引起的激烈的种族矛盾和人权问题时，却感到很不适应。她很快陷入了一种尴尬的境地。为了表现难民营的精神实质，兰格的影像记录的是人的勇气和尊严与遭受监禁摧残侮辱的肉体并置的景象。这显然有违雇主的初衷，也与美国政府的政策颇不相伴。她的照片常常遭到联邦政府的审查、删改，照片本身成为与难民营存在的冲突对抗。真正的冲击是近 30

年后，即 1972 年，惠特尼博物馆将她的 27 幅照片与罗斯福的《9066 号政府令》同时展出，引起社会极大的反响，《纽约时报》称，兰格的摄影作品是"传达受害人情感和记录犯罪事实的珍贵文献"。她也因此获得了"杰出的人道主义者"的称号。

刊《随笔》2007 年第 3 期

"摄影要传达人性的主题"

维希尼克(Roman Vishniac，1897—1990)在 1986 年出版的《消失的世界》的序言中写道："我为什么要去拍摄这些呢？用相机偷偷地去记录那些不愿意被记录在胶片上的人们的生活，真是匪夷所思。穿行在时刻威胁着我生命的国家里，简直是疯狂。但我的回答只能是：我必须这么去做。在这个世界被抛入纳粹的疯狂黑暗中后，对那些没有代言者记录其困境的人来说，其结果将是彻底的毁灭。我的任务就是为这个即将消失的世界留下证据。"

大概从 1935 年开始，维希尼克接受美国犹太人联合会的委托，为乡村和城市犹太居民区的贫苦犹太人摄影，任务完成后，他欲罢不能，继续着这一专题。他带着相机，以编织品推销员的身份作掩护，穿行于苏联、波兰、罗马尼亚、捷克斯洛伐克、立陶宛等国的犹太居民区。为了避免被当作间谍抓起来，同时又不触犯东正教信仰的东欧犹太人对拍照的忌讳，维希尼克将相机藏匿起来拍摄，其间，还要不时回柏林打工攒钱解决家人的生计。他先后 11 次被捕入狱，两次被送入集中营做苦役。这种专注和执着，只能用从小濡染而生的悲悯情怀，现实赋予他的历史责任来解释。他知道，希特勒迟早要将犹太民族赶尽杀绝，保存犹太民族的记忆刻不容缓。

1897 年维希尼克出生在彼得堡附近的巴甫洛夫斯克（Pavlosk），在莫斯科长大。那个年代，犹太人是不允许在莫斯科生活和工作的，他的家因豪富之故而成了少数的例外。7 岁时外婆送了一部 150 倍显微放大镜，维希尼克开始了显微摄影，由此也开启了他对生物的热爱，对生命的关注；而日常所见犹太同胞，在莫斯科被追捕和整日里提心吊胆、躲躲藏藏的生活状态，以及家人的同情和提供的帮助，在他幼小的心灵深处留下了印记。1914 年他进入莫斯科山亚夫斯基（Shanyavsky）学院，获得动物学博士学位，后又学医 3 年。俄国革命爆发后，他的家人迁居柏林，随后他也跟去，在那里结婚生子。养家糊口之外，他还到柏林大学选修了东方艺术的课程，进行一些生物研究和光学研究，并拍摄照片。1940 年他辗转巴黎，受尽磨难，移民美国定居纽约。在那里他在显微摄影上独步同侪，不仅为生物科学开路，而且这些科学与艺术完美结合的作品还成为不少大型科教片的基础。

在他漫长的 93 年生命中，他只做过这么一回"纪实摄影"，前后不过 4 年，却留下了一个时代的切片，一个几乎灭绝的民族的记录。有人认为维希尼克摄影的价值和成就完全是历史赋予的，这不完全对，没有博大的仁爱之心，没有深厚的怜悯之情，没有敏感的心和锐利的眼，在那个人性麻木的时代，如何唯独他，维希尼克，冒着生命危险，执着地去记录留住一个消失的世界呢？这个记录者之所以在记录的同时，也记录下了自己，全因为他的心灵和眼睛。

维希尼克对摄影的理解，决定了他作品的力量："摄影家是人世间的目击者。摄影要传达人性的主题。"

刊《随笔》2007 年第 4 期

巴黎之眼

1932 年，巴黎出版的一本影集——《夜巴黎》，让见多识广的巴黎人瞠目结舌，同时又欣喜若狂。当时旅居巴黎的美国作家亨利·米勒为此写下了《巴黎之眼》的评论，称作者布拉塞(Brassai，1899—1984)有一双鲜活异常的眼睛，在永无餍足的好奇心驱使下，揭开了这座城市不被关注、从无记录的一面，并将之定格下来。被米勒称为"巴黎之眼"的这双眼睛，在生理上也称得上不同寻常。"那不是通常所谓的大眼睛，之所以显得巨大，是因为有一种好奇的本能撑开了眼皮，连眼球四周的眼白都露了出来，放射出闪电般笔直的光芒。"（借用布拉塞形容毕加索语）

这双"巴黎之眼"都看到了些什么呢？夜幕下的一切：波希米亚生活、娼妓、夜总会后台场景、热辣演出、同性恋者、街头流浪者和醉汉，等等。

布拉塞原名久洛·豪拉斯，出生在奥匈帝国治下的古城布拉索，除三岁时随做法国文学教授的父亲旅居巴黎一年外(据说这埋下了他渴望巴黎的种子),成年前一直在匈牙利学习生活。他做过奥匈帝国的骑兵,在布达佩斯学院学习过美术,也在匈牙利动荡的政治洪流中滚打过,1920年到柏林当新闻记者,继续学美术,还迷上了歌德。1924年布拉塞终于来到巴黎,从此再没离开。到巴黎后,他仍执记者业,仍追求其艺术理想。朋友中不乏摄影家,如阿杰特、柯特兹,但他对摄影毫无兴趣,倒是受诗人、作家朋友的不少影响。

布拉塞说他是夜猫子,日落而作,日出而息,常常好几个小时独自在街头游荡,据称踏遍了巴黎的每一个角落。他被这座城市的夜景迷住了,也为夜色中亚文化里千姿百态的生活震惊。他解释自己为什么喜欢夜晚时,说夜晚的表现方式婉约隐晦,它将白天被理性主宰、潜藏于人性中的能量释放了出来。夜晚的景象在他心中缠绕不去,于是"为了留住雨中的街道、雾里的花园,为了捕捉巴黎的夜色,我成了一名摄影师"。涉足摄影还有一个原因,是为了给自己写的文章配图片。布拉塞不仅在其赤裸的镜头下(偶尔也会夸张地)展示巴黎人生活不为人知的神秘、粗俗、肮脏的一面,而且还在夜间的极端光线下,挑战摄影技术的极致,并因此获得了"夜间摄影鼻祖"的美誉。

但他"从来不认为摄影是一门艺术"。他之所以取名布拉塞(意为从布拉索来的人),因为他不把自己——久洛·豪拉斯——当成摄影家。在他看来,久洛·豪拉斯是一位在雕塑和绘画上颇有成就的艺术家，连毕加索也发出了"布拉塞，你为什么放着自己的金矿不开，而去开盐矿呢"的疑问。有趣的是，不被自己看重的享"巴黎之眼"称号的摄影家布拉塞流传了下来，而那位艺术家久洛·豪拉斯却无籍籍名。

刊《随笔》2007 年第 5 期

"我只为自己摄影"

　　"我只为自己摄影"这句多少有些恃才傲物的话，道出的却是一个事实。寇德卡好像是为摄影而生，摄影是他的生命。他的生活常态是游走、观看、拍摄，居无定所，带着睡袋过日子。"对我来说，最美的事就是醒来、出门、到处看……然后找出我感兴趣的"，"我的照片是我生活的个性化记录"。

　　寇德卡(Josef Koudelka)1938 年出生于捷克的莫拉维亚。他的摄影生涯始自用一架 6×6 的 BAKELITE 相机给家人和周围环境拍照。1961 年从布拉格一所技术学院毕业后，寇德卡成为一名航空工程师，工作之余，用一架老式的禄莱相机在一家剧院拍照。几年后，他放弃了工程师职业，专门从事舞台剧照的拍摄。导演给了他充分的拍摄自由，这使他有机会将同一场景以不同的方式反复拍摄。这些具有鲜明的个人色彩的剧照赢得了导演的激赏和观众的好评。这段拍摄经验对他的摄影风格产生了决定性的影响。大概在同一时期，他开始走出剧院，拍摄斯洛伐克的吉普赛人的生活及其生存环境。寇德卡在回忆这一段拍摄时说，他并不清楚为什么会去给吉普赛人拍照，只知道或者说是清楚地记得就是停不下来。这么一拍就是近十年。

1968 年，他目击并拍摄了苏联军队入侵布拉格的整个过程。他的照片成为这一事件的标志性图片，也为他赢得了罗伯特·卡帕摄影金奖。寇德卡在一次访谈中，是这么谈论这件事的："那是我一生中的最高峰。布拉格那段日子，极致就在空气里，伸手可及，我知道，我这一辈子能发生的正在发生。"虽说前面的十年摄影生涯为他准备了拍摄的经验和技巧，但更重要的是，寇德卡之所以能拍到别人拍不到的场景，是因为他对事件的理解，正如他所说"捷克的问题就是我的问题"。

1969 年他出走捷克斯洛伐克，1970 年在英国获得了政治避难权，并一住就是十年。在这里他继续着漫游的生活，选择了几个在感情上比较相近的国家游走：西班牙、爱尔兰、意大利、希腊。寇德卡的摄影对象仍然是吉普赛世界，希望捕捉那个世界正在消失的一切，寻找那个世界的极致，并力求达到自己的艺术极限。1971 年他成为玛格南图片社成员，1975 年在美国和法国举办吉普赛主题的个人摄影展，1987 年成为法国公民。

寇德卡的作品充满了历史的、文化的和哲学的意味。评论家称："寇德卡从戏剧舞台上发现了生活的程式和隐喻。"其作品"显现了现实生活中的某种戏剧元素"。寇德卡的作品具有从黑暗中抓住人类精神本质的能力。他关注社会文化中的仪式、程规和死亡，孤独、疏离、绝望、背井离乡是他作品常见的主题。但他从来都拒绝承认自己是知识分子或哲学家。他把自己的成功归结为"看",只是看,不停地看,"要看到想看的东西,就要寻找、要选择"。他通过看来追求生活中的极致和艺术上的极致。

刊《随笔》2007 年第 6 期

大师中的大师

　　因一件事、一个人或一本书决定一个人一生的例子并不鲜见，史川德就是一例。史川德 1890 年出生于纽约中产家庭，就读于伦理文化学校。1907 年的一天，老师路易斯·海因(美国纪实摄影的元老)领着学校摄影兴趣组的一帮学生去第五大道 291 画廊看影展，该画廊的老板是大名鼎鼎的摄影家阿·斯蒂格里茨。史川德在这里第一次接触了"摄影分离派"的作品，这一派要求把摄影当作艺术表现的独立形式，认为摄影有本身的语言、美学、光影和结构，跟他的老师海因的以社会改良、增进人类福利为己任的纪实摄影完全不同。全新的观念，对史川德产生了巨大的冲击。这一天可看成史川德生命中的决定性时刻，一直把摄影当成业余爱好的他，立志要成为一名摄影师，要探索摄影的艺术表现的可能性。在以后的生涯中，纯影派和写实派的传统的糅合，构成了史川德作品的基本特色。

　　史川德的摄影生涯极长，从 12 岁抓相机到 86 岁去世，有近四分之三个世纪。他早年的摄影在发展画意派摄影的同时，有意识地模仿摄影分离派风格。1912年起他涉足商业摄影。这一时期，他致力于城市景观、抽象摄影和街头肖像等主题。当时的纽约人头攒动，马车汽车拥塞，街头成了流动性、变化性、现代性的标志。当众多摄影家把"繁忙都市"作为至关紧要的摄影主题时，作为一名有抱负的摄影家，他开始时并没有把"来去匆匆"当作要表达的主题，相反，他把注意力集中在一些相对缓慢的活动，常常是一个人上，后来他加强了作品的复杂性，适当调快了作品的节奏，来表现市中心区的丰富多彩的韵律。同时他在欧洲抽象艺术的影响下，尝试对大自然的几何造型以及静物作特写，探索抽象摄影。这时的他20岁出头，已备受斯蒂格里茨的关注与鼓励，作品在划时代的摄影杂志 Camera Work 出专辑，在291画廊、现代画廊办个展。这之后，他一度转向电影拍摄达20年之久，出品了《本土》《墨西哥档案》《西班牙之心》《海浪》等经典纪录片。53岁他重回摄影创作，关怀不同种族文化的观察与记录，游走于欧洲和中东，拍摄了一系列专题，如《英格兰时光》《法兰西剪影》《村庄》《活埃及》《加纳》等。其中《村庄》里拍摄的村民、家族的作品中有不少史川德最让人感动的作品。

史川德涉猎的题材、探索的风格、表达的语言都极广，从人物、风景、建筑、静物、抽象到纪实，无所不包，也无所不精。二十世纪三十年代鼎盛的街头报道摄影（以柯特兹、布列松为代表），史氏在二十世纪二十年代初期就在尝试并形成风格；F64小组的纯摄影风格，史氏在二十世纪二十年代

中期就实践过，纯摄影的一代宗师安塞尔·亚当斯第一次看
到史川德的作品时说道："他的照片让我知道，什么才是我该
走下去的路。"他的摄影美学还直接影响了意大利电影的新写
实主义运动……史川德不愧为大师中的大师。

刊《随笔》2008 年第 2 期

改变了战地摄影历史的大师

　　一开年便传来消息，罗伯特·卡帕（Robert Capa, 1913—1954），世界上最伟大的战地摄影师，1939年丢失的胶片终于失而复得，送回了他弟弟卡罗尔·卡帕创建的纽约国际摄影中心。这当是今年摄影界最重大的事件之一。这些胶片包括卡帕在西班牙内战期间拍摄的数十卷胶片，其中包含了他最著名的战地照片《倒下的士兵》的原始底片。纽约国际摄影中心馆长布赖恩·沃利斯（Brian Wallis）说："这就像卡帕作品的圣杯。"

　　对卡帕，我们应该不陌生。即使你不记得他那句名言"如果你的照片拍得不够好，那是因为你靠得不够近"的话，那么你也会对反映西班牙内战的那幅"倒下的士兵"或记录"二战"中诺曼底登陆战的"D日"照片多少有些印象。是卡帕，改写了战地摄影的历史。他那以生命换取影像的英勇、无畏和孤注一掷的激情，让战地摄影师不再远远旁观，而是冲入战场，拍出真实的战争场面。

　　罗伯特·卡帕本名安德烈·弗里德曼，出生于匈牙利布达佩斯，18岁时因政治原因偷渡出国，来到德国柏林半工半读。这"半工"，即在照相馆打下手，并由此与摄影结缘。1933 年，弗里德曼来到巴黎闯荡，跟他的波兰女友姬达·塔罗一起想在竞争激烈的自由记者行业里混饭吃。《考察》(*Vue*) 杂志的编辑卢西恩·沃格尔 (Lucien Vogel) 雇佣了他们俩，并将之派往西班牙战场。很快，卡帕在这里以"倒下的士兵"一夜成名。接着他去了中国，为台儿庄血战留下了一系列难忘的影像。之后，他再次回到西班牙战场，直到 1939 年。1942 年，他跟随美军在北非、意大利征战。1944 年诺曼底登陆战——"D 日"行动中，他随军在奥马哈 (Omaha) 海滩登陆，拍下 4 卷 135 胶卷，因冲晒师的失误，只留下了 11 格可用的胶片，即使只有这 11 格胶片，也足以展示这一宏大的战争场面，并将之永久定格下来。这一系列的摄影作品，将卡帕这一名字的影响力不断地放大，最后这位出生入死的摄影士兵永远刻写在了人们的心上，其照片成了人类与战争的象征。

卡帕深恶痛绝战争。他说："一个战地记者最热切的希望就是无事可做。""战争对我来说就像一个年老色衰的女演员，越来越危险，也越来越不上照。"但战争却一个接一个，没完没了。1954 年卡帕在日本参加马格南图片社（他是这个图片社的创始人和领导人物）的一个展览时，得知《生活》杂志急需往印度支那派遣摄影记者，卡帕接受了这一任务。然而，他在那里误踩地雷，"死在一条毫无重要性可言的路上，死在一次无关紧要的行动中。这样的死法好像是他的宿命"（卡罗尔·卡帕语）。他死时手里仍握着相机。

幽默温情的街头摄影家

    1987年，杜瓦诺接受法国著名摄影家法兰克·霍瓦的访谈时说：电视的嘶喊和广告的污染，是摄影最大的危险。20多年后的今天，非得有新奇、耸动、煽情的影像，才能对犯有影像疲劳症的观众产生某些撼动。但人情人性总是打动人的永恒的主题。杜瓦诺今天之所以仍打动我们，就因为他总是用温情、幽默的眼光观看巴黎街头的芸芸众生。正如他自己所说："我想呈现的世界是一个使我觉得自在的世界，那里的人和善可亲，我能找到期望的温情。我的照片就像是证明，这样的世界是可以存在的。"他对自己的照片，也是情有独钟。他说："我爱我拍的照片，我跟它们生活了很长的时间，我们心心相印。我认为照片自有其生命和特点，也许它们就像植物一样，你得跟它们沟通交流，它们才会繁茂。"

    罗伯特·杜瓦诺(Robert Doisneau)1912年出生于法国郊区。少年时曾在艾思田工艺学校学习石板印刷，这段经历对杜瓦诺有重大影响。成名后，他在谈到自己的摄影艺术生涯时说：他是在版画家的指导下开始艺术学习，从宣传画入手从事艺术创作。而搞摄影，基本上是自学，从一开始，他就认为摄影是记录巴黎市井生活最理想的工具。20岁时，他成功地售出了第一套由照片组成的图片故事，1934年，受雇于雷诺汽车厂，成为职业摄影师，从事工业摄影。他由于经常迟到，五年后被辞退，成为独立摄影师。1939年他加入法国地下抵抗组织，其间并没有停止摄影，曾拍摄制作明信片赚钱，还为书籍拍过插图。1945年他与《时尚》签约，成为全职摄影师。虽然他的作品得到上流社会广泛的认可，但从内心来说，他更愿为街头的平民百姓摄影，在接受霍瓦访谈时，他谈到了原因。模特在他面前走过时，他没有什么感觉，所作的只是构图，完全没有自己的想法。当然，还有另一个原因，模特瞧不起在另一端拍照的人。正是他的"街头摄影"让他声名远播。1945年杜瓦诺参加联合图片社认识了包括卡蒂埃·布列松在内的一批摄影名家。1951年在纽约现代艺术博物馆举办的法国摄影四人展上，他的作品获得国际认可。成名后的杜瓦诺虽说也到美国、苏联有过摄影采访，但终其一生，杜瓦诺只以他所居住的巴黎作为创作基地。他说："在街头，我不仅感觉舒适，而且还能和大家一起观察生活。""（我）拍照的时候，不单是用眼睛看，还用耳朵听，用鼻子嗅，整个人融在音乐之中，这是连接事物和情感的一条捷径。""日常生活里的奇妙情景是最动人的。你在街道上不期而遇的事情，哪一个电影导演也不可能给你安排出来。"

我们不难从两幅照片《态度》和《心不在焉》（1949），看到这位幽默温情的街头摄影家入木三分的人情人性刻画和炉火纯青的摄影技巧。

刊《随笔》2008 年第 6 期

大雨过后

——"美国出版管理培训"随感

为应对"入世"将带来的挑战，也为中国出版业本身的发展探索一条路，中国新闻出版署组织了"美国出版管理培训"。旅美的近 20 天时间里，紧密编织的学习计划，见缝插针的参观游览，丰富扎实的课程内容，新鲜奇特的所见所闻，只感到扑面而来的超量信息，只感到常有红灯闪亮，警报骤起："Overload！Overload！"在纽约大学出版中心，在纽约的书店、出版公司，芝加哥、洛杉矶的有关专业人士给我们介绍了美国出版业的方方面面。几乎无相关知识准备的我在如此短的时间里，接受到如此多的新信息，恰如夏天的一场暴雨，信息劈头盖脑打来，又哗哗流走，浑身透湿中将一些残存的信息反刍，却也感慨良多。

随感一：信息，信息，信息就是一切。

美出版业的数据库建设已有 20 年。这是每家出版社最坚实的基础。近几年，新技术、网络革命更使它们如虎添翼。

美国人对新事物的寄予厚望和无条件支持，从下面这个笑话中可见一斑。有一个乞丐沿街乞讨，第一天，他写了一个纸板"beggar"，讨得 10 美元。第二天，他在"beggar"后加了个".com"，即"beggar.com"（乞丐网上公司），收获 10 万美元。第三天，他在"beggar.com"前加上"E-"，变成"E-beggar.com"（乞丐电子商务公司），他讨得了 100 万美元。正是这种心态，使得美国人对新技术永远及时跟进。美国出版界已普及网络，E-mail 的使用率达百分之百，而拥有网站的出版公司达百分之八十。美国一些主要的出版公司和发行商，已采用了 tracking software，即跟踪销售软件，当客户在点击网页时，同时会记录下相关的信息：点击次数、什么时候、谁、查检什么、购买的是什么……这些信息都会收集到公司的数据库中。这样公司对每一类书的读者对象和人数便有了一个基本数据，成为决策的基础。出版了什么书，它们会从中调出对这类书感兴趣的人，给他们发送 E-mail 推荐。数据库的建设，其信息来源是多方面的，以往书店的收银台是其重要途径（现在仍是信息收集的重要途径）。如我们参观的 The McGraw Hill Bookstore，这是一家专业书店，主要销售商业、会计、技术、参考书。这家书店的店销售额只占年销售总额的百分之三十，但它对 McGraw Hill 公司却很重要：一、信息收集的窗口。谁要买书、买什么书（顾客需要什么书，不论是否有）、为谁买书、买了什么书、购买者的年龄、是否有同伴（同伴的年龄）……这些信息都是在对方不知情的情况下获取的。这些信息通过收银机进入数据库。二、新书来了给相关读者寄送资料，从而进行直销。三、电话销售，读者见到广告针对性地购书，或据需要电话找书，都会打电话过来，若有，书店会有人送上门或邮寄，若无则可帮助订购。书店的功能已从传统的关心我有什么书提供给读者，转为关心读者要什么书，我能不能提供。也就是说时刻盯住读者，盯住读者的需要，书店的功能成为一种抓取信息的工具。由此我们也可以从一个侧面了解美国读者群为什么被划分得那么细，出书前出版公司不但对该书的读者对象十分明确，而且还知道有多少。这一切都来自详细的市场研究，来自长期积累建起的数据库，来自……John Wiley & Sons Inc. 的副总裁乔治·斯坦利(George Stanley)给我们讲销售时，一上来拿出的不是书，而是两件东西——mobile phone 和 mouse，他说这是图书销售最有用的两件工具。这都落到了一点上——信息，通过它收集和散发信息，从而达到销售的目的。信息的收集和整理对我们来说，还是一个需引起足够注意和下大力气抓的事，数据库离我们的出版有多远呢？

随感二：完全成熟的美国出版业竞争激烈，强手如林，生存之道就是专业化，紧守专业领地，做出专业特色，树立专业形象和品牌，不随意插足他人的领地。这一点看似简单，要实施却并不容易。我国许多出版社跨专业、行业出书，不在自己的园地精耕细作，随意插足他人专业领地的做法，值得好好地反省。

本施(Baensch)先生讲课中多次谈到美国市场已达到成熟饱和状态，难有飞速增长。而成熟的行业经营都是以专业化

和市场细分为特点的。美国有 9000—12000 家独立出版社，
103 家大学出版社，而主要几家大公司占有了百分之七十的
市场。出版社如何生存？专业化。像 McGraw-Hill 这样一家
大公司，也必须这么做。公司经营的三大块业务是——专业
及教育类图书、函授、投资。它有一家专出教育图书的分公
司 McGraw-Hill Consumer Products，它的产品分别有课本、
软件、幻灯片、故事书、参考书等，涵盖了老年、中年、青
年、少年、儿童等各个年龄段。它的教科书有非常明确的读
者对象，与同是经营教科书的 Scholastic 有不同的定位，年
出书 1500 余种，年销售收入 20 亿美元。而另一家 Walker &
Company 是一家不足百人的小公司，它不可能投入巨额资金
进行市场调查，它的宗旨是只出自己最喜欢的书，每年大概
只出成人图书七八种，少儿图书十二三种，也就是说只在自
己熟悉的专业范围里出书。它们跟作者、市场紧密地联系在
一起，摸准市场的脉搏，出书宁缺毋滥，一经出版就深度开
发，所出的书本本成功，年销售收入 1200 万美元。还有的专
业出版社只出某一学科的图书，如 The Dana Press，这家出
版社只出版脑保健方面的图书，在芝加哥书展上它参展的重
点图书仅两种《长寿策略》《心智状态——大脑如何使我们成为
自我的最新发现》(八位脑科学研究的领头人著)。这些出版社
对自己的市场、读者、作者了如指掌，它的对象就是有限的
那一部分人，同样成功。

随感三：所出图书，只要有可能，其内容资源可再次和
多次利用。每一种产品的开发都不是孤立的，永远是出版社

出书链条中的一环。

出版业的财务管理课上，托马斯·沃尔（Thomas Woll）先生曾反复强调公司的每一位职员每天的工作就是围绕如何为公司增值。如果你开发的图书初版不盈利，那它是不是能提高公司的声誉地位，是不是一个有潜力的长销品种而成为Backlist（在版书目或重印书单）中的一员，是不是可在公司图书品种中发展成一个新的系列……基于此，公司每出一种新书，就是在公司的资产中添入了新的财富，它本身所具有的一切可以利用的资源都成为公司今后发展的资本。前面讲到，McGraw-Hill以教育图书为核心，而它们经常会根据不同的读者对高级教育图书的内容进行不同的组合，如抽出其中的一部分编成青年读本、少年读本、儿童读本，此其一。其二，花费资金开发出的产品如果市场不行，不随便放弃，而是深度开发。McGraw-Hill编过一套 *Junior Academic Series*，投入了大量资金和人力，投向市场后并不成功。经过调查研究，他们发现此系列的编排方式不能引起小读者的兴趣，于是与Warner Bros. Worldwide Publishing合作，从华纳公司获得家喻户晓的卡通人物形象的授权，将这些形象编入课本，让这些卡通人物参与学习课程，结果很受欢迎，今年开年的短短几个月发行已超过160多万套。

老熊摘玉米棒子边摘边丢的童话我们从小就耳熟能详，而我们许多的出版社却每年仍在重复这个故事。一本书出版的同时就是绝版。这可能是很多原因造成的，但我们能不能把这种情况降低到最低水平呢！

随感四：明确优势，依势延伸。

在新经济形势下，新技术的飞速发展使得任何个人或单独的公司无法独立有效地完成许多的经济生产活动。因此明确自身优势，寻找合作伙伴，由单点往多点发展，成为大家的基本思路。美国排名前五名的一家网上店——Varisity.com，最初定位是专为大学生开的网上书店，方便低价，深受大学生欢迎。然而它却没有自己的仓库，如何做到的呢？它与美最大的发行商贝克泰勒（Baker & Taylor International）合作，自己负责订单，对方负责发货。后来，它发现自己的市场——大学生是他们最大优势，于是将业务拓展，经营服装、唱片、汽车等，而所有这些新项目仍是与其他公司订约，它提供订单，对方发货。又如美最大的批发商之一——英格丽姆（Ingram）公司，在印刷业出现技术革命——闪电印刷（Lighting printing）时，它成立了闪电印刷公司（Lighting printing.com），因自己实力不够，于是寻求与其他公司合作，DANKA公司提供技术支持，IBM提供印刷设备，而自己发挥特长，负责发行渠道。因此英格丽姆成为闪电印刷的大哥大。我们的出版有没有可能突破行业局限，横向联合，吸引其他行业资金，或利用本身多余资金扩大经营范围，向周边行业发展呢？

随感五：Marketing，出版的核心。

芝加哥毕业典礼晚宴上，本施先生问我们收获最大的、印象最深的是什么时，大家异口同声"Marketing"。一般来说，编辑、市场营销、销售是美国出版公司三个主要部门。

近十年来，这三者之间的关系发展成为以市场营销为核心的格局。市场营销被定义为竭力为每种图书或选题寻找对应的读者群，并以最好的策划和技巧将之推上潜在的图书市场的一个具体而微的过程。所有的创意源于营销。对出版商来说，营销人员的任务就是帮助他在每出版一本书前做出正确的决定，出版后将书推向市场，送到读者手中。营销有许多内容，比如：市场调查（往往请专业公司做，花费可能是几十万到上百万美元）、广告宣传、公关（面对传媒的活动）、促销、附加权、销售、主题推销、直销邮售、网上营销等。市场营销是一门极富创造性和挑战性的工作，以上这些方面据不同的书可变幻出无穷的方式。如 Mass Books（纸皮口袋书，进入超市、报亭、杂货铺等）低定价，高印数，Marketing 的任务就是必须告诉读者该书好在什么地方（怎么传达给读者这些信息又是千变万化的）。而专业图书，市场营销的任务就是让读者知道出了什么书，好坏读者自有能力判断。公司年出书的营销预算占年收入百分之十左右，重点用在三分之一的重点图书上。

营销的这些方式手段也许我们并不陌生，市场调查，我们有；广告，我们会；促销，我们做。但关键是怎么做。我国出版界，市场营销还处于低层次水平，没有上升为一种管理手段。比如市场调查，我们派编辑跑跑书店，从报刊收集一点信息，如此而已。所收集到的都是些模糊的概念，既无精确的数字统计，也不能反映全面的市场情况，当然就不可能得出准确的分析结果，自然影响到决策的准确程度和实际效果。市场营销的投入也是我们认识和实践上的一个误区，年度预算中没有这一项开支，实际操作中，对如何投入、投入多少、要达到什么效果、如何达到等，都不明确，或无法明确。

美国出版业里的许多东西，在我们看来是既熟悉又陌生。熟悉，因为出版的共性，我们平常的工作中自觉或不自觉地想到过或做过；陌生，因为我们没有系统完整地做过，我们没有一套完整有效的管理制度，缺乏系统完整的操作规程。学习班结束时，本施先生的最后一句话，让人难以忘怀："只要你们不断地去做，总是会有效果的，这可能是半年，一年，三年，五年，但总会成功的。"这短短的学习班，对我们来说，增长了见闻，是一个好的开始。如果把这几天的短期学习比作一场倾盆大雨，淋湿了我们的身，浇醒了我们的神，那么，润物无声的春雨，则使我们继续不断地学习，汲取国际出版业的好的经营方法，并逐步运用到我们的工作中，推动我国出版业与国际接轨。

刊香港《大公报》2000 年 11 月 30 日

《出版广角》2000 年 10 月

广州，充满活力的出版实验地

初来广州，犬儿南南三岁，竟在从火车站到家里这段路上，发表了一连串的意见：广州的人好多啊！广州的车好多啊！广州的桥(立交桥)好多啊！我想这也是大多数初次来广州的人都会有的感受。广州的生活节奏、广州生存空间的逼仄和窒息感、广州给人的压力，则是初来广州工作的人都会深切感受到的。对于我这么一个来自内地相对安宁悠闲的城市的人来说，要适应这一切还得有一个过程。在工作了近两年后，朋友问广州怎么样，我竟回答："从来没有喜欢过她，但出来久了又想她!"想她的什么呢？有好长一段时间我不知道。后来我慢慢感觉到，并终于明确意识到，自己是被这一片看似混乱无序的表象后面的活力吸引住了。

几年后，我参加新闻出版署组织的美国纽约大学出版管理培训班的学习，来到了纽约。朋友从加拿大赶来看我，问我："喜不喜欢纽约?"我说："喜欢，拥挤、繁乱、节奏快，充满了活力和朝气，就像广州一样!"就像广州一样！应该说广州有点这种感觉。这位朋友说，国内来的，特别是男士都喜欢纽约，喜欢它的活力，似乎找到了施展才能的天地。广州正是这样，充满了机会和活力，让人兴奋……

在不同人的眼里，广州是不一样的，大致可以分为三类：在土生土长的广州人看来，广州的规模和混乱，一切都那么自然，它们给了这个城市一种稳定性和连续性；第二类是每日来往广州的外地人，在他们眼里这是一座被人流吞噬的拥挤和嘈杂的都市，于是有了进来像攻城，出去如突围的调侃；第三类是那些外地出生，来此奋斗的人，广州是他们的目的地，是他们的一个目标，是他们奋发图强的场所，每个人都以探险者那样专注的眼光来发现广州，而在此同时，他们也成了广州的敏感气质和活力的来源之一。这就是广州，厚重的历史文化积淀和安乐的市民心态、躁动不安的流动人口和不断奋发的新移民造成了它的变化和活力。

经济的活跃相对淡化了政治的强势和影响力，但广州的出版文化并不像许多内地人所认为的有一块跟他们不一样的空间，任其自由发展。它跟内地一样，是我们党的宣传文化事业的一部分，不同的是经济的迅猛发展带给它的冲击和挤压是内地人难以想象的。出版业在广东不像内地那样，有为人羡慕的丰厚收入和较高的社会地位，而是收益相对少、不怎么被看好的行业，图书出版业尤其如此，因此人才流失比较严重，直接生产成本比较高，这些又使它在全国的行业竞争中处于不利地位。经济强势之下，文化显得相对柔弱，于是又曾有一种说法，说广州是文化沙漠。在这种环境下的文化，形成了它自己的一些特点。而具体到出版文化，在我看来，它表现出的是一种强劲的个体生命的活力。

出版的三个方面——图书、杂志、报纸，在广州的发展是极不平衡的，以报纸和杂志的影响最大。如果我们截取这一个切面来看，这么几个名字应该是响当当的：《羊城晚报·花地》《南方周末·芳草地》《花城》《随笔》，还有花城出版社。两个报纸的文学副刊，在广东经济高速发展的时期，将全国几乎所有知名作家都纳入了自己的作者队伍，同时也吸引了一大批后起之秀，使这两块园地格外地灿烂耀眼，成为全国同类副刊的领头羊。《花城》杂志是一份大型纯文学期刊，在文学期刊繁荣的二十世纪八十年代它便打出"先锋小说"这面旗帜，重点关注全国先锋作家的作品。九十年代期刊出现萧条，许多杂志停办或转向，而《花城》"先锋"的大旗不倒，顽强地捍卫着自己的编辑方针和主张，从而稳坐文学期刊"四大名旦"老三的位置。《随笔》自创刊以来，以关注现实、关注社会、反思历史为宗旨，将一大批老一辈的文化人、作家、学者团结在刊物周围，对中国现当代政治、文化、历史的反思是它持续闪光的亮点，也由此获得了所谓"北有《读书》，南有《随笔》"的赞誉。在图书的出版方面，敢开风气之先的胆识气度则可从花城出版社出版的几种书反映出来。还在二十世纪八十年代前半段，现代文学史的研究还处于乍暖还寒的早春二月的气候下，沈从文、郁达夫尚未"解冻"，花城出版社就率先组织专家整理编辑出版了《沈从文文集》《郁达夫文集》及相关的研究资料，开中华人民共和国成立后出版这两位现代大师作品的先河，在国内学术界、文学界和广大读者中赢得一片喝彩声。二十世纪八十年代，人道主义成为大家关注的焦点时，花城出版社出版了戴厚英的长篇小说《人啊，人!》，此书在社会上引起巨大反响，由此引发文学界的激烈争论。二十世纪九十年代，当各地名作家的作品集文集蜂拥而上、热点不断的时候，一位文学天才、思想先锋王小波并没有进入出版社的眼中，文学界也没给予他应有的评价。花城出版社发现了王小波，认识到他的成就和思想深度，1997年，准备推出他的作品集"时代三部曲"：《黄金时代》《青铜时代》《白银时代》。天妒英才，在三部曲赶制之际，王小波不幸猝死，这部文集成为中国大陆认识、阅读、评论王小波的完全读本。王小波的死在文学界、文化界、思想界激起轩然大波，似乎一夜间发现了一位天才，全国范围内展开了一场激烈的争论。

广州出版文化因受到经济的挤压，不能说有比别的地方更好的生存环境和发展机遇，然而，从上面列举的这些例子中，我们却不难看出它表现出了比其他地方的新闻出版更强的包容吸纳能力、前瞻眼光和胆识以及明确的主体意识。包容吸纳能力可以以《花地》和《芳草地》为例，在这么一个被认为是文化缺位的南方省份，这两块"地"却能将全国优秀的作家聚集起来，影响着文坛，影响着广大读者，使文学走入寻常百姓家，实践着塑造通达的公民的理想。而明确的主体意识可以以《花城》《随笔》为例。据我所知，"先锋小说"自提出之日起就颇引争议，而日后各种主张的提出和翻新，更是对它有不少的冲击，杂志内部也曾有不同的意见，还招来外部的激烈批评。事实证明，坚持主张，就是坚持市场，力举"先锋"之旗使《花城》不仅在文学期刊领域赢得了一席重要地位，且经济上也略有盈余。眼光和胆识可以以图书出版为例，除了上面说到的几种外，二十世纪九十年代，当素质教育提到基础教育的议事日程上，全国推广素质教育而又不识庐山真面目之际，广东教育出版社出版了《素质教育在美国》《家庭教育在美国》，为国人提供参考借鉴的读本。当天才教育问题备受关注之际，差生教育被忽视，该社的一本《我平庸我快乐》将此问题又摆到了国人面前。这些都让我们感到广州出版模式是一种楔入、生存、膨胀的模式。它不是坐享现成的一切，而是往外挤压，从而争得一个空间，包容、吸纳、扩张的个性在这里发挥着主导作用。这种个性反过来又塑造着广州城市的文化个性。

可以说，与广州城市特质"活力"相对应，出版业最具特色的地方应该是张扬个性。在经济压力大、出版业竞争激烈的形势下，在左冲右突为市场占有率和发行量努力的时候，广州出版业表现出了岭南文化的那种"善学而不古板，求实而不拘泥"的特点。

广东出版业人员流动的比率与全国各省市比，是最高的。人员的流动是健康的经济环境的一个表征。它既表明了制度的开放灵活，也表明了活跃的经济行为背后人才所起的重大作用，更表明了从业者新陈代谢给企业带来的活力、创新力和排斥体内毒素的能力。广州出版业人员相对频繁的流动，是其活力的一个方面。这一特点，使得出版业在面临经济环境等因素的挤压和人才流失严重的问题时，可以得到外省同行业人才的补充。比如说报纸，《南方都市报》是近五六年崛起的一份地方报纸，它的活泼、多样，对城市生活的捕捉、描述、分析、调侃，对时事新闻超常敏锐的嗅觉和独特视角，那股冲劲和活力，让人觉得是近年报业的一个奇迹。据说它的职工平均年龄28岁，招聘人员占80%，其中外地来的"过江龙"是主体。人员的招聘制和有大量的专业人才可供挑选，成为该报的成功关键因素之一。

自二十世纪八十年代以来，出版业飞速发展，专业分工日细，表现在出版管理上，一般是严格专业划分，不容有跨专业出书的现象。广东的出版管理表现出了较大的宽容度和灵活性。各出版社的专业划分非常明确，但各社在选题开发，上级主管部门在选题审批时，对具体选题在专业内容上的交叉、跨越、重合等情况，不是死板地画地为牢、作茧自缚，而是采取了灵活包容的管理方式。管理部门所起的是"看水人"的作用，重在疏导，而指令性功能相对内地要淡化了许多。这种包容使广东的单个出版社有了相对宽阔一些的空间和相对灵活的自由度。当然，有得也有失，出版业的计划性、出版社图书的整体感则略显不足。报刊杂志情况有些不同，但从现状看，同样可感觉到那种灵活包容的管理特点。

因此，广州的出版业所表现出来的，是有限的整体感和强劲的个体生命冲劲。"有限的整体感"是个比较别扭的词，但似乎找不到更好的说明这种状况的表达方式。拿出版社来说，出版社或者说成熟的出版社应该是出书结构条块合理，主次分明，专业主攻方向明确，优势明显。许多出版社都是在此思想的指导下运作的，但有些则过于教条。追求图书结构的完整、漂亮，拿出来好看，但实际的经济效果却不容乐观，形式的追求超出了应有的度。

也许我们可以把广州描述成一个充满活力的出版实验地。这块实验地正面临一个巨大的发展机遇：新任广东省委书记张德江提出的"经济强省，文化大省"的发展思路，表明了广东在埋头经济多年后的一种文化自觉，在此思路下，经过一段时期的建设，这座岭南文化重镇的出版文化应该会有一个跳跃。

刊《出版广角》2003 年第 6 期

从伊斯坦布尔到特洛伊

仿佛冥冥中有一只看不见的手的牵引，我踏上了古代爱琴海世界英雄时代的不朽城市——特洛伊。

参加完 2008 年的法兰克福书展后，我顺便到希腊和土耳其游览，到达伊斯坦布尔后，才知道这里的四天行程作了小小的调整，中间抽一天半去特洛伊访古。出国前，因行程临时调整，土耳其要增加两天，旅游公司建议去棉花堡——古罗马以来的温泉度假胜地，我极力反对，伊城可看的地方太多了，四天并不多，一定要游别的地方，特洛伊当是首选。我并不知道两个地点的远近，只是无法忘怀从小印入我脑中的特洛伊，现在要到离它最近的城市去了，多出的时间正好圆梦，想法就这么简单。这个意见被否决，圆梦的企图似乎破灭了。当时的决定好像是四天全在伊城。

经法兰克福几天的紧张工作，希腊两天近乎疯狂的游览，我到伊城时已显疲态，听到要去特洛伊的消息，竟没有多少兴奋。那天早晨出发，我只有一个担心，别冷着。那里的特产是风。《伊利亚特》中谈到此处气候的时候，最常用的词就是"多风的伊利昂"。这几天，伊城连日下雨，估计特洛伊那边也差不多吧。时值深秋，阵阵秋雨，秋凉裹挟着大风，这个时候寻访古迹，苍凉冷峻当然是不错的一种境界，但别冷着！

我们一大早从坐落在城市北面的酒店出发。原以为，车会出门往东，过博斯普鲁士海峡，再往南走。车出门后，竟是一头扎向西边，穿过新城，跨过金角湾，切过历史旧城区，朝色雷斯方向奔去。那么，我们一定是沿马尔马拉海行走，下卡利波罗半岛了。

漂亮的土耳其导游小姐兰兰给了我们肯定的回答，并告诉我们，早晨交通高峰时间，会塞车，大概一个多小时后才能看到马尔马拉海。土耳其腔调的汉语有不错的催眠作用，我睡着了。

迷糊的昏睡中，兰兰甜美的声音把我们唤醒了："大家看左手边，这就是马尔马拉海了。"

天放晴了，宽阔的海面在太阳的照射下，粼粼波光，格外地耀眼刺目，转头看右手边，是秋收后翻整过的土地，零散稀落地点缀了几棵树木，晕眩中我又睡了过去。

两个小时后，我们来到了一个十字路口，车在绕转盘完成左转后，停了下来，兰兰那音调特别的嗓音又响了起来。大家往右边看，往前再走二十分钟，就是希腊了。有谁想再回希腊吗？她调皮地问。我暗自对自己说，当然想，只是这次不行了，明年吧。希腊的两天游，非但没有止住我对它的饥渴，反而使那饥渴更强烈了。

　　车左转南下，朝卡利波罗半岛方向奔去。三个多小时的昏睡，稍稍缓解了连日的困顿，开始注意窗外的景色了。稀疏的树木，梳耙整洁的田野，偶尔点缀一片红瓦房，……半小时后，感觉到车在爬坡了，缓缓地升高，两旁是丛树林，待爬到高处，望见一片沉寂的林海。十多二十分钟后，车开始下坡，速度似乎在加快，忽然间，车像是急速地划了一道弧线，人被抛向左侧的同时，右前方送来一片蓝光，定睛一看，一片开阔的海域，中间散落了两三小岛。沉郁的心一下被唤醒了。兰兰似乎知道我们的心思，告诉我们，右前方看到的这一片海域就是爱琴海的索罗斯湾了，从这里看得见希腊了。希腊，希腊，身在土耳其的这个部分，是永远摆脱不了希腊的影子的。

　　到达的前天晚上，兰兰送给我们每人一张土耳其观光图，这时我翻了出来，细细查看起来。土耳其的色雷斯区像一只拳头，卡利波罗半岛则像是伸出的食指，指向爱琴海域，指向希腊。半岛东面隔达达尼尔海峡与安纳托利亚相望。海峡的名字来自这里的一座古老的城市达达鲁斯（Dardanus）。在希腊神话传说中，这片海域被称为赫勒斯滂，意为赫勒的海。赫勒是阿塔玛斯和涅斐勒的女儿。她为了逃脱后母的虐待出走，途中从金毛羊背上坠入海峡水域，这里因此得名赫勒斯滂。还有一则凄婉动人的爱情故事，主角是勒安得耳，赫勒海峡岸上阿彼多斯城的一美少年，他爱上海峡对岸塞斯托斯城阿佛洛狄忒的女祭司赫洛，每夜泅渡海峡同她相会。赫洛为了帮助情人，总是点燃塞斯托斯的灯塔。一个暴风雨之夜，灯塔上的灯火被风吹灭，勒安得耳不幸淹死。第二天早晨，赫洛见到被海浪冲到灯塔脚下的情人的尸体，痛不欲生，投海自尽。

长61公里的达达尼尔海峡，最宽处达6.4公里，最窄处仅1.2公里。它是爱琴海进入马尔马拉海的通道，再往上走，经博斯普鲁士海峡便是黑海了。这道进入地中海沿岸富庶的产粮区的第一道大门又是欧亚大陆的连接点。古典时期，这里曾是希腊殖民城市或贸易据点匍匐的热地。公元前480年，波斯帝国薛西斯皇帝挥师西进，发动希波战争，便是在此地用船做桥，连接两岸，几十万大军跨过海峡，浩荡西行，所向披靡。大约150年后，即公元前334年，亚历山大大帝为了其征服世界的梦想，打着为希腊报仇雪耻的口号，挥师东进，也是从这里跨过海峡，入侵波斯。罗马共和国晚期内战中，恺撒大概也是从这里渡海追击庞培的吧，并在泽拉城附近击溃趁机扩张势力的本都国王法尔纳克二世，说出了"我来，我见，我征服！"的名言。拜占庭帝国，奥斯曼帝国，希腊的因素从来都在发挥重大的作用。

在索罗斯海湾让我们惊艳之后不久，接着而来的是惊心。进入半岛后，我们忽然看到路两旁的荒地上有装甲车、坦克在驰骋，尘土飞扬，岔路口站着军人，指挥车旁的指挥官，神情严肃地看着过往车辆。过不久，又看见绿色网状掩体下的指挥所和坦克装甲车。我们真有些不知所措，不会是误闯军事要地吧。兰兰发现了我们惊异的神色，马上解释说，这里历来是军事要地，作为陆海边境，驻扎了军队，这不过是他们的日常训练。

　　这一路，若留心，偶尔还可看到荒草丛中若隐若现的废弃的碉堡。其实，进入卡利波罗半岛，我们便进入到土耳其境内另一个历史的浓缩点，几千年历史进程中的重大事件的频发区域了。更重要的是，这里是现代土耳其的历史起点。第一次世界大战中，青年土耳其党为夺回被俄国侵占的属地，追随德国，被拖入第一次世界大战。德土的结盟，直接威胁英国中东和近东的利益，由时任海军指挥的丘吉尔策划，在1915年的4—11月发动了卡利波罗战役，旨在打通通往伊斯坦布尔的道路，迫使土耳其退出战争。这年3月，英国舰队以追击德国舰艇为由，封锁了达达尼尔海峡，炮击土耳其阵地，遭到土军的猛烈还击，英方伤亡惨重，700多人阵亡，三艘舰艇被水雷炸沉。海战失利，于是英法联军调动几十万大军对卡利波罗半岛发动了两栖攻击。这场战争土军的指挥是德国将军李曼，但联军的真正对手却是凯末尔，这位上校军官当时在索非亚，看到这场战争迫在眉睫，主动要求调回国内，投入这场本土保卫战，正是他给了联军以致命的打击。他在战壕里对士兵喊出的那句"我不是命令你们进攻，我是命令你们去死！"改变了阵地战的命运。这场持续了八个月的战争异常地惨烈，对阵的两军阵地最近处仅相隔八米的距离，联军有3.3万人(其中澳大利亚和新西兰1.1万人)，土耳其军8.8万人战死。联军占领半岛的目的没能实现，这也成为丘吉尔最大的失败，仕途一度受挫。土耳其民族为这场战争付出了25万余人的代价，但是，这是他们"一战"中唯一的胜利，虽然它没能挽救奥斯曼土耳其的命运，但土耳其从反击协约国联军的战争中，赢得了荣誉和信心，也使凯末尔成为了民族英雄。凯末尔由此出发，领导土耳其人民经历艰苦卓绝的斗争，取得了民族独立，并带领土耳其走向现代化。

兰兰小姐对这场战争的介绍，重点在澳新军团：当初英法联军军力不够，为了找到盟军，而又不致在胜利后威胁其在土耳其的利益，英国把眼光投向了在他们看来对国际政治相对天真幼稚的澳大利亚和新西兰，组成了澳新军团。军团中有不少20上下的青少年。在战争转入拉锯相持时，这批流落他乡，困顿战壕的澳新士兵，对战争产生了怀疑，思乡怀亲的愁苦无以排遣，竟与敌对战壕里的对手互通信件，抒发乡愁，表达强烈的反战和平愿望，而土军这边的士兵对敌手表现出同情，对他们在战斗中的勇气表示钦佩。今天，在昔日战场建立的博物馆里，收藏了不少双方士兵的通信，这里面不仅有浓重的乡愁，思亲的痛苦，对战争的控诉，也有对对手的同情和尊重。

这让我想起了凯末尔的那段著名的墓志铭：

> 这些献出鲜血和生命的英雄们，
> 在一个友好国家的土地上，
> 和平地长眠。
> 不论是约翰还是穆罕默德，对我们都没区别。
> 在我们祖国的土地上，他们肩并肩地躺在一起……
> 将孩子送上战场的遥远国度的母亲们，

擦干你们的泪水吧，

你们的孩子现在躺在我们的怀抱里，和平而安详，

在这片土地上献出生命后，他们也成为了我们的孩子。

1934 年凯末尔在埋葬为国捐躯的土耳其士兵，也埋葬着阵亡的澳新士兵、英法士兵的墓的墓碑上，写下了这段著名的碑文。听了兰兰小姐关于双方士兵们战地通信的故事后，我对这段碑文有了新的理解。凯末尔的这段话，肯定是有感于士兵们的这些信件，他敏锐的心感受到其中隐含的博大与深刻。那不仅仅是懂得宽恕，忘却仇怨，而且还怀有大爱，体贴人情人性，同时我们也不难感到他对战争的控诉。

若隐若现的山脉沿半岛向西南延伸。大概是气候的关系，平缓起伏的坡地并无雨水冲刷的深浅沟壑，麦地被机器翻耙出齐刷刷的细小的犁沟，组成无数平行线面的错置交叠，树木散落其间。起伏的田野因耕犁翻耕方向的不同，在阳光的照射下，显出深浅不同的黄土色，相同色系的巨大色块拼出的大地图案，让人想起土耳其地毯。

中午 12 点，抵卡利波罗镇，原定午餐后从这渡海去对面的拉普塞基，因渡船时间的改变，要多等半小时。为争取时间，兰兰决定再往前开，去基利特巴希尔摆渡。这个美丽的变动，让我们几乎行车贯穿了半岛，纵览海峡风光。往半岛走得越深，或往西南行得越远，橄榄树林出现的频率越来越高，爱琴海域的特色愈见明显。路沿着半岛东部海滨延伸，

达达尼尔海峡在我们的左手边波澜不惊，平缓地流淌，对面的安纳托利亚并无高山峻岭，微微起伏的丘陵坡地，覆盖了稀疏的植被，大片大片的土地裸露出了本色，隐隐觉得有几分的荒凉。海峡里不时显现一两艘巨型货轮的鲜艳身影，成了这幅画里的点睛之笔。

公路依半岛地形贴着海峡蜿蜒南行，半小时后，一座堡垒赫然耸立前方，土耳其星月旗在上空飘扬。上了渡船，来到楼上的客舱平台，宽阔的海峡对面，隐隐可见另一座堡垒，与这边的隔峡相望，封锁住了海峡北上的通道。想来，这就是"一战"中卡利波罗战役的前奏，达达尼尔海战的战场了。

我们对半岛山坡上的一片白色醒目大字并不在意，兰兰提醒我们，那是国父凯末尔的一段话："在此路过的人们，不要走得太急，请停下脚步想一想！……"

这段话意在提醒路人勿忘那场战争中牺牲的士兵，记得现代土耳其的历史起点。摆渡至对岸的恰利哈来，这幅标语仍然醒目地在对岸召唤。

已是下午两点半，码头旁一座木马伫立岸边，马头向南，朝特洛伊而立。这座钢铁铸就的仿真木马，是好莱坞大片用过的道具，仿佛真是奥德修指挥工匠们用拆解战船得到的材料拼装而成，惟妙惟肖。木马拍醒了我迷糊的记忆，回到了童年。

对一切新奇事物的好奇是孩童的共同特点。谁都有缠着父亲母亲讲故事的阶段。让我奇怪的是，成年后，我记忆最清晰的竟是特洛伊木马的故事。印象中，父亲讲过很多别的故事，像草船借箭、温酒斩华雄、过五关斩六将、走麦城等，唯有特洛伊的故事印象最深，一遍又一遍地反复地听，怎么也不厌。怎么会说起特洛伊木马，父亲后来回忆说，我听腻了《三国》《水浒》的故事，吵着要听新的，有一回学《毛选》时，在注释里看到了一个希腊的传说故事木马计，灵机一动拿来哄骗我。没想到这一讲，竟脱不了身了。我依稀记得，有一次，去舅舅家里玩，在书架上翻到一本有很多插图的小书，是英文的。通过读图，我觉得好像跟特洛伊木马有关，于是问舅舅，果然不错，于是拉着舅舅翻着讲。还记得舅舅先朗读一段英文原文，然后用中文讲出故事，我竟也不嫌烦，只觉得那故事比爸爸讲的要好听得多。一条注释敷衍的故事，哪能跟一本插图故事比呢！现在想来，在那个年代，家里竟然还藏有这类英文的故事书，真有些不可思议。大概是舅舅因出身不好，全家常年在野外工作，城里的藏书便没人过问了吧。我把这本插图的《特洛伊木马》连同另一本《巨人花园》带回了家。

很多年后，我看到了另一个故事。主角是海因利希·谢里曼。他出生在德国北部梅克伦堡邦的小村子里。父亲是一个穷牧师，喜欢讲一些神话传说故事给孩子听。1829年圣诞节，他送给这个儿子的礼物是一本叶勒尔写的《世界史》。这男孩看着这本几乎跟自己一样重的大书，对里面的一幅画——埃涅阿斯背着老父，抱着孩子，从特洛伊大火中逃离的场景——发出了疑问："特洛伊城完全消失了吗，谁也不知道在哪里吗？""是的。"父亲答道，"可叶勒尔一定见过，要不他怎么将它画在这里了呢?"

　　我虽是反复听,反复吵着要讲,却并没有像发掘了特洛伊的德国商人、考古学家谢里曼那样,在听完父亲讲过荷马史诗中的英雄故事后,听过帕里斯和海伦、阿喀琉斯和赫克托、特洛伊被焚毁夷为平地的故事之后,深信这一切是真的,发愿要去寻找。两个年龄相仿的孩子,在听完同一个故事后,一个止于好奇(大多数、绝大多数孩子都是这样吧),另一个却起于好奇,立志寻找。

　　也许是特洛伊的故事,在我心里埋下了对西方古代世界的兴趣。十年后,我考大学时,填的志愿是历史学。大概是天从人愿吧,一年级世界古代史给我们讲课的是孙道天先生。大多数的同学被孙道天先生堂堂的仪表、翩翩的风度、磁性的声音、丰富而生动的讲课迷住了。古埃及、古巴比伦的课只是一个前奏,当课程进入爱琴文明时,同学们对古希腊史的喜爱可用痴迷二字表达,一贯只是听课、看看讲义的我们疯狂地找相关的书来读。七七级有一位学长,对艺术史颇有研究,为满足我们的好奇和渴望,为我们开希腊建筑艺术讲座。他收集了大量的幻灯片,那年代,这可不是一般的设备,一张张放,一张张讲,希腊艺术的一件件杰作就这样在我们的脑中形成影像,印刻了下来。以至有那么一个学期,出现了"言必谈希腊"的氛围。倒不是说我们对希腊有多深的了解和研究,而是我们被希腊历史文化艺术迷住了。我们坚信黑格尔的话:"凡一切使生活满足,使生活高尚,使生活优美的——我们皆直接得自希腊。"

特洛伊考古遗址，荒凉一片。古城层层堆叠了各个不同时期的城市遗址，它们的故事，以及谢里曼发现的故事，都不重要了，重要的是我来到了现场。

2009 年 4 月草稿

草 滩

　　经历了一天的兴奋、晕眩之后，人多少有些疲惫，车已经抵达塔县县城的边缘。司机将车驶离主道，向宽谷中央地带开去。时间已是下午近九点，太阳西斜。一个急转弯把我们从昏昏睡梦中甩醒。侧望窗外，开阔的草滩就在我们的底下，与这一天帕米尔高原所见的沉静冷艳的湖泊、冰凉巨大的雪峰、灰暗单调的山体、寥寂焦旱的荒原不同，这绿色的滩上却是一派生活景象。

　　开阔的草滩上散落着的白色牧包被斜阳拉扯出了长长的影子，袅袅东斜的炊烟像一根风筝线牵引着在草滩上飘动。牧包的周围，小孩在打闹游戏，女人或在收捡晾晒在包壁上的色彩斑斓的衣服，或提着桶在牧包、羊圈间走动，或坐在地上缝补；一群群的牲畜或者散在牧包周围，或者在远处的草地上闲适地吃草；男人们或在往牲畜群中撒什么（后来才知道，是玉米粒，给牲畜们的营养餐），引来阵阵争抢，或绕着畜群追赶某只调皮的东西，竟然还有在溪水里打水冲洗红色、黄色的小轿车……背景是颠连不断的焦干的灰色山体，在夕阳下，皱褶如涟漪在山体上断断续续地横向荡开，峻厉、粗糙、荒凉而苍老。锯齿形拉开的山幛在地平线上延伸，在宽谷极目处，七彩云霞里一众雪峰若隐若现……

天色渐暗，到达酒店，匆匆吃了晚餐就寝。一夜不安，兴奋、疲劳、缺氧……早上醒来，决定深入河谷草滩，走进牧包看看。

车把我放在了金草滩，这是向游客开放的一片区域，草滩上架起了栈道。我最初的计划是远离县城，深入草滩，近处探视他们生活的细节，但一旦走上栈道，便被远处牧包升起的炊烟，晨早闲散疏落在牧包周围活动的牧民，还有那淡淡晨雾下似醒未醒的草滩吸引，不由自主一步步往深处移动，跳下栈道，踏上了草地。

出来的路上孙师傅为了让我放心大胆地去访问牧包，说，牧民很纯朴热情，塔城的监狱从来是空的，他们最多喝醉了打打架，如此而已。但踏入别人的土地，窥探他们的生活，心里总是有些惴惴不安。

草滩是帕米尔高原上的宽广河谷。它的两边是两列大山：东北面是昆仑山脉，前一天进来的路上，我们遇见的著名的穆斯塔格峰和公格尔峰就在这高原西端；西南面是色勒库尔岭，过去就是塔吉克斯坦、阿富汗、巴基斯坦，这岭中的不少山口，自古便是中亚的交通要道，红旗拉普达坂便是之一，也是世界上最高的关口。高原上的山谷往往达到数公里，这是因为河水流量变化无常（受气温影响），水中携带的沙石无法搬运到河流下游，不断沉积的沙石泥土造就出了这条宽大如旷野的河谷。

走在草滩上，宽窄不一的水流任意地切割，有的仅需一小步迈过，有的则需跨一大步，有的却需踩着踏石过去，三四米宽的溪流就非得有桥了，如用水泥电杆扎成的桥。

在一条水边，我与一位身着藏青色西装的小伙子迎面相遇，这小伙子个头挺拔，脸型是典型的欧罗巴人种，希腊鼻，深陷在脸上的双眼纯净而有神，右手里抓一坨充电器。我们隔溪互让，拗不过他的礼让，还是我踏着石墩先跨了过去。我们站定聊天，"吃过早餐了吗？"他指指远处的一个牧包说，那是他的家，那里有早餐。虽然大家在用汉语作简单的沟通，却也有不少的误读。

我对他所指方向的家有了好奇，一路过去。一少妇带一小孩蹲在牧包不远处的溪流边，她身着鲜艳的大红色上装，头上裹一条浅浅的水红色头巾。身旁的孩子大概两岁。稍远处牧包背阴处，一老妇坐着织绣。我跟少妇打招呼，走近后提出拍照，她羞涩地笑笑点头，算是答应；随后为那位一旁织绣的老妇拍照。不知什么时候，那少妇进了牧包，出来时，竟像变魔术般换成了一袭盛装：头上戴上了塔吉克族特色的织花圆形小帽，戴上了耳环项链，水红色的头巾罩在了帽子上，示意我进牧包去。在经历了前一天穿越高原，感受磅礴粗厉严酷之后，在一大早小心接近牧包，对粗糙搭建的羊圈，白色单调的牧包习以为常之后，突然走进昏暗的牧包内，什么也看不见，待眼睛适应过来，扑面而来的竟是华彩世界：床榻上铺的堆的，墙上挂的，无不是以深红色为底色图案的被褥毡毯，它们将这小小的空间营造成了一个浓墨重彩的温馨的家。老太太进了牧包，顷刻间戴上了明黄色的头巾坐在了床榻上。我突然明白了，绚烂的挂毯床毡对牧民意味着什么：那是对抗高寒酷晒的外部极端环境的舒适港湾，也是他们生活乃至生命的全部。

塔吉克族妇女脸上的线条刚硬明朗，风霜烈日的磨砺，使她们看上去往往要比实际的年龄大许多。而一旦到了室内，幽暗中，那僵硬的线条消失了，一切变得朦胧而柔和，尤其那双眼睛，明亮澄澈，沉着自信。牧包竟然在小小的空间里，在普通的生活空间，通过遮挡外面强烈的阳光，制造出阴暗，创造出美。

能进入牧包并留下影像，我已经非常满足，太阳暖暖地晒在身上，阔大的草滩一片宁静。探访虽然愉快，高原上的兴奋却消耗着体力。从牧包出来漫步，我在溪边的一小块坡地躺下。

现代都市是战场，惯性主导生活，一切习以为常：一方面，日常琐事和人事纠葛，将感觉的某一方面磨砺得如剃刀般锋利；另一方面，人对自然的细微之处显现出的则是麻木。正应了印第安人的话，走得太快，丢了灵魂。

四脚朝天躺下，只感觉到阳光的热力穿透外衣，熨烫肌肤，无边的空阔和安静。慢慢地，浮躁退去，感觉舒张，身体苏醒，旷野里出现了各种声音：近旁流水的潺潺私语，远处牲畜的若隐若现的嚓嚓吃草声，零零落落的一两声嗯呃的牛犊的鸣叫和寂寞得发慌的驴的昂叫声，更远处飘来的河水的澎湃声……不知多久之后，这寂静中，出现了杂音，是说话声，慢慢在靠近。

几个汉族人在一个塔吉克族人的陪同下过来了，想买驴。被这俗事搅扰，静下来的心再度澎湃起了好奇，我往更深的草地走去。一牧包后面的土屋不时跑出个小孩，一闪又不见了。不一会，他扯着一女子的衣服出来了。虽然在塔县边上，大概生人还是极少见的，小孩子回去报告"敌情"。这时我已经走得很近。那少妇一身劳动打扮，手上满是面粉之类的东西。她友好地笑笑，让小家伙别害羞。我被让到了围子里。原来她正在"灶台"边烤馕呢。她拿起刚刚出炉的一个馕，一定要让我尝尝。我掰下一块，细细咀嚼，跟喀什或塔县县城的不一样，粗一些，却香得多，有多种粮食的味道。

在草滩上闲逛，看到远处的土屋牧包前有拖拉机，水边有两小孩子在玩耍。小孩总是接近居民最好的媒介，我不自觉朝那走去。两个小家伙见到生人便跑了，一会他们的母亲出来，似乎不懂汉语，表情严肃。这时，一年轻女子过来，才有了少许的沟通。这一家也有牧包，但主体却是好几间相连的土屋。两位老妇在远处土墙边的馕坑边上忙着。艰难的沟通中，那几个买驴的过来了，还多了一个穿着连帽衫的帅小伙。聊天后我知道他才15岁，在读技校，学舞蹈，学校在河北，刚刚放假回来。这里是他的家。

那两位老妇人、姐姐们都进了屋，邀我进去。土房子很简陋，四壁泥墙布满小裂纹。进门左墙一条长案一直伸到床榻边上，上面放有日常用品如热水瓶、碗，靠榻一头有一深绿色的长方形铁箱，上面架一面三角形镜面。房子的右边，靠墙架了简易的床榻。屋子中间靠床榻架一壁炉。两位老人在案台和壁炉旁分开坐下，少妇带着两小孩在榻里面靠墙坐着。我坐到了右手边的临时床榻上，小伙子和他的姐姐坐我身边。

聊天间得知，两位老人一个是这小伙子的妈妈，60多了，一个是他的姨妈，他父亲是塔县的退休老师，教维吾尔族语。他们家在县城还有房子。这片草滩上的牧民大多定居了，男的在县城有工作。小伙子的妈妈端上了喷香的奶茶和馕，温热的奶茶一路下行，暖流下灌，舒坦温润，在被太阳温暖地抚摸至毒辣地酷晒几个小时后，几近干枯的身体慢慢活了过来。见我那干渴的样子，妈妈起身出去，一会端了一碗酸奶递到我的面前。

屋内的光由门进入，单一而纯粹，与外面强烈的阳光相比，柔和而昏暗。一家人围坐，随意而温馨。两位老人在榻沿上坐着，一个靠墙，一个伴炉。大嫂正对着门靠墙盘腿而坐，两小家伙在榻上玩耍。一张小毯子上摆放着馕和奶茶。好温暖的一幅画面。我坐的地方正好将此一览无余，情不自禁端起相机给两位老人拍照，不料两位老人匆匆起身，不声不响披上了头巾，或戴上了圆帽。一向不苟言笑的大嫂竟也表示想拍，下地坐到了镜前打扮起来。戴上耳环项链，扣上小圆帽，披上纱巾，感觉换了一个人似的，端庄美丽……我条件反射般举起了相机，拍下了这一过程。梳妆完毕，她坐回原位，还没拍两张，见她对小伙子说了什么，不想拍了。

我颇有些不解，想起了袁枚的两句诗："阿婆还是初笄女，头未梳成不许看。"也许我刚刚那鲁莽无礼的举动，触动了她。

　　记得有一位哲人说过：如果这个世界上没有了美，便没有了生命；如果人类不能发现美，感知美，那生活的意义便会失去大半。这一上午碰到了好几位塔吉克族妇女，她们无一不在展示她们的梦想：美。日常她们会将美的道具，绣花圆帽，金银首饰，披巾华裳，收藏起来，一旦有了展示的机会，立马穿戴。

　　告辞了，小伙子送我出来，一路陪我走出草滩。他说，家里在县城虽有房子，但还是喜欢住在草滩；明年技校毕业，准备考大学，目标中央民族大学……

　　我意外走近了牧包，窥探了这个族群的生活片断，发现在我们看来多少有些荒野偏僻的地方，却充满了梦想，延续了几千年的生活方式在变化：从绝不放松的美的追求，到晨起第一件事去县城给手机充电，夕阳下冲洗小轿车和县城里购置房产，及至走出高原、梦想大学……这里不仅仅是平旷空阔、苍凉博大、雪峰绵延的高原，这里也是梦想丛生的地方。

刊《随笔》2014 年第 2 期

父亲的唠叨

父亲今年90了，身体尚健朗。张文初教授为我的《貌相集》写的书评中，说我父亲"是一个伦理情怀很重的学者"，他的"民胞物与常见于直接的关心、体贴、帮助，多重心理和言语的交流"。2015年母亲走后，他常常陷入回忆的深潭，除了家族旧事，求学经历，我们兄妹俩的成长教育外，湖南师大的老师、同事、学生也是重要的话题。

父亲秦旭卿1957年从湖南师范学院中文系毕业留校，给周铁铮先生当助教。周是杨树达先生的女婿，同住一栋平房。父亲感觉，杨先生极威严，有一次去周家，杨正在地坪里刷牙，见有人来，他停下来，鼓着大眼睛看着。周是杨的女婿和得意门生，是不是见来人多，浪费周的时间，不高兴呢？父亲还常看见杨先生牵着夫人手散步，听说他喜吃猪脑髓，大概是觉得可以补脑吧。可惜周铁铮先是被定为历史反革命，1958年又划为右派后被抓走，再也没有见过。为此周先生妻离子散，刑满回家后，独自一人居住。听说一个冬天，他包着棉絮烤火，不小心烧起来被烧死了。谈到这，不胜唏嘘。

父亲一直怀念周铁铮先生，写过文章纪念他，跟他的子女也多有联系。

周铁铮上课时，有一位孙俍工教授会来听课，总是坐在最后面。孙做笔记很认真，字写得很大。有一种说法，周铁铮编写的我国最早、影响很大的《现代汉语讲义》，孙俍工给予了许多的帮助，据说"现代汉语"一词最先也是由孙提出来。其实孙在中华人民共和国成立之前很有些名气，在湖南第一师范做老师时，毛泽东跟他请教过写字；重庆谈判时，毛的那首风靡一时、让国民党内外人士折服的《沁园春》，最初是写给他，由他传出去的（毛也给柳亚子写过，但是在孙之后了）。孙有和词，父亲记得最后两句是"要上天下地，把握今朝"，有劝毛识时务的意思，后来这成为其一大罪状。孙是有名的学者，编过许多词典，中华人民共和国成立之初，科学院语言研究所委托他编毛选词典，他做了大量的卡片并分类；后来不知道为什么不让他做了，科学院的李荣和一个小年轻从北京过来，系里派父亲领着去他家，将卡片取走了。孙的女儿在一旁说，爸爸做这些卡片花了好多的时间精力啊！

马宗霍，是章太炎的入室弟子，前国立师范学院的著名教授。家住对河的彭家井，每到有课，会提前一天过河来，在静一斋住一晚。作为课代表，父亲总是会在马先生过来的当天去看望，问第二天讲什么，要做什么准备。

严怪愚，中华人民共和国成立前是著名记者，第一个披露汪精卫叛国投敌的新闻，中华人民共和国成立之后在长沙师范专科学校。该校合并到师院后，归中文系管，于是父亲和他有一些联系。他住在对河三泰街（或通泰街），严先生下放劳动改造去后，食堂逢年过节的一点福利，如中秋的月饼、元宵的肉饼，父亲会替他代为保管，他的夫人带孩子们一家过来，在食堂吃这些东西时，会聊聊天，过河也会去他家里坐坐。这位老先生我依稀有一点点印象，大概二十世纪七十年代初，父亲在平江分校授课，假日我有时去玩，跟着他去放过牛。

看见我给彭燕郊先生拍的照片，父亲忆及1953年入学后的一次联欢会。彭燕郊是系里年轻的副教授、诗人，很出名，父亲很希望听他上课，不得。联欢会彭在场，讲的一番话父亲印象很深："知识分子喜欢摆臭格。你值得多少钱一斤啊！"当时他们这些学生刚刚从乡下来，听了这么骂知识分子，觉得真是出语惊人，好新鲜。后来，抓胡风分子，到湖大礼堂听报告，彭到得晚，胳肢窝下夹一把油纸伞，上到楼上来，坐在离父亲不远的地方，看上去好不倒霉的样子。好像会开完，他就被带走了。系里的老师，对彭有些议论，父亲曾听方授楚教授说，彭燕郊喜欢讲人的空话，说"罗暟岚忙于家务，没什么能力了"，他自己呢，连《红楼梦》里的字都不认得，把"贾宝玉衔（xián，即"衔"）玉而生"读成"yùyù而生"。

罗暟岚是著名作家、教授，教过父亲的外国文学。父亲还记得，有一次去拜访他，只见他一个人坐在屋子里，好孤单的样子。聊天中，他拿出一面嵌有信和信封的镜框展示，说是鲁迅给他的小说《中山装》的回信。重点是说这是鲁迅第一次写信给他，就把他的名字写对了，可一些朋友常常把暟写成皑。他是旧式文人，1949 年以前大老婆未生育，讨了小老婆。一次他去北京开会，是毛主席"关于正确处理人民内部矛盾"那篇文章的专题会，他作为民主党派人士参会，徐钰礼先生也去了。北京回来当天，父亲正好去看徐先生，徐先生说跟罗一起回来的，他大概是先去小老婆家了吧。罗暟岚先生家常常有纠纷，系里为此经常要出面调解。

林增平先生是中国近代史的专家，"文化大革命"中，在平江分校接受改造。春假我去玩，父亲领我认识了林先生，还让我跟林先生下田干活。平时比较寂寞的林先生很认我这小朋友，见我那么瘦，吃饭也不多，他就说："秦颖唉，要洽饱唻，洽饱哒，禾才插的活！"后来我毕业找工作单位，还是因为林先生的面子，进了湖南人民出版社。林先生去世时，父亲代我拟了一幅挽联："忆当年浯口牧牛时丰戏水，童稚幸遇哲人，三生幸立程门雪；想此日景德问难望月传薪，文星遽飞仙境，失声痛哭林先生。"记录了这一段忘年交的情景。

姜运开先生，享 106 岁高龄的传奇人物。大概 2005 年，父亲曾领我去他家拜访，特别让我给老人家拍肖像照。此照片在老人百岁寿辰时发挥了大作用，而这寿宴的成功举办，父亲是主要的推动者之一，事后得老人家竖大拇指夸赞："好！话讲得出，事做得到！"姜运开没有教过父亲，也没同过事，这些联系部分原因是同乡。姜运开是黄材镇的名人，二十世纪三十年代末是中共宁乡县委书记，与有"宁乡四髯"之称的何叔衡、谢觉哉、王凌波、姜梦周关系密切。他去日本留过学，学统计学、考古学、美术等。还在沩滨中学读初中时，父亲就知道他的大名了，拜识是在进大学后。一次父亲看见姜正在学生宿舍前栽树，姜先生告诉他，栽树有诀窍，这两棵樟树苗，一棵原样栽下，另一棵将每片叶子剪去一半，你看哪一棵长得快？你注意观察咯，一定是剪去半片叶子的快。当时正值"三反""五反"，姜作为总务长，盖湖大礼堂时用中国传统风格的大屋顶，被指浪费挨批。1958年他被错划右派，一直被贬，他却是干一行，爱一行，比如养猪，为给猪治病，自学成了兽医。

细细碎碎，没什么特别的大事，记忆也不很完整清晰。这些人，有些是老师、同事，因时代的关系，大概都是一种若即若离的关系，有些甚至没有关系，而父亲与他们总是建立起了某种联系。我问他，为什么？他想了想，说："大概是对学问对知识的尊重、敬畏吧。曾国藩好像说过，要改变一个人的骨相，除了读书，别无他法。我就是靠读书改变了命运。还有个原因，自己因为出身不好，工作后不被重视，甚至受压，因此感同身受，而生同情吧。亲近感好像是天生的，讲不出原因。"

文初教授还说，父亲是"大半生在'左祸'中颠簸的知识分子，身心俱损，苦雨凄风，何谈事业？相濡以沫即是福音"。跟这些老先生交往的片段，正是相濡以沫的零星记忆吧……

刊《南方都市报》2017年4月3日"大家"版

记忆中的乡村画卷　唠叨之二

十五年前出版的《塞耳彭自然史》，是我出版生涯中最值得怀念的一本书。它的选题、翻译、出版，以及出版后持续不断直至今天的回响，愉悦、丰厚、回甘。读周作人《知堂书话》、鲁宾斯《英国文学的伟大传统》、杨周翰《十七世纪英国文学》，我被英国散文独特的韵味诱惑，跟缪哲鼓捣"经典散文译丛"时也因他对十七、十八世纪英国文学的迷恋，这一段选题多而重。当他起意先译《瓮葬》《钓客清话》时，我竟也一度想译《塞耳彭》，看完却不敢动手了，等缪哲忙完手里的活，将自己从澳洲买回的"艾伦本"和另一个本子都塞给了他。短时间里，缪哲的译文怕是难有超越者，遗憾的是该译稿出版多年后转手，便泥牛入海了。这本书于我，不仅是与英国散文结缘的正果，更是与自然结缘的起点。

今天，爱自然、走进自然已经成为风尚。飞鸟、蝴蝶、昆虫、两栖动物、爬行动物、植物等均是自然爱好者的选择。好多年前，当激烈的运动方式难以为继，我颇有些苦闷彷徨。2011年春季，我偶然跟一队户外徒步爱好者去从化偏僻的乡村采苦笋，被鸟人猪丁丁拖入鸟圈，一路下来几近迷狂。
2016年春节，我竟带着父亲远赴雷州寻找勺嘴鹬。这事撕扯
开了父亲记忆的黑洞，与鸟相关的种种回忆不时冒了出来。

父亲在家读了八九年的私塾，终于走出去，到老粮仓中
心学校读高小，在学校礼堂里的报架上，看到一本学生自办
刊物，里面有一篇文章《观鸟》，这两个字好新奇，这么多年
过去，内容完全没印象，可那两个字却忘不了。我们家的祖
屋在宁乡横市镇南江坪山礤脚下。门前一口塘，船形，屋子
正好在"船舱"的位置。塘里养了鱼，每逢来客，就放下用门
叶、楼梯、水桶扎成的排打鱼。后面的山约五六十米高，当
是五六里地外天鹅山的余脉，满是竹林、枫树、松树、青皮
树；从屋前地坪里望出去，远远可见沩水和杨华江交汇的双
河口，两河之间便是南江坪，河水冲积而成的一块平坦肥沃
的开阔地。近双河口端的犁头嘴有座桥亭子，偶尔从那经过
时，父亲会歇歇脚，读读亭子里的对联："两水夹明镜，双桥
落彩虹。"虽是用李白诗句做成，却恰到好处地描写了此地的
风光。更妙的是，春夏时节，南江坪里全是打鱼的鹭鸶子，
一片白色。它们在祖屋背后的山里抚育雏鸟。2015年陪父亲
游海南时，在五指山一家饭店墙上的照片里，看到满田白鹭
飞翔的景致，父亲说，正是小时候熟悉的"漠漠水田飞白鹭"。
杜牧专为它们写过一首绝句："雪衣雪发青玉嘴，群捕鱼儿溪
影中。惊飞远映碧山去，一树梨花落晚风。"我想父亲一定会
同意怀特精密生动的描绘："鹭鸶身子很轻，却有那大翅膀，
似乎有点不方便，但那大而空的翼实在却是必要，在带着重

荷的时候，如大鱼及其他。"(《塞尔彭》巴林顿书第 42 书，周作人译)文学的描写与精致的观察，中西两海，异曲同工。

爱鸟护鸟，在我们家有传统。以鸟为食是古风，曾祖父运昌公却在屋前屋后竖了警示牌："告白：本宅后山及左右园内，飞鸟不得故意射击，否则斥责无情，勿谓言之不预也。特此告白。本宅主人。"这牌子多次被人拔出扔开，可见自然保护，从来都不容易，即使是自家领地。

还有几种鸟印象比较深。门前塘里的渔工鸟(普通翠鸟)，翠蓝翠蓝的，飞起来一闪而过，总在塘边的树枝头或插在塘里的筝子(用于防偷鱼贼撒网)顶伫立，猛地栽进水里打鱼。另一种是崖鹰(不能确认学名)，每年五月禾苗转青时较为常见。这个时候红花兰花的草子田收割后，田翻耕开来，家里的鸡都窜到了里面去，鸟也来凑热闹，争食地里冒出来的土狗子(学名蝼蛄)等昆虫。崖鹰出现在空中。此情景，颇类怀特笔下的猛禽："茶隼或名'御风'的，亦自成一格，它常轻快地拍打着翅膀，把身子定在空中。鸡鸶则低飞于石楠地或庄稼地的上方，不时像猎狗那样扑打地面。"(缪哲译)一帮小孩，为了保护家里养的鸡，一旦看到有鹰出现，便冲出去，在地坪里或田坎上，不停地大声叫唤，双手不停地从后往前方摆动驱赶："崖鹰伢子呃，欻嚯……欻嚯！崖鹰伢子呃，欻嚯……欻嚯！"崖鹰便不敢轻易下来了，那斗胆俯冲下来抓了只鸡升空的，也常被这一吆喝，吓得半空中松脱，鸡落了下来。

还有一种鸟长长的尾巴，春夏时总是三几只从屋后山边次序飞过。有歌唱作"梁山伯祝英台，马家二伢子背后来"，父亲说，梁山伯尾巴是白色的，祝英台的尾巴则带颜色，二伢子是棕色的。这是啥鸟，一直无解。在飞羽踪迹朋友圈请教，友人温靖邦留言："我好读闲书。近翻阅明季余鸿《秋雨庵杂俎》，其中一随笔说有鸟：'斑斓彩绘，俗云梁山伯，疑为凰雏。'"可见此称古已有之。对照鸟形颜色，绶带颇近。歌诀至今上了点年纪的宁乡人都还熟悉，只是那鸟如今已经难见了……

父亲的唠叨描绘了一幅逍遥、宁静、柔美的过去生活的乡村画卷。他的唠叨也证明了《塞耳彭》的著名编注者艾伦的那句大白话："爱自然，观察自然，是人人都能的。"

刊《南方都市报》2017 年 4 月 13 日"大家"版

私塾记忆　唠叨之三

　　"出门向东，不上半里，走过一道石桥，便是我的先生的家了。从一扇黑油的竹门进去，第三间是书房。中间挂着一块匾道：三味书屋；匾下面是一幅画，画着一只很肥大的梅花鹿伏在古树下。没有孔子牌位，我们便对着那匾和鹿行礼。第一次算是拜孔子，第二次算是拜先生。"《从百草园到三味书屋》的这段描写，大概是我们大多数人了解的曾经的私塾。新会茶坑村梁启超故居，可见其父梁宝瑛执业的怡堂书室，一进三间，侧边进去，对着天井的正堂为教学处。书室与后面的梁家住宅隔着一个花园。这类私塾明清时比较普遍。

　　相比起来，父亲读书的私塾又有些不同。

　　秦家从高祖栗菴公、曾祖运昌公、祖父颂清公三代单传，第四代到我父亲这一辈出了四个儿子、七个女儿。孩子多起来后，父亲和我伯父便跟着曾祖父生活了，睡在北正房。那里有门通天井偏屋，绕天井屋廊可去到灶屋、谷仓、碓屋、碾子屋以及西边角落里的猪牛栏。曾祖父当家管带一切，祖屋"余庆堂"也是他取的，祖父则只管做工夫，担当了主要的田间劳动。

曾祖父早年在甘肃陕西吃过粮（当兵），很有些见识。比如，每天早晨起来，孙祖三人共一盆水洗脸，他就说，我们是"甘肃老儿"呢！因为甘肃水很贵，不能浪费。比如，从他口里，父亲知道了甘肃有"回回"（回族同胞），他们不吃猪肉；知道了长江汉水交汇处武汉三镇的地理形势，就像家门口远远望到的双河口，横铺子长桥港相当于汉口，南江坪相当于汉阳，龙腾坊（农田方）相当于武昌。曾祖父文化不高，颇能说，也能写算，地方上的大小事，都离不开他，大小也算个乡绅了。他对孙子的学习十分重视，还做了两块白漆板教父亲和伯父在上面练字。家里常常会请篾匠木匠来做工，曾祖父跟他们处得来，喜欢坐在门槛上跟他讲《三国志》、薛仁贵征东、左宗棠和湘军等故事，对方听得入神，还不时评点两句。父亲在一旁跟着听，曾祖父就更来劲了，于是像桃园三结义、三顾茅庐、火烧赤壁等三国故事就这么听熟了。父亲五六岁，能做点事时，曾祖父便教些农活。家里养了两头牛，一头黄牛，一头黑牛，一早起来曾祖父便让父亲和伯父各人牵一头出去放，吃露水草，牛长得肥壮。曾祖父告诉他们牛的习性，看牛回来，一定得让牛到门前的水塘里走一转，冬天也一样，说是可防止牛脚被烧坏。

家里总共养四头猪。要猪长得好，也为了踹粪，经常要在猪栏里垫草，特别是冬天，换了草，里面干燥，猪可以暖暖地睡觉。春夏时节，曾祖父便让人把猪栏里的粪挑到田里肥田。家里常年备有干菌子做菜，这也是曾祖父的功劳。他知道哪片山里菌子多，春天总是悄悄地去采回来晒干，留到节日或喜庆时用做菜底。看牛，割草，收荞麦，捡菌子……不知不觉，父亲到了读书的年龄。

父亲读私塾已经是二十世纪三十年代后期，虽然保国民小学这样的新式学堂已经不难见到，可南江坪一带并没有，私塾成了简便易行的教育形式。于是曾祖父将南边租赁出去的屋收回来，把杂屋收拾干净，腾出空间，请了先生来上课，周围的人家也都送小孩来读书。父亲开始了近十年的私塾学习。

曾祖父前后延请过三位先生。第一位曾恕臣，是个个子不高，脸尖瘦尖瘦的老式文人，酸腐懦弱样，不太被人尊敬。他教了两年，主要是发蒙，教《三字经》《百家姓》，填红盘子。当时父亲表现并不出色，磨烂了两本书才读完。曾先先（先生的当地方言发音）对父亲的评价是，写的字还斗得拢。后来因为他咳血，家里人来接走了。

第二位是排行伯曾祖父的秦箴铭，大家都叫他箴十一阿公。这位伯公是有些影响的人物。大革命后，做过望北镇镇长，见过世面，有些气度，也颇得人尊敬。他案头总摆放几本书：像《春明外史》，那是他经常读的，而且读着读着会笑起来；《六法全书》，这是众人找他写状纸时，必须要翻查的，他写的状纸有根有据，每一条都会注明依据哪个法条；还有一套《康熙字典》；等等。

他教了不少《诗经》《论语》，父亲能背一些全是童子功。父亲还学过《千家诗》《增广贤文》《五言鉴》《捷径杂字》《东莱博义》《声律启蒙》等，然而印象深的是他出对子让学生对。一次，他出上联："夏日可畏。"没人对得上。他说，不是在《诗经》里学过一句吗？——北风其凉。又一次他出上联："桂花香八月。"大家在那抓耳挠腮时，家里的长工在一旁回一句："大粪臭三年。"这下联逗得大家开心极了，都夸他有才。

父亲每天上课先是背书，然后点书几次，从中认出生字、难字。下午放学时，学生一个个上去，站在先生桌边，他右手握着红毛笔，认得的上面划圈，教了几次还不认得的，手里的笔端顺势对着额头一戳，疼得很。有些小孩调皮，每到这时候，就戴顶帽子，还在额头处垫上东西。先生也不是一味地体罚，用了些激励，比如，买一些小皮球做奖品，乡里娃娃，没东西玩，这比鸡蛋大一倍的橡皮球颇有吸引力，由此气氛就大不一样了。

同学中，还有不少"大"学生。那是抗战年头，国民政府有一个政策，凡在读学生可不抽壮丁。于是，很多近二十岁的青年洗脚上田读书了。而给"大"学生上课，必须"开讲"，即解释文意。像尧舜禹汤文武周公，父亲就是从他们的课听来的。又如人必须谨守八个字——孝悌忠信、礼义廉耻，民间骂人的话"王八蛋"，应该是"忘八蛋"，指忘了这八个字。

古典之外，箴铭先生还教算术，查《康熙字典》，写文契，念赦文，教了三四年，因身体不好回家了。走时，他将自用的那套《康熙字典》送给了父亲。这可是一笔不小的财产。大概是他觉得父亲是块读书的料吧。当时，光是请人在书的当头写上十二卷的偏旁分配，都得花一担多米。他后来病重时，父亲经常去看他，他还在床上教念赦文，遇到"谵语"两字，谵字不会读，他口中念叨着"六从申未得，七画在酉中"，让父亲跑回去取《康熙字典》酉部来查（谵字言旁，笔画七）。父亲对字典的兴趣，乃至成为终身倚重、教导的重点，盖发端于此。

第三位是秦海藩。父亲印象深的是读《古文观止》，方法是一篇篇抄下来，大概也是因为买不到书，然后背出来。父亲有一个专用的本子，把学过的文章，如《捕蛇者说》《祭十二郎文》《喜雨亭记》《爱莲说》等，抄了下来，总共有几十篇。可惜这个本子遗失了。海藩先生对《三国志》也颇熟悉，时常会讲讲。他多才多艺，教书之外，还看地（看风水），算八字，诊脉治跌打损伤都能来两下。比如有人被蛇咬了，他扯草药划水敬神，然后用草箍住，止住肿痛；或是有人被雷打了，全身僵硬，他作法谢雷神，那人就软了下来。还真是灵！乡里有句俗话：不信法，信蛇法；不信神，信雷神。他还会"收吓"，被惊吓的人，尤其是小孩，来他这，在其手心画个符，让抓着回家，据说到家就好了。

父亲也跟他学《乡党应酬》，作祭文、喊礼等。附近的祠堂，红白喜事，求雨敬神祈福，都去喊过礼。父亲还记得些礼词，如行祭祖礼："各就位，设浣席所，拜，兴，拜，兴，拜，兴，起立平身。"祠堂献礼："办哒菜，献肴馔。"（用筷子来做做样子）父亲和伯父只差一岁多，都长得眉清目秀的，穿着一致时，像双生子。两个人喊礼时，一左一右站立，一人一句轮流来。因此，他们在南江坪一带颇有些名气。

　　喊礼的功夫需要自己琢磨，各人都有一些巧妙。比如排行曾伯祖父秦亮钦，人称亮十夫子，他也教过父亲一些；南江坪塅里的秦家祠堂祭祖时，父亲去祭祖，这也是学习的机会。喊礼不仅可以得点好处，受到夸赞，在父亲这还有一个意想不到的影响：开阔眼界，对外面的世界充满了好奇。像双井的秦家是望族，有钱有势有人，秦卓安（马英九的外公）兄弟来南江坪秦家祠堂祭祖。他们家六兄弟，父亲见过卓安、廉安、勉安三个，只觉得一个个仪表堂堂，身材高大威武，手指白皙修长，加上听说在上海的大学读书，更是心生敬佩。

　　当然，还有外婆家。秦卓安家从双井搬来高冲住，与父亲的外婆家相距千多米，隔田相望。父亲兄弟俩还小的时候，祖父常常用箩筐挑了两兄弟去外婆家过年拜节，大一些后，祖父会送过杨华江进到温冲，站在高处，远远看着两个孙子走进枫树湾外婆屋里才离开。去外婆家玩时，父亲对秦卓安岳丈家刘镜园的满儿子刘六神仙开的保国民小学，近处看过，还听过留声机……也算是耳濡目染了。种种机缘和影响，使得父亲对新的知识充满了好奇和渴望。乡下图书难得，父亲一次在亲戚家看到一本《三国志》，坐下来就读，讲的是徐庶因母亲生病要回家，给刘备推荐诸葛亮，以至吃饭时间也错过。父亲想借回去看，亲戚却是死也不肯。后来，亲戚家白喜事需要帮忙，父亲看到一本《少年杂志》，有了上一次的经验，于是将杂志偷带出来，藏在塘边上的茅草丛里。其中的一篇讲标点符号，父亲很早就会用标点符号由此而来。另有一篇里，用的成语俗语很多，像"百思不得其解""飞檐走壁"

等。父亲当时对新知识真可说是如饥似渴，过目成诵。

等到南江坪塅里开了保国民小学后，这私塾便开不下去了。而曾祖父也觉得学了这么些年，断文识字、写文算数都能应付，还能喊喊礼，已经不错。加上家里小孩多，张口吃饭人多，劳力缺乏，不想再送出去读了。这对开了眼界、对世界充满期盼和想象的父亲，无异于噩梦。

刊《南方都市报》2017 年 6 月 5 日"大家"版

跋

本书是我从事编辑出版工作以来散杂文字的结集，学术论文不包括在内。我的本科和硕士研究生读的是历史学，专业方向西方史学史。严苛的家庭教育，历史学的专业训练，在我的文字上留下了拘谨的底色，而个人性格中那种向往自由的因子又不时想突破这种拘束，在有意无意间显露出了性情。友人老苏（福忠）称我的文字，有难得的"真诚"。我喜欢这个评价。

这一辈子，我只做过一件事：编辑。作为一名图书编辑，我对写作一直心存敬畏，然而常常是眼高手低，非不得已，才提起笔来。从业以来，我的文字，基本上都是围绕所编的书而作的"应用文"。近年，因机缘巧合，让我拿起了笔，以照片为线索，写了一组文字，由此体会了写作的乐趣，也理解了"表达的欲望"是一种怎样的体验（多年前，跟林贤治先生闲聊，他说自己有一种抑制不住的表达的欲望，当时我似懂非懂）。也是这些年，我体会了以文会友的乐趣。一年多前，北师大出版社的谭徐锋兄读到我的文字，通过刘小磊兄联系到我，问是否有可能编一个集子给他出版。我的第一反应是刚刚出了一本集子，现在手里的东西很少，便婉言推谢："感谢关注！我写得少，玩票而已。"但这个邀约却在心里慢慢发酵，逐渐形成了将从业以来的各类散杂文字结集的念头。我拟了个目录，按读书记、经典西行记、人物记、序跋、摄影大师小传、杂文六个部分编排。这个想法得到肯定，于是放手编起来。

我一直认为写书评是图书编辑的基本功，也最能反映编辑水平和能力。从业几十年我花了大量的时间琢磨这事，历年积累的这类文章，篇幅占了我所有文字的五分之四，可选起来，真正满意的不多，这个部分仅录得9篇。我将这组文字放在最前面，以表达对编辑出版这个职业的敬意和怀念。我十分不理解，近十年出版系列评职称，书评不被承认，逼着大家硬着头皮去写图书出版专业论文，其中不小的一部分变成了论文体的工作总结，我不知道是好是坏。而只要有机会，不论是给编辑讲课，还是聊天，我总是建议他们多写书评，因为这是工作需要。当年，我参评正高职称，这样的文字是主体。

第二组文字经典西行记，是我从业后，编辑策划的第一套丛书"汉英对照中国古典名著丛书"的宣传稿，可算作书话，归入第一部分。只是它主题集中，自成一体，特别是这套丛书在近三十年中国经典"走出去"这项工作上，筚路蓝缕，产生过较大的影响，所以将它单列为一组。

编辑工作让我"有机会和当代最有创造力的一群人认识"。

与这群人的交往经历，他们的言行、学术、文章，成为我近年写作的主体之一，前期写作成果已结集为《貌相集》出版。本书第三部分人物记里收入的文字，记录的人物，跟我编辑出版经历密切相关，他们不少伴随我事业的发展，对我有直接的影响。为全面反映我从业以来文字的面貌，这里采录了部分已经入集的作品，另外最新完成的篇什则悉数收入。这组文字是我第一次集中写作的尝试，写作体验从最初的整理资料、拖沓经年的开笔恐惧症、试写若干篇不敢示人，到初刊的兴奋、惯性的写作，再到疲态显现尝试突破……在这过程中，我也反复琢磨自己喜欢的几位作家、学者的文字：孙犁、黄裳、周作人、台静农。《龙坡杂文》在家里的书架上站了几年，直到多年前，吕大年兄推荐，这才从书架上翻出来，从此不能罢手，反复阅读；母亲病重期间，我往返于广州—长沙的高铁，最常带的就是这本薄薄的小册子，其中像《记波外翁》《酒旗风暖少年狂》等更是反复琢磨。我以为，那是写人的最高境界，希望能学得几分神韵。这组文字收入的篇什中，大学同学、校友激赏孙道天先生一篇；而钟叔河一篇刊发后，一直对我有些失望的钟先生说："秦颖唉，你还是会写文章的嘛！"收入的新写的几篇，一定程度上，表现了写作的某种勇气，而且更加注重人物性格的表现，更加注重人物形象的丰满。比如《自信，否则没人信你——许渊冲先生印象》，文章写出后，犹豫了很长时间，寄给了几个相关的友人看，反馈回来的意见，让我更加犹豫。可若按意见改，这文章便没啥意思了，最后还是鼓足勇气投了出去。巧的是两三个月后，大学同学张敏打电话，要我马上打开电视看中央某台新开播的节目《朗读者》，许渊冲在打头阵。这之后，我又看到不少写许先生的文章，但要说人物形象的丰满，我还是有自信的。

序跋部分，字数不多，却是我很看重的几篇。《四书》《周易》的前言后记，表现了初生牛犊的猛劲，大概也是这本集子里收入的我的最早的文字，它们是典型的编辑的文字。比如，汉英对照《周易》的前言，谈不上创见，只是努力将自己的理解晓畅明白地写出来。那时候，我的办公室跟岳麓书社的杨坚先生门对门，平常不敢去打扰先生，写完这篇东西，我斗胆呈先生指正。第二天，他将稿子还回来，说："大概是那么回事吧！"先生很严谨，这话的意思我理解为，一是没发现明显的错误，一是我这小年轻写这序可能不合适。既然没原则性的问题，我就大胆地用了，但一直以来这成为我的心病，不想提及。虽然有人讨论《周易》的几种英译本的论文，所据理雅各的译本就是湖南出版社的这个本子，顺带提到前言："文简意赅，很有一读的价值。"今年年初，张文初教授翻看我之前编的书，读到这篇前言，也特别在微信留言。这是我觉得这篇不知天高地厚的文字应该收入的原因。《2005—2006〈随笔〉双年选·序》将我主编《随笔》的基本主张和思路作了一个交代。我常说，《随笔》四年，是我编辑生涯中最愉快的一个时期，这个选本是这一时期的一项成果。双年选首印8000册，很快脱销，可惜不久我就离开《随笔》，之后没有再编下去。

主持《随笔》期间，还有两件事很偶然，一是封二的随笔影像栏目，一是封三的图片。前一件使得我的摄影爱好迅速聚焦为肖像摄影，并成为了工作的一个部分，后一件使我有机会仔细研究西方著名摄影家的生平和摄影作品，成为我摄影理论和技巧的高级研修课。"摄影家小传"是配合封三图片的千字文，得 11 篇，最后因为手头缺乏资料中断写作。记得那年去台湾，我在台北的诚品书店看到一大册 Martin Munkacsi 的摄影集，他是影响过布列松的大师，作品难得一见，看到他的摄影集有些兴奋，可一念之差，担心那么一大本携带困难，可到下一站高雄诚品店再买，结果错过。这组东西，阮仪忠先生的《当代摄影大师——20 位人性见证者》给了我很多的启发，但在理解和看法上，在史实的挖掘上，短短的千字文仍有一些突破。本书集中收录了 9 篇。

最后一个部分是杂碎，将难以归类的文字集为一组，其中有关于地域出版现象的思考，有参加国外培训回来的感受，有山水游记，还有听父亲唠叨写下的往昔的乡村画面和家族简史，等等。这个部分展示了我写作的随意性，或者正暗合了随笔这种文体"兴之所至，随笔记之"的自由飘逸的特性，是不是预示了我今后写作的多种可能性呢？我很期待这种不确定性。

在整理这本书的书稿时，我意外发现"汉英对照中国古典名著丛书"的出版说明的抄正稿竟然是母亲的方正笔迹，当时有好几分钟，我陷入了痛苦的回忆。母亲去世快三年了，我时时会梦见她，回长沙翻检箱柜时，总会有些意外的发现，为她的珍藏落泪。以往我和妹妹带回家送给她的任何物件，无论好坏，都被她当宝贝收捡了起来：如衣服的吊牌、包装袋、酒店的浴帽、瑞士军刀、不锈钢去腥皂、旅游纪念品……这时我才明白，她在弥留之际的病床上说过的一句话的分量："我走后，家里我收捡的那些东西只怕都会被你们扔了！"在我们眼里的杂物，寄托了她的爱，儿女的爱，也是她生命的意义。母亲不仅在生活上无微不至地关心照顾父亲、我和妹妹，而且还竭尽所能在任何能帮上忙的地方助力。比如曾提到过的她省吃俭用攒钱给我买照相机，又比如我工作后的一个生日，她和父亲一起给我送来了五大册精装的《现代英语用法词典》作为生日礼物。我现在才知道，作为小学老师，她更懂得什么是有效的教育方式，满足我们的兴趣爱好既是她的教育方式，更是她爱的方式。对母亲的碎碎念，我有时候很不耐烦，我的粗心也使得买给她的衣服鞋帽常常不合适，她从来没怨言和责备。有一次，我几个月没回家，连电话也没打一个。等到我回去了，母亲只淡淡地说了一句："何解咯么久连个电话都冒得啰！"这就是她的责备，也是她要求的一切。那责备不过是一句提醒或者问话，却至今撕咬着我的心；那要求微不足道，却是她世界的全部……

谨以此书献给姜云昭老师——我的母亲！

2017 年 12 月 10 日

图书在版编目（CIP）数据

感觉的记忆/秦颖著. —北京：北京师范大学出
版社，2021.2
（新史学文丛）
ISBN 978-7-303-26406-3

Ⅰ．①感… Ⅱ．①秦… Ⅲ．①散文集－中国－当代
Ⅳ．①I267

中国版本图书馆 CIP 数据核字（2020）第 206529 号

营　销　中　心　电　话　　010-58808006
北京师范大学出版社谭徐锋工作室微信公众号　　新史学 1902

GANJUE DE JIYI
出版发行：北京师范大学出版社 www.bnup.com
　　　　　北京市西城区新街口外大街 12－3 号
　　　　　邮政编码：100088
印　　刷：北京盛通印刷股份有限公司
经　　销：全国新华书店
开　　本：890 mm ×1240 mm　1/32
印　　张：10
字　　数：192 千字
版　　次：2021 年 6 月第 1 版
印　　次：2021 年 6 月第 1 次印刷
定　　价：69.00 元

策划编辑：谭徐锋　　　　责任编辑：曹欣欣　王子恺
美术编辑：王齐云　　　　装帧设计：王齐云
责任校对：段立超　　　　责任印制：马　洁

版权所有 侵权必究

反盗版、侵权举报电话：010-58800697
北京读者服务部电话：010-58808104
外埠邮购电话：010-58808083
本书如有印装质量问题，请与印制管理部联系调换。
印制管理部电话：010-58805079